"十二五"职业教育国家规划教材
经全国职业教育教材审定委员会审定

管理学基础与应用

(第3版)

主 编 苏艳芳

中国财富出版社有限公司

图书在版编目（CIP）数据
管理学基础与应用 / 苏艳芳主编．—3 版．—北京：中国财富出版社有限公司，2021.2
（“十二五”职业教育国家规划教材）
ISBN 978 - 7 - 5047 - 7271 - 8

Ⅰ.①管…　Ⅱ.①苏…　Ⅲ.①管理学—高等职业教育—教材　Ⅳ.①C93

中国版本图书馆 CIP 数据核字（2020）第 196442 号

策划编辑　谷秀莉　　责任编辑　邢有涛　栗　源
责任印制　尚立业　　责任校对　孙丽丽　　责任发行　杨　江

出版发行　中国财富出版社有限公司
社　　址　北京市丰台区南四环西路 188 号 5 区 20 楼　　邮政编码　100070
电　　话　010 - 52227588 转 2098（发行部）　　010 - 52227588 转 321（总编室）
　　　　　010 - 52227588 转 100（读者服务部）　　010 - 52227588 转 305（质检部）
网　　址　http：//www. cfpress. com. cn　　排　　版　宝蕾元
经　　销　新华书店　　印　　刷　宝蕾元仁浩（天津）印刷有限公司
书　　号　ISBN 978 - 7 - 5047 - 7271 - 8/C · 0234
开　　本　787mm × 1092mm　1/16　　版　　次　2021 年 4 月第 3 版
印　　张　18　　印　　次　2021 年 4 月第 1 次印刷
字　　数　394 千字　　定　　价　49.00 元

第 3 版说明

古希腊哲人亚里士多德曾断言“人是天生的政治动物”，意思是说，人是天生离不开政治生活的。他把政治学称作“统领科学”（the master science），聪明地看出了城邦的政治决策支配着城邦其他大多数事情的事实，也就是说，几乎所有事情的发生都有其政治背景。

以亚里士多德的观点来看，管理学就是一种“政治学”。广义的管理是处理人与人之间关系的，人无法脱离他人而孤立存在，时刻处于管理与被管理之中。所以，管理学天然地具有政治性，“思政”是管理学教育的应有之义。

教育部《高等学校课程思政建设指导纲要》（教高〔2020〕3 号）明确指出，经济学、管理学、法学类专业课程，“要帮助学生了解相关专业和行业领域的国家战略、法律法规和相关政策，引导学生深入社会实践、关注现实问题，培育学生经世济民、诚信服务、德法兼修的职业素养”。

这是管理学“课程思政”的指导思想，也是管理学应有的教学目的。管理学教育教学如果脱离人的政治性，脱离管理所处的政治、社会及历史背景，那么学生所学的东西将犹如屠龙之技，无用武之地。

因此，本版修订侧重“课程思政”，设计了“思政探索”模块，即从各章中找出一个知识点，从“思政”的角度切入，开阔学生视野，提升学生的思维认识水平与思想成熟度。其中，融入途径有四种：

1. 案例导入：从各章的“案例导入”展开教学。

2. 小组分享：从宏观层面关注现实、关注社会、关注历史。

3. 观点讨论：结合知识点，提供一个有启发性的观点或视角，引发学生进一步思考。

4. 个人练习：从微观层面关注个人当下具体的现实生活和具体问题。

特别说明：

第一，“思政探索”的内容仅供教师教学参考，任课教师可以选择其他知识点融入课程思政。

第二，四种融入途径不是课程思政的四个实施步骤，教师可以任意选择一个或一个以上的融入途径，或选择其他的实施办法。

高校课程思政要融入课堂教学建设，教材建设是一个重要环节，本次修订结合了编者个人有限的教学实践经验，希望能引发读者进一步思考，也特别希望广大读者能提供宝贵的反馈意见。

编者

2020 年 8 月于北京联合大学

第2版说明

本次修订是在原本教材的框架体系上进行的修补性工作。这次修订主要依据《教育部关于“十二五”职业教育教材建设的若干意见》，结合教师和学生对原版教材使用的反馈意见进行，修订后的教材可以实现三个目的：一是准确把握“高职管理教育”的培养目标；二是进一步明确管理理论与实践的关系，厘清管理技能培养的逻辑顺序，使整体教学内容设计符合学生的认知特点和技能培养的基本规律；三是尽可能地方便、帮助读者阅读与学习，提高读者的学习效率。

本次修订工作主要体现在以下两个方面：

第一是在保持原有框架的基础上，对全书的体例格式进行系统性的修订和完善。例如，每章开篇增加“案例导入”，精选一些经典、典型或热点事件作为具体案例，导入本章所要讨论的核心主题，带着问题展开具体内容的学习；对每章的第三（或第四）节的“技能训练”做了重要的调整和修改。根据师生的反馈意见，增加了“理论测试”板块，对“技能训练”的四个训练任务进行系统性的完善，使其更加具有操作性、训练性，提高了学生学习的积极性，提升了教学效果。同时，更加重视学生的进一步学习，在“拓展学习”模块，结合管理学理论的发展现状，尽可能地把一些管理学新的理论与实践成果反映到本书中来。

第二是调整内容结构，注意知识体系的系统性，对一些章节，如第8章、第9章、第10章等进行删减、增加或重新编写，调整后的内容无论是在逻辑上还是系统性上都有很大的改进。

此外，对原教材中的疏漏进行了修订。

以上这些修订工作主要是由苏艳芳、邢利杰、敖静海、李贞来完成的，感谢几位朋友对修订工作所做的努力，还要感谢本书的广大读者，正是他们的阅读与提出的宝贵意见给了我极大的鼓舞和鞭策。

希望本次修订工作能使读者有新的收获，也希望读者能在读后提出更多宝贵的意见。

编者

2014年1月

第1版前言

一、本教材编写设想

在本教材的策划阶段，我们一直在思考这样一个问题，管理学课程要教会学生什么，让学生掌握什么，让学生接受什么。我们对这个问题的回答，基于以下几个方面：

1. 对高等职业教育的认识和理解

高等职业教育培养的是“高素质、高技能”型人才，为实现这一目标，教材建设是关键。要体现高职教育的特点，增强教学内容的针对性和实用性，强调以应用为目的，教会学生如何运用所学的原理及技术去分析、判断、解决现场的各种技术问题，就要提倡产、学融合，开发把理论、技术、技能系统地融合在一起的教材，使理论教学、实验、实训等有机地组合起来，为此我们编写了本教材。“管理学基础”是高职高专院校经济类、管理类各相关专业必修的一门课程。通过该课程的学习，学生能够具备管理素质与基本管理技能，为后续专业课的学习、岗位技能的培养及未来的职业生涯奠定良好的基础。

2. 对现有教材的调研

国内现有的管理学教材，其不足基本可以概括为两个方面：一是把管理学放大，不但包括管理学中原理性的内容，而且包括人力资源管理、战略管理等内容，这样不但分散了学生对管理学的认识和聚焦度，而且对管理类专业的学生来说，在管理学之外再学习其他专业课程就会有重复之感；二是在教材中通篇是管理学理论，让学生感觉管理学很深奥、很虚无，缺乏实践的针对性和应用性，也就是说现有教材存在重知识体系的完备性、轻实务操作之不足。正是有了对现有管理学教材的广泛调研，我们才能够在编写教材时有明确的目标定位，即紧密围绕管理职能，不放大，不缩小，既重理论体系的完整性，又重管理实践的应用性，让学生掌握基本的管理理论、管理技巧，让学生感觉管理离他们并不远，让学生认识到管理是一门很实际的、实践性强的科学，充分体现知识、技能、素质三位一体的培养原则。

3. 教材应使教师好教、学生好学

我们试图编写既便于学生学习又便于教师教学的教材。为此，我们在本教材的结构及编排上进行了这样的尝试：

（1）每章的首页列出本章标题，标题下有“学习导航”，便于读者把握章节之间的逻辑关系。

（2）各章配有“学习目标”，“学习目标”又细分为“知识目标”和“技能目标”，告诉读者应该掌握哪些知识要点，必须掌握哪些技能，使读者将注意力集中在主要问题上。

（3）每章基本结构为三节，第一节为原理部分，主要包括概念的内涵与外延、基本原理等理论性知识；第二节为技能部分，主要包括操作流程与方法类知识；第三节为技能训练部分，包括3～4个训练项目，如纸上谈兵、动手试试、社会实践、综合应用等，这样形成“理论→方法→技能”步步深入、环环相扣的系统学习模式。

本教材最大的特色是技能训练部分的设计，教育最重要的是使学生形成思维方式，管理学教育尤其如此，本教材通过技能训练设计，关注学生管理思维的初步养成，主要是让学生慢慢去体会如何“像一个管理者那样去思考问题”。管理思维的养成需要学生通过技能训练项目去体验管理者的思考方式。因此，本教材颠覆传统教材“实践训练服务于理论知识，是对理论知识的加深理解和巩固”的编写指导思想，将理论知识作为技能训练的必要准备，技能训练部分作为独立的小节，成为教学的核心，这也是职业教育与非职业教育的重要区别。

此外，本教材关注学生继续学习能力的培养，每章最后都有一个“拓展学习”模块，内容包括最新的理论、深度思考还有更高难度的操作。关于这些内容，本教材对学生不做硬性的要求，供有能力、有兴趣的学生进一步学习，也可由任课老师根据学生的实际情况来决定是否应用于教学。

二、本教材特点

“大道至简，知易行难”，这句话用来说明“管理”二字再合适不过，管理的理论知识不难“学明白”，而现实中的管理问题却难以“想明白”，实际的管理工作很难“做明白”。管理者的价值在于思想，思想的力量在于行动。思想是前提，行动是目的。本教材最大的特点是将思想与行动有机结合，而不是单纯地强调技能学习与能力训练，突破传统教材框架，编写模式更易于被高职学生接受。

本教材以一种新的视角来看待管理理论与实践，全书分为“管理思维能力”与“管理实践能力”上下两篇。上篇旨在厘清管理学基本的、前提性的问题，包括对“管理”概念的理性和感性解读，对管理思想的探索以及对管理者素质的思考等，告诉学生如何去思考管理问题。下篇从管理实践操作的角度，突出管理技术与方法，使学生了解如何利用这些技术与方法来解决现实的管理问题。本教材对学生技能训练内容进行了系统的设计，而非仅提供零碎、片段的练习。

三、致谢

本书的写作大纲、第一章至第五章以及第七章的撰写工作、全书的统稿工作均由苏艳芳完成，第六章由敖静海完成，第八章由李贞和苏艳芳合作完成，邢利杰负责第九章、第十章。此外，邢利杰为本书的框架安排和定稿提出了很多很好的建议。

特别感谢中国财富出版社的领导和编辑，是他们的辛勤劳动和热情，才使得本书得以出版。

本书在编写过程中直接或间接地借鉴了国内外大量的论著和教科书等，并吸取了网络上有价值的相关内容，在此一并向相关作者表示感谢！鉴于能力有限，疏漏之处在所难免，敬请广大读者不吝指教。

编者

2012 年 9 月于北京

目　录

上篇　管理思维能力

下篇 管理实践能力

上篇

管理思维能力

第一章　管理与管理学

学习目标

知识目标

- 掌握管理的内涵
- 了解管理的价值
- 理解管理学与其他学科的关系

技能目标

- 初步理解“管理”，并对管理学产生兴趣
- 初步的管理价值判断能力

学习导航

管理与管理学

- 什么是管理
  - 为什么需要管理
  - 管理的内涵
  - 管理的性质
  - 管理的职能和过程
- 什么是管理学
  - 管理学的内涵
  - 管理学与其他学科的关系
  - 为什么要学习管理学
  - 学习管理学的方法

管理认知技能训练	
	理论测试　理论知识的认知与理解检测
	技能训练　技能运用与强化训练
	·训练一　“管理”定义研讨（文献研究）
	·训练二　案例分析（纸上谈兵）
	·训练三　管理者访问（社会实践）
	思政探索　管理效率与传统美德——节约
	拓展学习　每学期精读一本书

案例导入

丰田公司提出的“七种浪费”

日本丰田汽车公司是世界汽车业巨头之一，也是世界上利润最高的企业之一。它创造出了一种独特的生产模式，被称为“丰田生产方式”。这种生产方式，简单地说，就是基于杜绝浪费的思想，追求科学合理的制造方法而创造出来的一种生产方式。

杜绝浪费，这对于每一个企业来说都是涉及提高效率、增加利润的大事，但恐怕任何一家企业都比不上丰田公司做得精细。丰田公司对浪费作了严格区分，将浪费现象分为以下七种：

(1) 生产过程的浪费。一心想要多销售而大量生产，结果是人员、设备、材料、能源等方面都产生了浪费。在没有需求的时候提前生产就会产生浪费。

(2) 产生不合格品的浪费。在生产过程中出现不合格品（次品、废品），会在原材料、零部件、返工或返修所需工时等方面产生浪费。

(3) 停工待产的浪费。在进行机械加工时，机器发生故障不能正常作业，或因缺少零部件而停工等，在这样的状态下所产生的浪费都是停工待产的浪费。

(4) 动作的浪费。不产生附加价值的动作、不合理的操作、效率低下的动作等都会产生浪费。

(5) 搬运的浪费。除去准时化生产所必需的搬运，其他任何搬运都是一种浪费，如在不同仓库间移动、转运、长距离运输、运输次数过多和运输方法不当等。

(6) 加工本身的浪费。把与工程的进展情况和产品质量没有任何关系的加工当作必要的加工而进行操作所产生的浪费。

(7) 库存的浪费。因原材料、零部件、各道工序的半成品过多而产生的浪费，这些产品过度积压还会引起库存管理费用的增加。

正是这种精于细节的态度，使丰田公司得出一点警示：许多制造业工厂在任何时刻都可能有85%的工人在浪费，而不是真正在工作，其中：

5%的人看不出是在工作；

25%的人正在等待着什么；

30%的人可能正在为增加库存而工作；

25%的人正在按照低效的标准或方法工作。

请思考：

1. 为什么会有这么多的浪费现象？
2. 如何解决这些浪费问题？

第一节 什么是管理

一、为什么需要管理

人们生活在各种不同的组织之中，如工厂、学校、医院、军队、公司等，组织是人类存在和活动的基本形式。没有组织，仅凭个体的力量无法征服自然，也不可能有所成就；没有组织，也就没有人类社会今天的发展与繁荣。组织是人类征服自然的力量源泉，是人类获得一切成就的主要因素。无论是好是坏，组织及其管理都对社会有着强烈的影响。

所谓组织，是两个或两个以上的个体为实现共同的目标组合而成的有机整体。然而，仅仅有了组织还不够，因为人类社会中只要存在组织就必然有人群的活动，人群的活动需要合作、协调，于是管理就应运而生。管理是一切组织正常发挥作用的前提，任何一个组织的集体活动，不论其性质如何，都只有在管理者对它加以管理的条件下才能按照人们所要求的方向进行。例如，一个单独的提琴手是自己指挥自己，而一个乐队就需要一个乐队指挥，没有指挥，也就没有乐队。在乐队里，一个不准确的音调就能破坏整场乐队的和谐，影响整场演奏的效果。同样，在一个组织里，没有管理，组织内的成员就无法彼此协作地开展工作，就无法达到既定的目的。集体活动发挥作用的效果，大多取决于组织的管理水平。

《圣经》中《出埃及记》第18章记载：摩西事必躬亲，一天从早忙到晚，还常常忙不到点子上。他的岳父向他建议："你应当把有才能的人挑选出来，让他们充当千夫长、百夫长、五十夫长、十夫长，他们对每一件小事作出判断，但每一件大事他们都应当向你报告。"

摩西岳父的建议充分体现了组织与管理的关系。人类对于管理的需要是随着社会经济的发展和组织规模的不断壮大而日益凸显的。如果说简单的组织只需要简单的管理，管理的重要性还不十分突出的话，那么时至今日，社会和经济已获得高度发展，组织规模越来越庞大，组织面临的环境越来越不确定，管理越来越成为影响组织生死存亡和社会经济发展的关键因素。有人把管理看作工业化的催化剂和经济发展的原动力，将其同土地、劳动和资本并称为社会的"四种经济资源"，管理同人力、物力、财力和信息一起构成组织的"五大生产要素"；还有人把管理、技术和人才的关系比喻为"两个轮子一根轴"。不管具体说法如何，管理的一个重要作用，就是使现有的资源获得最有效的利用。日本是一个自然资源匮乏的国家，但其极度重视管理，并在管理方面不断进行创新，从而使自己从资源贫乏国发展成为世界经济强国。良好的管理可以使一国的经济获得迅速发展，不良的管理只会造成资源利用上的极大浪费。

组织中的活动包括作业活动和管理活动两大部分，组织是直接通过作业活动来达成组织目标的，但组织为了确保这一活动顺利而有效地进行，还需要开展另一项活动——管理。管理是促进作业活动实现组织目标的手段和保证。

二、管理的内涵

对很多人来说，“管理”既熟悉又神秘，虽然知道它的含义，但很难抓住它的本质。恐怕没有几个概念的内涵会像“管理”这样丰富多彩。本教材对“管理”做如下定义：

所谓管理，就是在特定的环境下，对组织所拥有的资源进行有效的计划、组织、领导和控制，以便完成既定的组织目标的过程。这个定义包含以下四层含义：

（1）管理是为实现组织目标服务的，是一个有意识、有目的的运行过程。管理是任何组织都不可或缺的，但绝不是独立存在的，不能为了管理而进行管理，而只能使管理服务于组织目标的实现。

（2）管理工作要通过综合运用组织中的各种资源来实现组织的目标。

（3）管理工作是由一系列相互关联、连续进行的活动所构成的。这些活动包括计划、组织、领导、控制等，它们是管理的基本职能。

（4）管理工作是在一定环境条件下进行的，有效的管理必须充分考虑组织内外的特定条件。

三、管理的性质

（一）管理的二重性

管理的二重性是马克思主义关于管理问题的基本观点，是指管理的自然属性和社会属性。

管理的自然属性是指管理所具有的有效指挥共同劳动，组织社会生产力的特性，它反映了社会化大生产过程中协作劳动本身的要求。管理的社会属性，是指管理所具有的监督劳动，维护生产关系的特性，它反映了一定社会形态中生产资料占有者的意志，是为一定的经济基础服务的，受一定社会制度和生产关系的影响和制约。

学习和掌握管理的二重性，有利于我们深入认识管理的性质，借鉴国内外先进的管理思想和方法，并结合实际，因地制宜地学习和应用。

（二）管理的科学性和艺术性

管理的科学性表现为管理活动的过程可以通过管理活动的结果来衡量，同时它具有行之有效的研究方法和研究步骤来分析问题、解决问题。管理的艺术性表现在管理的实践性上，在实践中可以发挥管理人员的创造性，并因地制宜地采取措施，为有效地进行管理创造条件。

管理的科学性和艺术性是相辅相成的，对管理中可预测、可衡量的内容，可用科学的方法去测量；而对管理中某些只能感知的问题，某些内在特性的反映，则无法用理论分析或逻辑推理来估计，但可通过管理艺术来评估。最富有成效的管理艺术来源于管理者对其所依据的管理原理的理解和丰富的实践经验。

（三）管理的目的性

管理的任务就是要设计和维持一种系统，使在这一系统中共同工作的人们能用尽可能少的支出（包括人力、物力、财力、时间以及信息），去实现他们预定的目标。因此，一方面，管理要通过目标的选择和资源的分配引导人们“做正确的事”，以便达到管理效果；另一方面，管理又要通过计划、组织、领导和控制指导人们“正确地做事”，以便达到提高管理效率的目标。

管理是效率和效果的统一。所谓效率，是指投入与产出的比值。例如，设备利用率、工时利用率、劳动生产率、资金周转率以及单位产品成本等，这些都是对组织效率的具体衡量。因为组织所拥有的资源通常是稀缺的，所以管理者必须关心这些资源的有效利用。对于给定的资源投入，如果能获得更多的成果产出，那么就有了较高的效率；或者说较少的资源投入获得同样或更多的成果产出，那么效率就较高。所谓效果，是指组织活动目标实现的程度。

效率和效果是两个既有联系又有区别的概念，它们的关系如图 1－1 所示，效率涉及活动的方式，有高低之分而无好坏之别。效果则涉及活动的目标和结果，不仅有高低之分，而且可以在好和坏两个方向上表现出明显的差距。在效果为好的情况下，高效率无疑会使组织的有效性增强，但从本质上讲，效率性和有效性之间并没有必然的联系，有时，一个企业效率可能比较高，但如果其产品没有销路，则此时效率越高库存积压也就越多，从而企业亏损就越多。只有效率和效果相统一，才能构成效益。

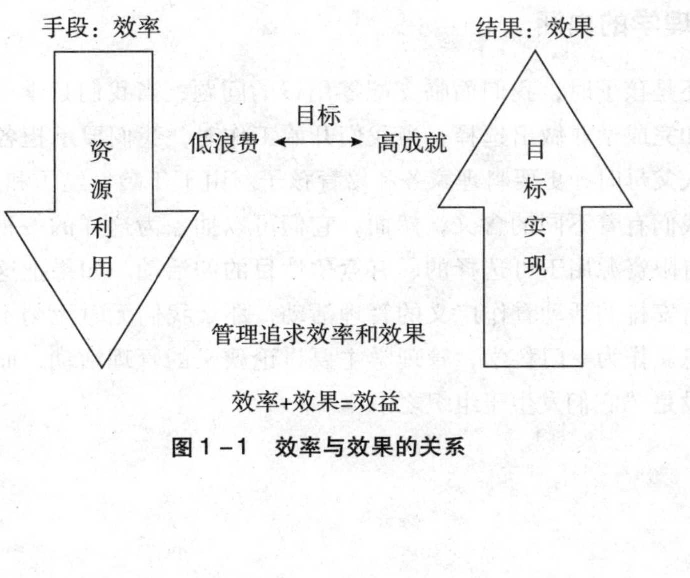

图 1－1　效率与效果的关系

四、管理的职能和过程

如前所述，管理是在特定的环境下，对组织所拥有的资源进行有效的计划、组织、领导和控制，以便达成既定组织目标的过程。这个过程实际上是由一系列相互关联、连续进行的活动或职能所构成的，具体包括以下几方面：

1. 计划

组织不能漫无目的地行动。组织的存在是为了实现某种特定目的，因此，必须有人来规定组织要实现的目标和实现目标的行动方案，这就是管理的计划职能。

2. 组织

管理的组织职能决定组织要开展的活动是什么，这些活动如何分类组合，由哪些职位和部门来承担这些工作活动，谁向谁汇报工作以及各种决策应放在哪一层次上等。组织工作的结果就是形成各种正式组织文件，如职务说明书、组织结构图等。

3. 领导

人是组织活动中唯一具有能动性的因素。管理的领导职能包括激励下属、指导和指挥他们的活动、选择最为有效的沟通渠道以及营造良好的组织气氛等。

4. 控制

为了确保组织目标以及为此制订的行动方案顺利实现，管理者必须自始至终地根据计划目标派生出来的控制标准对组织各项活动的进展情况进行检查，发现或预见偏差后及时采取措施予以纠正，这就是管理工作中狭义的控制职能。广义的控制职能还包括根据组织内外环境的变化，修改或重新制定计划目标和控制标准。

第二节　什么是管理学

一、管理学的内涵

当我们还是孩子时，我们面临支配零用钱的问题；当我们是学生时，我们要对如何选修学分和完成学业做出选择；当我们开始工作时，我们要承担各种任务和社会责任；我们为人父母时，更要料理家务和培育孩子。由于年龄、经历和生活环境的变化，这些活动对我们有着不同的含义，然而，它们可以抽象为这样的一种活动：在特定的环境中，把有限资源用于可选择的、有竞争性目的的活动。如果把这种选择资源并对资源配置进行安排的活动看作广义的管理活动，那么我们无时无刻不在管理自己的衣食住行和作息。作为一门科学，管理学主要讨论狭义的管理活动，而界定这类管理活动的根本假设是“它们发生于组织之中”。

（一）管理学的主要研究内容

管理学是一门系统地研究管理活动的基本规律和一般方法的科学。管理学的研究有三个方面：

（1）从管理的二重性出发，着重从三个方面研究管理学：

①生产力方面：研究如何合理配置组织中的人、财、物，使各要素充分发挥作用的问题；研究如何根据组织目标的要求和社会的需要合理地使用各种资源，以求得最佳的经济效益和社会效益的问题。

②生产关系方面：研究如何正确处理组织中人与人之间相互关系的问题；研究如何建立和完善组织机构以及各种管理体制等问题；研究如何激励组织内成员，从而最大限度地调动其积极性和创造性，为实现组织目标而服务等问题。

③上层建筑方面：研究如何使组织内部环境与其外部环境相适应的问题；研究如何使组织的规章制度与社会的政治、经济、法律、道德等上层建筑保持一致，从而维持正常的生产关系，促进生产力的发展的问题。

（2）着重从历史的方面研究管理实践、思想、理论的形成、演变、发展，知古鉴今。

（3）着重从管理者方面出发研究管理过程，具体内容主要有：

①管理活动有哪些职能？

②各职能涉及哪些要素？

③执行职能应遵循哪些原理？采取哪些方法、程序、技术？

④执行职能会遇到哪些困难？如何克服？

本书重点讨论第三个方面，同时兼顾前两个方面。

（二）管理学的特点

1. 管理学是一门不精确的科学

管理学不同于自然科学，自然科学有着明确的因果关系、确定的结论和结果，管理工作的影响因素众多，而这些因素又大多不可控，没有固定的规律可循，尤其是管理工作要与各种各样的人打交道，其变数很大。但是，这不影响管理学成为科学。经过不断实践、探索和总结，管理学已经形成了反映管理过程客观规律的理论体系，拥有一套成熟的预测、分析管理问题的方法，可以用许多方法定义、分析和度量各种管理现象，对实践具有较强的指导意义和应用价值。

2. 管理学是一门综合性科学

管理学的领域十分广阔，管理过程的复杂性、动态性和管理对象的多样性决定了管理所要借助的知识、技术和方法的多样化。因此，管理学的研究必然涉及众多学科，主要有哲学、经济学、社会学、生理学、心理学、伦理学、人类学、法学、数学、信息科学、控制科学、系统科学等。管理学的综合性，要求管理者具有广博的知识，只有如此才能对管理问题应对自如。

3. 管理学是一门发展中的科学

管理学的建立和发展有其深远的历史渊源。管理学虽然作为一门学科只有100多年的历史，但管理理论已经经历了不同的历史发展阶段，由于历史背景不同，不同时期便产生了不同的管理理论，具体内容我们将在第三章进行阐述。总之，管理学与其他学科相比还是一门非常年轻的学科，还处于不断更新、完善和发展之中。同时，作为一门与社会、经济和科技发展紧密相连的学科，管理学也必将随着社会经济的发展和科学技术的进步而进一步发展。

二、管理学与其他学科的关系

1. 人类学

人类学是研究社会的科学，可以帮助我们学习人类及其行为。人类学家有关文化和环境的研究，可以帮助管理者了解不同国家的员工在价值、态度和行为上的根本差异。

2. 经济学

经济学是对管理学影响最大的学科，是管理学最主要的理论基础，为管理学提供了多种分析方法，是管理学各类决策的出发点和依托。经济学研究的是稀有资源的有效配置问题，与管理学有许多契合点。

3. 哲学

哲学被称为"一切科学之母"，它作为一种普遍的世界观和方法论，为各门具体科学奠定了基本的理论前提和思维方法。哲学探究的是事物的本质，特别是价值和伦理。伦理是人类行为的规范。伦理直接影响组织的存在及其中的正确行为，是组织法定职权的基础。

4. 数学

应用数学中的数理统计、运筹学等对管理学有着重要贡献。管理科学的研究需要定性分析和定量分析相结合，定性是认识的起点，定量是认识的深化。数学为管理学的定量分析提供了强有力的支持。特别是近年来，信息技术的应用以及电子商务的迅速发展，改变了管理方法和手段，从而对管理学产生了重大影响。

5. 政治学

政治学研究的是政治环境中的个人行为和团体行为，如平衡与冲突管理、权力分配、个人利益下的权力操控等。管理深受一个国家的政府形态的影响。

6. 心理学

心理学可以评量、解释有时甚至是改变人类及其他动物的行为。心理学致力于了解个人行为，帮助管理者进行有关个人差异的洞察。

今日的管理者面对的是多元的顾客和多样的员工，心理学的研究可以帮助管理者了解改变中的顾客和员工。心理学的课程也可以让管理者更清楚激励、领导、信赖、招募员工以及对员工进行绩效考核和训练的方法。

7. 社会学

社会学研究的是人与人的关系，人与管理的关系，如全球化、文化差异、性别角色的改变、家庭生活形态的改变、教育趋势对未来员工技能的影响，人口结构的改变对顾客和人力市场的影响等。

对这些问题的深入思考将有助于管理者形成具有前瞻性的战略眼光。

三、为什么要学习管理学

“为什么要学习管理学”，这似乎是一个很容易解释的问题：因为在一个先进的社会中，很难找出一个既非管理者又不受任何管理者决定约束的个人；又因为现实使社会各界纷纷认识到，良好的管理在我们的社会中起着日益重要的作用，而改进组织的管理方式直接关系到我们每个人的切身利益；从客观上看，管理作为资源整合技术，彰显一个国家的软实力。

学习管理学的理由总是充分的，只要你觉得自己不是世上少有的特殊个体，那么，你将会经常感觉到学习管理学的必要性。无论你将来从事什么样的职业，只要你需要完成一个无法独立完成的目标，你就需要向其他人寻求帮助；或者你是另一相似情境中的被要求施与帮助者，在你们两个人或更多人的资源为达成“无法独立完成的目标而结合”，或者试图阻止资源结合的时候，管理学都会教你如何更好地认识与处理这类事宜。

然而，在这些理由真正让你心动时，你应该提醒自己的是：不要指望仅从一门管理课程中就能学会如何做管理者；同样，管理也并非促进他人活动的唯一作用力。因此，回到本节的主题，你是否需要阅读这本管理学教材，仍是一个值得认真考虑的问题，因为这直接关系到你的学习态度和学习效果。

管理大师彼得·德鲁克的话能使你更好地理解管理学：

> 一个理解管理学但不具备种种管理技巧和管理工具的最低能力的管理人员仍不失为一个有效的管理者，甚至是一流的管理者。然而，一个只知道管理技巧却不理解管理学基本思想的人并不是一个管理者，他做到最好也只能是一个技术人员。

四、学习管理学的方法

1. 历史法

任何管理现象都不是孤立的，都有它产生的历史背景及发生、发展过程。对管理学的某一种理论、某一个定义、某一项规律的研究，都应放在一定的历史条件下，从其发生和发展的过程去考察，才能掌握它的来龙去脉，了解其实质所在。同时，学习和研究管理学还要用发展的观点，要充分明确管理学中诸多知识的历史局限性和今后发展变化的空间，要有创新意识，用创新思路去学习和研究管理问题。

2. 比较法

在学习和研究管理学的过程中要通过横向比较来研究不同因素、地区、部门、单位、学派、人物的管理思想和管理经验，找出和认清管理的一般规律。

3. 案例分析法

管理学具有很强的实践性，学习者可以通过对真实案例的阅读、分析、讨论，从中领会管理学的有关理论和方法，找到解决问题的答案。案例分析可以培养学习者信息获取、分析问题、论述辨析等方面的能力，在反复分析中，举一反三，由此及彼，在看似缓慢的自我参与过程中带来管理思维的升华。

4. 综合法

在学习管理学的过程中，要把有关事物、现象、原理或对象的关系分解为各项组成因素，并把这些因素有机地、符合逻辑地、整体地结合起来。管理学本身就是一门综合性的科学，需要分解和综合；对管理学很多问题的研究也需要分解和综合，这样能使我们在学习过程中既看到“树木”，也看到“森林”。

第三节　管理认知技能训练

理论测试

一、填空题

1. 管理的二重性指的是管理的________属性和________属性。

2. 管理是在特定环境下，对组织所拥有的资源进行有效的________、________、领导和控制，以便达成既定的组织目标的过程。

二、选择题

1. 某企业在销售商品时，需要预估货款回收的可能性，为此，信用审核部门力图以一种低成本的方式处理有关客户的资信材料，但因为过程太漫长，使许多客户另觅他处购货。该信用审核工作可以说是(　　)。

A. 重效率、轻效果　　B. 轻效率性、重有效性

C. 重效果、轻效率　　D. 效率和效果都不重视

2. 航行于波涛汹涌的大海上的船只，依靠舵手对航向的不断修正，方能平安到达目的地。球队教练在赛前给球队确定赛场战术、赛中换人或利用“暂停”指示队员改变战术、赛后总结经验教训，都是为了球队取得期望的“成就”。企业在生产中，若发

现某产品的单位变动成本超过了某一水平的×元，管理者则要分析原因，是原材料涨价还是工人劳动生产率降低，或者加工中浪费材料等，以便采取措施，使成本降下来。这些（ ）。

A. 分别是管理的计划、领导和控制职能

B. 分别是管理的领导、组织和控制职能

C. 分别是管理的领导、组织和计划职能

D. 都是管理的控制职能

三、简答题

1. 管理的科学性和艺术性之间的关系。

2. 管理学的特点。

技能训练

训练一 “管理”定义研讨（文献研究）

【目的】

1. 理解“管理”的不精确性、综合性与发展性。

2. 探索如何从不同的角度给“管理”下定义。

【资料】

1. 管理就是计划、组织、控制等活动的过程。

——［美］弗里蒙特·卡斯特

2. 要给管理下一个广义而又切实可行的定义，我们可把它看成这样的一种活动，即它发挥某些职能，以便有效地获取、分配和利用人的努力和物质资源，来实现某个目标。

——［美］丹尼尔·雷恩

3. 管理是筹划、组织和控制一个组织或一组人的工作。

——［美］托尼·布洛尼特

4. 管理就是决策。

——［美］赫伯特·西蒙

5. 管理就是通过其他人来完成工作。

——［美］R. M. 霍德盖茨

6. 管理就是要确切地知道你要别人干什么，并注意让他们用最好最经济的方法去干，管理的主要目的应该是使雇主实现最大限度的富裕，也同时使每个雇员实现最大限度的富裕。 ——［美］泰勒

7. 管理就是一个合作的群体将各种行动引向共同目标的过程。

——［美］约瑟夫·梅西

8. 管理就是实行计划、组织、指挥协调和控制，是一种分配于领导人与整个组织成员之间的职能。

——［法］法约尔

9. 管理同土地、劳动力和资本一样，都是一种生产因素，或曰资源，因此管理是生产的第四要素。

——［苏联］波波夫

10. 管理不只是一种学问，还应是一种文化，它有自己的价值观、信仰和语言。

——［美］德鲁克

11. 管理是指同别人一起，或通过别人使活动完成得更有效的过程。

——［美］斯蒂芬·P. 罗宾斯

12. 反复地按计划—执行—检查—处理的过程进行活动，就叫作管理。

［日］广濑一夫

13. 管理是为了有效地实现某种预定目标而对有关过程进行计划、组织、领导、控制的综合性活动。

——周三多

14. 管理就是对一个组织所拥有的资源——人力资源、金融资源、物质资源和信息情报资源进行有效的计划、组织、领导指挥和控制，用最有效的方法去实现组织目标。

——［美］里基·格里芬

15. 管理就是根据一个系统所固有的规律施加影响，使这个系统出现良好状态的过程。

——［苏联］阿法纳西耶夫

16. 为达到特定目标而联合并指导使用资源的工作叫作管理。

——［美］戴维·R. 汉普顿

17. 管理是指确保公司的业务进行的策略。

——［美］默文福德

18. 管理是指挥劳动和监督劳动。

——［德］马克思

19. 管理就是用数学模式来表示计划、组织、控制等合乎逻辑的程序，求出最优解答。

——［美］伯法

20. 管理就是由一个或者更多的人来协调他人的活动，以便收到个人单独活动所不能收到的效果。

——［美］小詹姆斯·H. 唐纳利

【要求】

1. 请利用互联网、图书馆等途径，查阅有关文献关于“管理”的 5 ~ 10 个其他定义。

2. 思考：为什么会有如此多的关于“管理”的定义？是否可以对众多的“管理”定义进行分类？如何分类？

训练二 案例分析（纸上谈兵）

【目的】

1. 理解“管”“理”两个概念的区别与联系。

2. 理解管理方法（管理制度）的公平性与效率性。

【资料】

七人分粥

有七个人在一起共同生活，他们每天都要分食一锅粥，却没有可度量的容器，于是他们先后试过几种办法。

第一种办法：由一个人专门负责分粥。结果这个人总是给自己多分，大家怀疑这个人私心重，但换了几个人，都是一样。

第二种办法：大家轮流主持分粥，每人一天。这看起来平等了，但其实每个人每周只有一天不仅能吃饱，还有很多剩余，其余六天还得挨饿。

第三种办法：大家选举一个信得过的人主持分粥。刚开始这位品德高尚的人还能保持公平，但不久就开始为自己和溜须拍马的人多分粥。

第四种办法：选举一个分粥委员会和一个监督委员会，形成集体决策和监督机制。这样是做到了公平，但每次分粥委员会都要讨论，监督委员会还要检查，有时还争论不休，等到大家可以吃粥时，粥早就凉了。这样过分强调民主却牺牲了效率。

第五种办法：每人轮流值日分粥，但是领粥时分粥的人要最后拿。这时，七只碗里的粥每次都是一样多。因为分粥的人明白，只要有一碗粥比别的少，那一碗肯定是自己的。

从此以后，大家快快乐乐、和和气气，日子越过越好。

【要求】

1. 你是否有更好的分粥方法？

2. 从“七人分粥”的故事中你能得到什么管理启示？

训练三 管理者访问（社会实践）

【目的】

1. 通过访谈现实中的管理者，强化对“管理”的感性认识。

2. 体验“管理”内涵的丰富性。

【资料】

下面是一些一线管理者对“管理”的认识和理解：

“管理就是做人做事的道理。做人就是如何搞好人际关系，做事就是如何提高效率。”

“管理就是给人创造成功的机会。”

“管理就是不断改进工作。”

“管理就是使一群平凡的人做出一番不平凡的事业的过程。”

“管理就是借力，发挥大家的能力实现自己的理想。”

“管理就是把复杂的问题简单化。”

“管理就是发布可执行的命令。”

“管理就是创造价值。”

“管理就是选择。”

“管理就是激励。”

“管理就是服务。”

“管理就是沟通。”

“管理就是抠细节。”

“管理就是扔包袱。”

“管理就是拿捏欲望。”

…………

【要求】

1. 请以小组为单位，每组访问 1 ~ 2 个现实生活中的管理者，看看他们是如何理解“管理”的。

2. 访问中，尽可能地记录对方的原话。结合访谈对象的具体情况（性别、学历、专业、年龄、所处的行业、企业规模、管理层次等），分析其对“管理”的理解。

思政探索

一、思政目标

培养节约意识。

二、知识点

管理是效率与效果的统一。

三、思政元素

中华民族的传统美德：节约。

四、融入途径

1. 案例导入：丰田公司提出的“七种浪费”——浪费现象引发的思考。

2. 小组分享：2020 年，受新冠肺炎疫情的影响，联合国发出警告：全球面临 50

年来最严重的粮食危机，习近平总书记也作出重要指示，强调在全社会营造浪费可耻、节约为荣的氛围，各地各部门随之兴起节约“新食尚”。请讨论身边的粮食浪费现象。

3. 观点讨论：节约不仅是一种思想意识，更是一种管理技术和资源配置方式。

4. 个人练习：我的节约与浪费。

拓展学习

管理学推荐阅读书目（供参考）：

一、一般管理

《经理人员的职能》——（1938）巴纳德

《动态的行政管理》——（1941）帕克·福列特

《工业管理和一般管理》——（1949）法约尔

《管理的原理与实践》——（1953）布鲁克

《管理的实践》——（1954）德鲁克

《管理工作的本质》——（1973）明茨伯格

《管理：任务、责任和实践》——（1974）德鲁克

《管理》——（1985）杰林和莫斯考

《艰难的管理》——（1990）帕斯卡尔

《独树一帜!》——（1993）塞姆勒

二、管理方法

《论机器和制造业的经济》——（1832）巴比奇

《科学管理原理》——（1911）泰勒

《动作研究》——（1911）吉尔布雷斯

《专业化管理》——（1973）路易斯·埃兰

三、质量管理

《质量是免费的》——（1979）克罗斯比

《走出危机》——（1982）戴明

《质量的计划》——（1988）朱兰

四、营销管理

《营销中的改革创新》——（1962）列维特

《营销管理》——（1967）科特勒

《巅峰表现者：商业的新英雄》——（1986）加菲尔德

《真理时刻》——（1987）卡尔松

《建立一条顾客链》——（1990）施纳博格

五、组织

《进步中的工业》——（1931）穆尼和雷利

《组织的科学原则》——（1938）厄威克
《社会组织和经济组织理论》——（1947）韦伯
《个性与组织》——（1957）阿基里斯
《帕金森定律》——（1958）帕金森
《我在美国通用汽车公司的岁月》——（1963）斯隆
《彼得原理》——（1969）彼得和赫尔
《提升组织》——（1970）汤赛德
《理解组织》——（1976）汉迪

六、管理者

《管理的新模式》——（1961）利克特
《管理方格》——（1964）布莱克和穆顿
《理性管理者》——（1965）凯佩勒赫特里高
《官僚主义的一般性原理》——（1976）雅克斯
《称职的管理者》——（1982）博亚茨
《一分钟经理》——（1982）布兰查德

七、领导

《君王论》——（1513）马基雅维利
《我的生活和工作》——（1923）福特
《管理行为》——（1947）西蒙
《一个企业的信念》——（1963）沃森
《领导和有效管理》——（1974）菲德勒和钱姆斯
《领导》——（1978）彭斯
《情景领导》——（1984）赫西
《领导者：掌管的策略》——（1985）本尼斯和纳纽斯
《追求繁荣》——（1988）松下幸之助
《管理的奥妙》——（1990）赞勒尼克

八、组织行为

《工业文明的人类问题》——（1933）梅奥
《组织人》——（1956）怀特
《企业的人事方面》——（1960）麦格雷戈
《企业的行为理论》——（1963）赛叶特和马奇
《组织内学习》——（1978）阿基里斯和施翁
《行动学习的本质》——（1979）瑞文斯
《管理队伍：他们成败的原因》——（1984）贝尔宾

九、竞争

《孙子兵法》——（公元前 500 年）孙子

《竞争战略》——（1980）波特

《重建我们的竞争优势》——（1884）海涅斯和威怀特

《与时间竞争》——（1990）斯道克赫豪特

《国家竞争优势》——（1990）波特

十、激励

《工作的激励因素》——（1959）赫茨伯格

《激励与个性》——（1954）马斯洛

《Z 理论》——（1981）大内

《如何赢得朋友并影响他人》——（1937）卡耐基

《企业文化》——（1982）迪尔和肯尼

《组织文化与领导》——（1985）沙因

十一、战略

《战略与结构》——（1962）钱德勒

《公司战略》——（1965）安索夫

《战略家的思想》——（1982）大前研一

《战略与风格》——（1987）古尔德和坎布尔

《公司层面战略》——（1994）吉尔德、亚力山大和坎贝尔

《战略计划的兴衰》——（1994）明茨伯格

《为未来竞争》——（1994）哈默尔和普拉哈拉德

十二、环境

《国富论》——（1776）斯密

《临时社会》——（1968）贝尼斯

《不连贯的时代》——（1969）杜拉克

《第三次浪潮》——（1980）托夫勒

《大趋势》——（1982）奈斯比特

《在聪明的机器年代》——（1988）苏伯夫

《非理性的年代》——（1989）汉迪

《改变世界的机器》——（1990）沃玛特、琼斯和鲁斯

十三、变革

《革新的管理》——（1961）伯恩斯和斯道克

《小即是美》——（1973）舒马赫

《追求卓越》——（1982）彼得斯和沃特曼

《变革大师》——（1983）坎特

《混乱中的壮大》——（1987）彼得斯
《第五项修炼》——（1990）圣吉
《变革的力量》——（1990）科特
《管理的解放》——（1992）沙因
《重造企业》——（1993）钱匹和汉默
《建立并延续》——（1995）科林斯和波里斯

十四、全球化

《日本企业管理艺术》——（1981）帕斯卡尔和阿索斯
《三位一体的力量》——（1985）大前研一
《超越界限的管理》——（1989）巴特列特赫高沙尔
《没有国界的世界》——（1990）大前研一
《跨越文化的浪潮》——（1993）琼潘纳斯

十五、其他

《横向思维的运用》——（1967）博诺
《当巨人学跳舞时》——（1989）坎特

第二章　管理的基本问题

学习目标

知识目标

- 理解管理的几个基本问题
- 掌握管理中四种人性假设的基本观点
- 理解管理与环境的关系

技能目标

- 利用人性理论分析现实中的管理问题
- 树立权变的管理思维
- 初步树立个人的“管理观”

学习导航

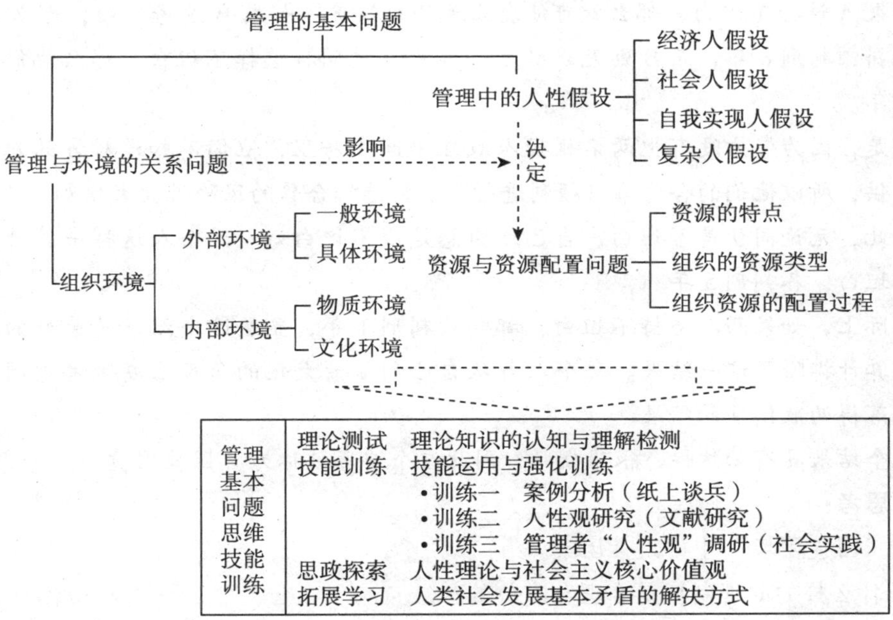

案例导入

囚徒困境

有2名涉嫌共同作案偷窃的嫌疑人A和B被带进警察局。假定警方对2名犯罪嫌疑人实行隔离关押、隔离审讯，每个犯罪嫌疑人都无法知道对方的选择。

警方知道他们作案，但缺乏足够的证据，于是分别告诉2名嫌疑人：对他们犯罪事实的认定及相应的量刑，完全取决于他们自己坦白与否。如果一方与警方合作，坦白他们所做违法之事，而另一方不坦白，坦白方将无罪释放，另一方则会被判重刑8年；如果双方都与警方合作共同坦白，则各被判刑5年；而如果双方均不坦白，因为警察找不到其他证明他们违法的证据，则判刑1年。

他们面临的选择和带来的后果的不同组合，可以用下表来表示。

A / B	不坦白	坦白
不坦白	A：判刑1年 B：判刑1年	A：无罪释放 B：判刑8年
坦白	A：判刑8年 B：无罪释放	A：判刑5年 B：判刑5年

从表中我们可以知道，每个嫌疑人都有两种选择：坦白或不坦白。

如果A选择不坦白，那么就可能会出现两种情况：如果B选择坦白，那么A将被加重惩罚，判刑8年，而B则无罪释放；如果B也同样选择不坦白，那么他们将都被判刑1年。

但是，因为警方没有把两名嫌疑人放在一间囚房里，他们不知道对方的想法，也无法串供，所以他们的合作难以顺利进行，使得选择合作的风险性大大增加。

因此，无论同伙是否坦白，自己坦白总是比不坦白好。两个人这样一算计，最后都选择坦白，各判刑5年。

实际上，如果两人坚持不坦白，都会被判刑1年，显然这个结果是最好的，但人的理性算计排除了这一结果。每个人都从自己利益最大化的角度出发来考虑问题，最终往往落得两败俱伤的结果。

这个结果具有必然性，很难摆脱，因此这个博弈被称为“囚徒困境”。

请思考：

1. “囚徒困境”中的人性因素。
2. 什么样的管理制度是合理和有效的？

第一节 管理中的人性假设

在每一个管理决策或每一项管理措施的背后，都必有某些关于人性本质及人性行为的假设。

——道格拉斯·麦格雷戈

在经济学教科书里，人被抽象为劳动力，并被作为与资本、土地地位同等的生产要素，毫无活力可言。在组织中，人是所有资源中最重要的资源，人具有管理的发起者和管理的接受者双重身份，管理与人有着极为密切的关系。作为一个具体的人，他的思想、心理、行为受到当时社会环境的制约与影响，但同时也具有在当时条件下的创造性。实际上，管理学对人性的不同假设，形成了不同的管理出发点、管理方式与手段，形成了不同的组织资源配置模式。

一、经济人假设

1. 经济人假设的主要观点

经济人（Economic Man）假设认为，人是以一种合乎理性的、精打细算的方式行事的，人的行为受经济因素的推动和激发。美国学者道格拉斯·麦格雷戈在《企业中人的方面》中提出 X 理论，X 理论就是对经济人假设的概括。

其主要观点有：

(1) 人生来就是懒惰的，只要有可能就会逃避工作。

(2) 一般人都会缺乏雄心壮志，不愿意负任何责任，宁愿让别人领导与指挥。

(3) 人生来就是以自己为中心的，漠视组织的需要。

(4) 人习惯于守旧，反对变革，把个人的安全看得高于一切。

(5) 人是缺乏理性的，本质上不能自律，容易受他人影响。

(6) 一般人参加工作都是为了自己的生理和安全需要，只有金钱和物质利益才能刺激他们工作。

2. 经济人假设的管理方式

从这种人性假设出发，管理工作就要对人诱之以利、惩之以罚，通俗的说法即采取“胡萝卜加大棒”的政策。管理方式可以概括为以下几点：

(1) 管理工作的重点在提高生产率，完成生产任务方面，而对于人的感情和道义上的责任不是管理者重点考虑的问题。所以管理就是计划、组织、经营、指导、监督等。

(2) 管理工作是少数人的事，员工的主要任务是听从管理者的指挥。

(3) 严格制定定额，实行计件工资制，以金钱收买员工的效力和服从；同时，对消极怠工者采取严厉的惩罚措施。

经济人假设的管理方式，完全是一种“任务管理”。“泰勒制”就是经济人假设管理的典型代表。

3. 对经济人假设的评价

经济人假设及其相应的X理论曾风行于20世纪初到20世纪30年代的欧美企业管理界。这种理论改变了当时放任自流的管理状态，加强了社会上对消除浪费和提高效率的关心，促进了科学管理体制的建立。这对我国目前的管理实践有一定的借鉴作用，但经济人假设及X理论也有很大局限性：

（1）经济人假设是以享乐主义为基础的，它把人看成非理性的、天生懒惰而不喜欢工作的“自然人”。这是20世纪初个人主义价值观点统治思想的反映，泰勒根据企业家与工人都有的营利心来寻求提高效率的根源，把人看成机器。

（2）经济人假设的管理是以金钱为主的机械的管理模式，否认了人的自觉性、主动性、创造性与责任心。它认为人天性懒惰，因此必须用强迫、控制、奖励与惩罚等措施，以便促使组织目标的达成。

（3）经济人假设认为大多数人缺少雄心壮志，只有少数人起统治作用，因而把管理者与被管理者绝对地对立起来，反对员工参与管理，否认员工在生产中的地位与作用。

二、社会人假设

社会人（Social Man）假设的理论基础是人际关系学说，其代表人物是梅奥。

20世纪30年代的“霍桑实验”纠正了“人不过是经济动物”的偏见，证实了工资与生产的效率之间没有直接相关关系，认为员工不单纯是经济人，而是一个社会存在物，并由此推出一系列针对社会人的管理方式方法，引发对人管理的新革命。

1. 基本观点

（1）人是社会人，影响人的积极性的因素除物质因素外，还有社会心理因素。

（2）生产效率的高低主要取决于员工的士气，而士气则取决于家庭、社会生活及企业中的人与人之间的关系是否协调一致。

（3）在正式组织中存在着非正式群体，这些非正式群体有其特殊的行为规范，对其成员有着很大的影响。

（4）领导者要了解人，善于倾听员工的意见和与员工沟通，使正式组织的经济需要和非正式组织的社会需要取得平衡。

2. 社会人假设的管理原则

（1）管理人员不应该只注意完成生产任务，而应该把管理的重点放在关心人、满足人的需要上。

（2）管理人员的职能不只是指挥、计划、监督、控制，更应该关注员工之间的关系，培养和形成员工的归属感和整体感，管理人员应成为人际关系的协调者。

（3）在实行奖励的时候提倡集体奖励，不主张个人奖励。

（4）提倡参与管理，让员工参与管理过程。

3. 对社会人假设的评价

（1）从经济人假设到社会人假设标志着管理学对人性认识的深入。

（2）社会人假设在强调人的社会性需要的同时并没有排斥人的其他需要，也就是说，既承认物质性需要，又承认人的社会性需要，并且认为社会性需要是第一位的，物质性需要是第二位的。

（3）使管理由过去的以人去适应物转向以人为中心，从过去的任务管理转向人的参与管理。

其不足是过度夸大了人的情感因素对于生产效率的影响。

三、自我实现人假设

自我实现人（Self - Actualizing Man）假设是 20 世纪 50 年代末，由马斯洛、阿基里斯、麦格雷戈等人提出的。马斯洛通过对社会知名人士和一些大学生进行调查，指出自我实现人具有 15 种特征，主要有敏锐的观察力、思想高度集中、有创造性、不受环境偶然因素的影响、只跟少数志趣相投的人来往、喜欢独居等。但马斯洛也承认，在现实中这种人极少，多数人不能达到自我实现人的水平，原因是社会环境的束缚没有为人们自我实现创造适当的条件。

所谓自我实现指的是“人都需要发挥自己的潜力，表现自己的才能，只有人的潜力充分发挥出来，人的才能才会充分表现出来，人才会感到最大的满足”。

1. 基本观点

麦格雷戈总结并归纳了马斯洛等人的观点，结合管理问题，提出了 Y 理论。

（1）人并非生来就是懒惰的，要求工作是人的本能。

（2）在适当的条件下，人们不但愿意工作而且会主动工作。

（3）人有满足欲望的需求，个人的自我实现倾向与组织所要求的行为之间没有矛盾，只要管理适当，人们就会把个人目标与组织目标统一起来。

（4）人并非必然会对组织目标产生抵触和采取消极行为，这些情况主要是由压力造成的。

（5）人对自己所参与的工作目标，能实行自我指挥和自我控制。

（6）大多数人都有组织问题的想象力和创造力，在现代工业社会中，人的智力没有充分发挥出来。

2. 自我实现人假设的管理原则

基于自我实现人假设的管理具有两个特点：第一，员工有更多的工作自由，鼓励员工发挥创造性，强调主观能动的作用并要求员工实行自我控制；第二，在管理方式上重视人的内在精神需要。

自我实现人假设的管理原则有：

（1）管理的重点就是创造一种适宜的工作环境、工作条件，使人们能够充分挖掘自身的潜力，发挥自己的才能，从而达到自我实现的目标。

（2）管理人员的职能是做一个“采访者”，去了解员工在工作过程中所遇到的困难和障碍。

（3）在奖励的方式上，提倡满足人的自尊和自我实现需要的内在奖励（精神奖励）。

（4）在管理制度上，提倡以人为本的新型管理制度。

3. 对自我实现人假设的评价

自我实现人假设对人性的看法比前两种假设都更加积极、更加主动。

（1）它要求管理者尊重人、爱护人，并千方百计地让人们充分发挥潜力和创造力，这是值得肯定的。

（2）为了让人们充分发挥潜力和创造力，提倡给人们提供各种各样的良好环境和必要的条件。

（3）提出了以人为本的新型管理思想。

自我实现人假设也有自己的不足，主要表现在：第一，人既不是天生懒惰的，也不是生来就喜欢承担责任的；第二，潜力能够充分发挥的人在现实生活中是不多见的，自我实现人假设这种基于少数人的特点来提出的一系列管理原则的作用是有限的。

四、复杂人假设

复杂人（Complex Man）假设是20世纪60年代末70年代初由沙因提出的。根据这一假设，管理学家提出了一种新的管理理论，即超Y理论。

超Y理论具有权变理论的性质，是由摩尔斯、洛斯奇分别对X理论和Y理论的真实性进行实验研究后提出来的。他们认为，X理论并非一无是处，Y理论也不是普遍适用，应该针对不同的情况选择或交替使用X、Y理论，这就是超Y理论。

这种理论要求将工作、组织、个人三者作最佳的配合。

1. 主要观点

（1）人的需要是多种多样的，而且这些需要随着人的发展和生活条件的变化而发生变化。每个人的需要是各不相同的，需要的层次也因人而异。

（2）人在同一时间内有各种需要和动机，它们会发生相互作用并结合为统一整体，形成错综复杂的动机模式。例如，两个人都想得到高额奖金，但他们的动机可能并不相同，一个可能是要改善家庭的生活条件，另一个可能把高额奖金看成自己技术熟练的标志。

（3）人在组织中的工作和生活条件是不断变化的，因此会不断产生新的需要和动机。这就是说，在人生活的某一特定时期，动机模式的形成是内部需要与外界环境相互作用的结果。

（4）一个人在不同单位或同一单位的不同部门工作，会产生不同的需要。例如，一个人在工作单位可能郁郁寡欢，但在业余活动或非正式群体中却能够使交往的需要得以满足。

（5）人的需要不同、能力各异，因此不同的人对于同一种管理方式会有不同的反应。没有一套适合于任何时代、任何组织和任何个人的普遍行之有效的管理方法。

2. 复杂人假设的管理原则

权变原则：根据不同对象的情况，针对不同的人采取灵活的管理措施。管理者的主要职能是分析、了解情况，作出相应合理的判断，采取灵活的管理措施。

3. 对复杂人假设的评价

复杂人假设吸收了前三种假设的优点，强调人性的动态性的发展以及管理情境的复杂性，提倡管理人员掌握各种管理的原则并灵活使用，这是有积极意义的。但是，由于复杂人假设过于强调人性发展的动态性而忽视了人的共同性，从而使复杂人假设陷入了不可知论的境地。因此，复杂人假设有时会让人无所适从。

第二节 资源与资源配置问题

一、资源的特点

资源具有稀缺性的特点。这种稀缺性是相对于人类的无限需求而言的，人的需求具有无限增长和扩大的趋势，为了满足这种需求就需要更多的物品和劳务，从而需要更多的资源，而在一定时间与空间范围内资源总是有限的，相对不足的资源与人类绝对增长的需求相比，就造成了资源的稀缺性。

管理产生的根本原因就是人的需求的无限性和人所拥有的资源的有限性之间的矛盾，因此，管理的功能在于通过科学的方法来提高资源的利用率，从而达到以有限的资源满足尽可能多的需求的目的。

二、组织的资源类型

任何组织若要维持生存与发展，首先都要拥有一定的资源，其次是要能对有限的资源进行合理配置以达到最佳的使用效果，进而支持组织目标的实现。一般而言，组织在发展过程中至少需要以下类型的资源：

1. 人力资源

人力资源是指组织中所拥有的成员的技能、能力、知识以及他们的潜力和协作力。

人力资源是组织中最重要的资源。

2. 金融资源

所谓的金融资源，是指货币资本和现金。由于货币资本和现金可以用来购买其他资源和捕捉商机等，因此一个组织拥有的金融资源多寡实际上也反映了组织的资源实力和竞争力。

3. 物质资源

物质资源是组织存续所需要的土地、厂房、办公室、机器设备等各种物质材料。

4. 信息资源

信息资源是指人通过一系列的认识和创造过程，采用符号形式储存在一定载体（包括人的大脑）之上的、可供利用的全部信息。信息资源与企业的人力、财力、物力和自然资源一样成为企业的重要资源，且为企业发展的战略资源。

信息资源与自然资源、物质资源相比，具有以下几个特点：

（1）能够重复使用，其价值在使用中得到体现。

（2）信息资源的利用具有很强的目标导向，不同的信息对于不同的用户体现出不同的价值。

（3）具有整合性。人们对信息资源的检索和利用，不受时间、空间、语言、地域和行业的制约。

（4）它是社会财富，任何人都无权全部或永久买下信息的使用权；它是商品，可以被销售、贸易和交换。

（5）具有流动性。

5. 关系资源

关系资源是指组织因为与顾客、政府、社区、金融机构等个人或组织之间良好的关系而获得的可以利用的存在于组织外部的资源，这其中特别应该受到重视的是客户关系资源。企业与客户通过长期良好的合作而建立起顾客忠诚，这样客户关系就成为企业在经营中获取强大竞争优势的一项重要资源。

三、组织资源的配置过程

所谓的资源配置，是指将上述各种类型的资源，跟组织目标和产出物内在结构要求，在质、量等方面进行不同的配比，并使之在产出过程中始终保持相应的比例，从而使产出物成功产出的过程。因此，资源配置有两个重要的要求：

（1）有与产出物结构需求相匹配的资源配置结构。

（2）在保证产出物品质的条件下使用尽可能少的资源。

管理是满足这两个要求的重要保证。按活动的基本特征来划分，管理可分为计划、组织、领导、指挥、协调、控制、沟通、决策等活动。管理作为对组织内有限资源进行有效整合的活动，贯穿于组织资源配置的全过程，如图 2-1 所示。

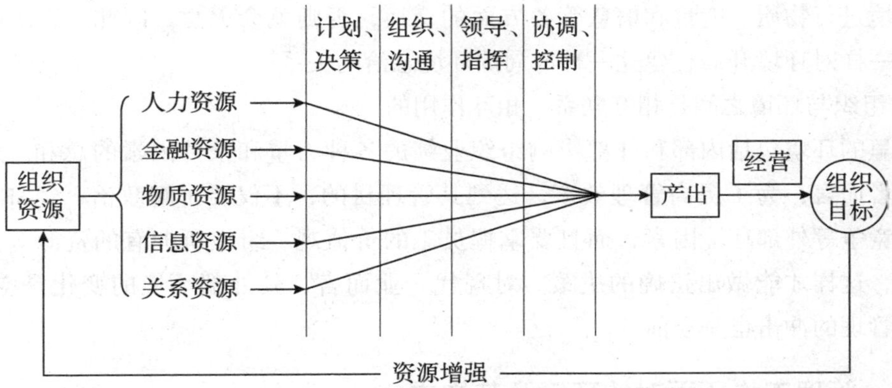

图2-1　管理活动与组织资源配置过程

在组织的资源配置过程中，人力资源起着决定性作用。因为组织成员的能力、技能并不像组织的其他资源一样是一个常量，组织成员的能力、技能的发挥与其当时的情绪、积极性、心理状况等均有关系。决定产量的关键因素不是机器的台数、空间的大小、原料的数量，也不是雇用的工人人数，而是被雇用的每个工人努力的程度和性质。

第三节　管理与环境的关系问题

一、组织与环境的关系

任何组织都是在一定环境中从事活动的，任何管理也都要在一定的环境中进行，这个环境就是管理环境。管理环境的特点制约和影响着管理活动的内容和进行。管理环境的变化要求管理的内容、手段、方式、方法等随之调整，以利用机会、趋利避害，更好地实施管理。

管理与环境的关系可以概括为以下几个方面：

1. 环境是组织管理系统建立的客观基础

组织的使命是组织存在的依据，它来自环境对组织的需要。例如，正是有了社会环境对企业创造经济价值的需要，企业才有了存在的依据；正是有了社会环境对培养人才的需要，学校才有了存在的必要。反过来，如果这些组织没能完成或者没能很好地完成社会赋予的历史使命，那么它们也就失去了存在的理由。组织正是根据社会环境对其功能的期待来设计自己的目标的。

2. 环境是组织生存和发展的必要条件

组织达成目标需要各种资源，如人力、物力、财力、知识、信息、技术等，而这些资源也存在于环境中。企业要达到自己的目标，要生存和发展下去，就必须与其所处的环境进行物质、能量和信息等各方面的交换，否则就会灭亡。因此，组织必须像生物体一样对环境开放，建立一种与周围环境融洽的关系。

3. 组织与环境之间是相互联系、相互作用的

这里的环境包括内部和外部影响组织业绩的各种力量和条件因素的总和。对于企业管理者而言，为了提高管理效率，达到其管理目的，不仅要了解政治、经济、文化需求和竞争等外部环境因素，而且要掌握员工的价值观、组织所拥有的资源等内部环境因素，这样才能做出正确的决策。对现代企业而言，其外部环境的变化是空前的，对企业管理的冲击也是空前的。

二、管理工作所面对的环境及其构成

管理工作所面对的环境可分为外部环境和内部环境。外部环境是指组织外部对组织产生影响的各种要素总和，如政治法律环境、社会文化环境、市场竞争环境等。内部环境是指组织内部对组织产生影响的各种要素总和，如组织的各种资源、能力等。

（一）外部环境

依据环境因素对组织产生影响的重要程度不同，外部环境可以分为一般环境和具体环境。

1. 一般环境

一般环境是指组织所处的大环境，主要包括政治、法律、社会文化、经济、技术、自然等环境。一般环境的影响常常是广泛的，可能影响到处于其中的所有组织，而不一定仅仅影响某个特定的组织。在大多数情况下，一般环境是特定组织的管理者所无法影响和控制的，因此，适应和利用是管理者更常用的应对策略。

2. 具体环境

具体环境通常被称作组织的微观环境或任务环境，指与特定组织直接发生联系的那些环境要素，包括供应商、顾客、竞争对手、同盟者、政府机构和特殊利益团体等。与一般环境相比，具体环境对特定组织的影响更为明显，也更容易为组织管理者所识别、影响和控制。不同的组织所面对的具体环境是不一样的，而且会随着组织所提供产品或服务的范围及其所选择的细分市场的变化而发生改变。

组织的外部环境构成如图 2－2 所示。

（二）内部环境

组织工作面对的内部环境是指处于组织内的直接制约管理活动因素的综合。它主要由组织内部的物质环境和文化环境两大类因素构成。

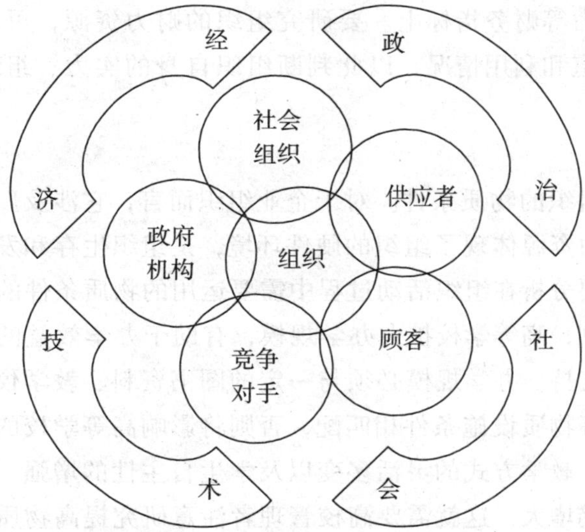

图2-2 组织的外部环境构成

1. 组织内部的物质环境

组织内部的物质环境是指组织内部的资源拥有情况和利用情况，一般包括人、财、物等因素，是组织开展经营活动的物质条件。

(1) 人力资源

组织中的人力既包括一般员工，也包括各层管理者。对组织内部人力资源的研究，主要是从人员的数量、人员的素质和人员的结构等多方面着手进行。对一个企业而言，根据员工所从事的工作性质可将员工分为生产工人、技术工人和管理人员三类。要做到人尽其才，管理者就必须分析三种不同类型的人员的数量、素质和使用状况。生产技术的进步提高了自动化的程度、工艺能力和生产效率，给生产企业带来了挑战，一方面，它不仅要求人员数量应符合企业组织自身发展的需要；另一方面，它对人员素质提出了更高的要求，尤其是处在生产第一线的人员，其技术、文化水平能否跟上技术的快速发展，是一个十分重要的问题。如何分析人员的素质呢？由于组织的整体素质不是单个人员素质的简单相加，而是众多单个人员素质的有机结合，因此，分析组织内部的人员素质，应根据组织内部的不同人员构成状况，在能力结构、年龄结构、知识结构、性别结构和个性结构等多方面进行有针对性的分析，以找到解决问题的对策。

(2) 财力资源

任何一个组织都需要财力的支撑，财力资源的状况如何直接影响组织其他资源的运作安排。比如，当组织的资金运行状态良好的时候，组织在经营范围和人力安排等方面往往处于竞争的优势地位；当组织的财力持续不济的时候，其结果往往是缩减业务范围、精简机构和减少在编人员。一般而言，组织的经济实力反映在偿债能力、投资回报能力等财务指标上。要研究组织的财力资源，可以分析组织的资金拥有情况、来源渠道和利用情况，以此判断组织自身的实力、组织的信誉和未来的发展前景。

（3）物力资源

物力资源是指组织的物质条件。对于企业组织而言，它涉及厂房、机器设备和操作工具等要素。物力资源体现了组织的硬件环境，是组织生存和发展的物质基础。研究物力资源，就是要分析在组织活动过程中需要运用的物质条件的丰富程度和利用程度。以高等学校为例，高等学校扩大办学规模，有助于办学效益的提高，但这需要相应的物质设施条件支持。办学规模必须与一定的图书资料、教学仪器、科研设备、生活设施、校园校舍等物质设施条件相匹配，否则将影响高等学校的正常运行。随着教育技术手段的发展，教学方式的灵活多变以及学生自主性的增强，高等学校对办学物质条件的依赖将日趋增大，这就需要高校管理者注意研究提高物质设施利用率的措施和办法。可以说，办学的物质设施条件以及利用的效率将直接影响高等学校的办学水平。因此，物质条件是高等学校在发展中形成良性循环的重要因素。

2. 组织内部的文化环境

要研究组织内部的文化环境，可以分析组织文化的基本内容及其对组织活动的影响。

（1）组织文化的定义

一般来说，文化是指人类在社会历史实践中所创造的物质财富和精神财富的总和，它具有民族性、多样性和延续性等特征。无论哪一个组织，都处在一定的经济社会文化背景之下，因而组织文化的形成与发展是以一般文化为前提条件的。美国加利福尼亚大学洛杉矶分校管理学院日裔教授威廉·大内对日本企业（J型组织）和美国企业（A型组织）进行了比较研究，得出了两类组织在雇佣制度、员工考核和晋升、内部控制以及决策方式等方面存在着明显差异的结论。造成这一差异的原因，一方面是不同的社会文化背景对组织产生了不同的影响；另一方面，任何一个组织在长期的发展过程中都会逐渐形成特殊的环境条件和历史传统，产生独特的价值观、思维模式、道德准则和行为规范等，造就特定的组织文化。

因此，组织文化是在一定社会文化背景下的组织，在长期的实践活动中逐步形成的并为组织成员所认同的价值观念、群体意识、道德准则、行为规范和风俗习惯等方面的内容。

（2）组织文化的特征

①民族性。任何一个组织都是存在于特定区域内的，其文化必然要受到所在地区民族文化的影响。具体来讲，组织文化是得到组织的全体职工认同的文化，这些职工的心理、感情、行为不可避免地受到民族文化的熏陶，因而在他们身上必然表现出共同的民族心理和精神气质，即文化的民族性。

②整合性。组织文化提供了一个共同的目标、共同的利益和共同的工作标准，对调整全体职工思想行为有着重要作用。组织文化本身的目标就是要通过精神力量的作用，使组织成为一个有机的整体，显示共同的意志、目标和追求，促成人们共同遵循一种集体意识，驱动职工的使命感和荣誉感，鞭策和激励职工创造性地工作。

③稳定性。组织文化的稳定性主要体现为它能长期地对组织的运转、职工的行为产生影响。组织一旦形成其具有自身特点的文化之后，这种文化就同任何文化一样，必然相对稳定地存在，不会轻易消失，不会因领导人的变更而在短时间内发生彻底改变，也不会因组织结构的改变、战略的转移或产品与服务的调整而发生变化。

④差异性。尽管所有的组织都有文化，但由于每个组织所拥有的资源和所处的环境存有差异，其影响的程度并不一样。一般而言，组织文化有强弱之分，它取决于组织的规模、历史、人员的流动程度以及文化起源。强势的组织文化表现为组织主要的价值观念被成员广泛了解和接受。他们对什么是重要的、什么该做和什么不该做十分明确，这样就形成了文化的约束力。反之，如果一个组织的成员分不清什么是重要的什么是不重要的，那么就形成了弱势组织文化。强势的组织文化有利于组织适应外部环境和变革，而弱势的组织文化有可能导致组织的不良发展。

（3）组织文化的功能

组织文化对组织、组织内部员工以及整个社会都会产生影响和发挥作用，其功能有以下几个方面：

①凝聚功能。它主要是通过培育组织成员的认同感和归属感，建立起成员与组织之间的相互依存关系，使个人的行为、思想、感情、信念、习惯与整个组织有机地统一起来，形成相对稳固的文化氛围，凝聚成一种无形的力量，以激发人们的主观能动性，使人们为组织的共同目标而努力。这种功能主要是通过目标凝聚来实现的。

②导向功能。它主要是通过企业文化的塑造来引导企业成员的行为和心理，使人们在潜移默化中接受共同的价值观念，自愿地把企业目标作为自己追求的目标来实现。其具体体现在以下方面：规定组织行为的价值取向；明确组织的行动目标；建立组织的规章制度。

③激励功能。它主要是通过价值观的宣传以及英雄人物的树立，使组织成员行有目标、学有榜样，表现出符合组织要求的积极行为。这种功能主要是通过信任鼓励、关心鼓励、奖励激励、宣泄激励的方式来体现的。

④约束功能。它主要是通过规章制度和伦理而发生作用的，其目的在于使人的行为不偏离组织的方向。其中，组织规章制度的约束作用较为明显，它强调规章制度面前人人平等，属于“刚性”约束。而组织的伦理包括社会公德和职业道德，员工都必须遵守，属于“柔性”约束。两者刚柔相济，相辅相成，不可或缺。

⑤辐射功能。组织文化是社会文化的重要组成部分，组织文化在受社会文化影响的同时，也影响着社会，服务于社会。组织文化不仅对本组织产生作用，而且会向社会辐射和扩散。辐射功能主要体现在：在组织中形成的创新观念，向社会传播和扩散；员工的思想行为所体现的组织精神、组织价值观向社会扩散，形成某种共识；组织文化通过产品这种物质载体向社会辐射；组织文化通过具体的宣传媒介和工具向外传播和扩散。

第四节　管理基本问题思维技能训练

理论测试

一、不定项选择题

1. “胡萝卜加大棒”反映了以下（　　）假设。

A. X 理论　　B. 经济人
C. 社会人　　D. 自我实现人

2. 组织文化的主要作用有（　　）。

A. 凝聚作用　　B. 导向作用
C. 激励与约束作用　　D. 辐射作用

3. 人性假设理论认为人类需要的最高层次就是自我实现的是（　　）。

A. 经济人假设　　B. 复杂人假设
C. 社会人假设　　D. 自我实现人假设

二、判断题

1. 四种人性假设理论可以完全概括所有人的本性。（　　）
2. 企业文化主要作用于精神层面，不如经济利益刺激有效果。（　　）
3. 企业所面临的外部环境非常复杂，管理者关注太多反而会扰乱其管理思维。（　　）

三、论述题

1. 管理行为与管理环境之间的关系。
2. 不同的人性假设是如何影响管理行为的。

技能训练

训练一　案例分析（纸上谈兵）

【目的】

理解管理内外部环境与管理行为之间的关系。

【资料】

大东热传输有限公司经营与管理

大东热传输有限公司成立于2015年，是通过引进国外技术建立的一家国内大型电解铝独资企业。

公司总投资额为2.8亿元，设计年产量为12000吨铝复合材料，主要产品为铝合金复合板带箔，主要应用于汽车热交换器（空调、加热器、蒸发器、冷凝器、水箱、油冷器和中冷器）。国内客户主要是汽车热交换器厂，海外客户主要是全球热交换器生产厂家在亚太地区的配套厂商。

公司于1999年投产，其销售量由2017年的不到300吨增长到2020年的9800吨。在公司的销售结构中，海外销售量和国内销售量各占50%。目前大东公司在中国该行业内处于市场领导者地位，其市场占有率为75%，主要客户有德尔福（上海）动力推进系统有限公司、上海汽车配件厂、上海协和、青岛东洋、广州豪华、法雷奥（Valeo）中国等公司。公司在除日本外的亚太地区居于领先地位，在亚太市场上的占有率约为30%，其亚太市场主要以泰国、韩国、澳大利亚、伊朗、印度等地为主，其竞争对手主要是日本和德国的同类生产厂商。

公司的盈利情况目前保持着良好的态势，由2017年的亏损2000万元发展到2020年的净盈利3500万元。

为了加强公司的竞争优势，公司陆续通过了QS 9000质量管理体系和ISO 14000环境管理体系认证，上述体系认证意味着公司持续给客户提供稳定质量的产品有了保证，为公司的可持续发展奠定了坚实的基础。

◆ 内部主要生产环节的情况

在大东公司生产流程中，从原材料投入到产出成品，要经过十多个工序，在整个工序里面，复合层的铸锭铸造、热轧、复合、冷轧、薄纵剪为关键工序，这些工序涉及公司的核心技术机密，如果公司的核心技术机密外泄，将削弱公司的核心竞争优势。

公司的设备除热轧机（从意大利进口的二手设备）、薄纵剪设备（意大利OMM公司制造）外，其余设备均为中国当地生产。大东公司的核心技术虽然引自国外，但公司已经掌握了复合层铸锭的生产、复合材料的设计、复合材料的热轧、复合材料的质量控制等关键技术。

公司的效率处于一个不断提升的过程，产量从最初的一年不到400吨增长到2020年的9800吨，公司成品率从当初的40%提高到目前的55%，在公司当前的规模下，公司每提高1%成品率，则可增加息税前利润100万元。

公司于2015年成立，且公司的员工十分年轻，平均年龄为28岁，年轻的员工容易接受新的观念和方法，但也存在工作经验不足的缺点，需要在工作中给予更多的培训和支持。

◆ 公司优势、劣势、机会和威胁

在前一年的营销计划纲要上，公司对所处环境及竞争情况进行了分析，列举出的优势、劣势、机会和威胁如下。

1. 优势

（1）中国唯一一家专门生产汽车铝热传输材料的生产商，产品在客户群里具有较高的美誉度；

（2）具有完整的生产汽车铝热传输材料的生产线；

（3）掌握汽车热传输复合材料的核心生产技术，可以对要进入该行业的其他铝板带生产商形成技术壁垒；

（4）对客户的工艺和要求比较熟悉；

（5）灵活的交货周期；

（6）同国外厂商相比，距离国内客户最近，有利于对客户的要求做出迅速反应，有给客户提供全面解决方案的能力；

（7）高效的海外和国内销售渠道；

（8）与技术输出方有密切的技术方面的联系；

（9）强大的新产品开发能力；

（10）QS 9000 质量管理体系和 ISO 14000 环境管理体系认证。

2. 劣势

（1）热轧机设备陈旧，成为限制公司产品质量提高的瓶颈；

（2）热轧机较高频率的非计划性停机，造成及时交货的不确定性和较高的设备维护费用；

（3）客户的要求多为小批量多品种，导致公司在制品的大幅度增加；

（4）热传输材料本身过高的要求使成品率较低，公司生产的废料不能100%回收利用，导致生产成本的大幅度增加；

（5）公司当初的设计产能和未来的市场需求不匹配，不能充分满足市场的需求。

◆ 下一步该如何办

目前，大东公司在国内铝热传输领域处于领先地位，但是在国内汽车行业和铝加工行业快速发展的形势下，大东公司的发展也面临着许多不确定因素。如何构建持续竞争优势，确保领先地位，是管理层近来关心的一个问题。

【要求】

1. 构成大东公司现实竞争优势的因素有哪些？
2. 大东公司的核心竞争力是什么？如何培植其核心竞争力？

训练二　人性观研究（文献研究）

【目的】

加强对人性问题的理性认识。

【资料】

各种“人性”观点研究

孟子：恻隐之心，人皆有之；羞恶之心，人皆有之；恭敬之心，人皆有之；是非之心，人皆有之。恻隐之心，仁也；羞恶之心，义也；恭敬之心，礼也；是非之心，智也。仁义礼智，非由外铄我也，我固有之也，弗思耳矣。

人皆可以为尧舜。

荀子：凡人有所一同：饥而欲食，寒而欲暖，劳而欲息，好利而恶害，是人之所生而有也，是无待而然者也，是禹、桀之所同也。

告子：食色，性也。性无善，无不善也。

墨子：染于苍则苍，染于黄则黄。所入者变，其色亦变，五入而已为五色矣！故染不可不慎也！

董仲舒：性比于禾，善比于米，米出禾中，而禾未可全为米也，善出性中，而性未可全为善也。

苏格拉底：智慧是唯一的善，无知是唯一的恶。

亚里士多德：人更近野兽而远离神灵，多数人生来愚昧、贪婪残忍。

马丁·路德：我们所有的人生来就是有罪的，在罪恶中被孕育和生产出来；罪恶把我们由头到尾地浸渍了……

加尔文：在人身上的每样东西——理智与意志，心灵与肉体——都为贪欲玷污和浸透；或者更简短地说人本身不是别的，就是贪欲……

马克思：人的本质是一切社会关系的总和。

【要求】

以小组为单位，从上述【资料】（不限于【资料】所提供的观点）中选择中、西方各一种关于“人性”问题的有关论述进行比较研究，利用图书馆、互联网深入查阅相关文献资料，并撰写研究报告。

训练三　管理者“人性观”调研（社会实践）

【目的】

1. 通过访谈现实中的管理者，进一步加深对“人性”的认识与思考。

2. 体验不同人性观对管理的影响。

【要求】

以小组为单位，采访1～2名现实生活中的管理者，采访的提问如下：

（1）你是如何理解“人性化管理”的？

（2）“人性化管理”与“制度化管理”是否会发生冲突？应该如何处理？

（3）你如何看待“人性”二字？

思政探索

一、思政目标

认识自我，树立正确的人生观与价值观。

二、知识点

人性假设理论。

三、思政元素

社会主义核心价值观。

四、融入途径

1. 案例导入：囚徒困境——合作研究。

2. 小组分享：新冠肺炎疫情中人性善与恶的故事。

3. 观点讨论：大到国家宏观管理、企业管理，小到个人的自我管理，管理应当是一种“惩恶扬善”的技术与手段。

4. 个人练习：在你认为重要的选项上打钩，从中再选出你认为最重要的10件事，最后将其压缩总结成5项你的核心价值观。

□承诺 □漂亮的外表 □给予和接受友情 □安全感 □胜利 □帮助别人 □以专业的态度行事
□忠诚 □对别人负责 □身体舒适 □有情趣 □负责 □学习新技能 □有很多朋友
□公平 □努力工作 □遵循传统 □信奉宗教 □诚实 □与他人和睦相处
□守时 □使命感 □放松和非正式 □履行义务 □服务 □行动的自由 □事业心
□参与 □受人尊敬 □保护资源 □尽职尽责 □合法 □正确和正规 □适应性
□和平 □感觉充实 □有权威 □维护信仰 □沟通 □与他人合作 □想象力
□健康 □自我约束 □举止高贵 □被人喜爱 □幸运 □深思熟虑 □竞争
□贡献 □采取主动 □有勇气 □影响力 □创造力 □有把握
□法律 □礼貌 □渊博 □诚实 □自觉
□激情 □优秀 □爱 □真理 □人性
□整洁 □独处 □可靠 □明智 □才能
□冒险 □宽容 □实际 □完美 □高效
□幽默 □秩序 □财富 □客观 □清白
□探险 □友谊 □质量 □成功 □漂亮
□清晰 □坚韧 □智慧 □决断 □慷慨

拓展学习

结合下图，思考、比较经济学的资源配置与管理学的资源配置。

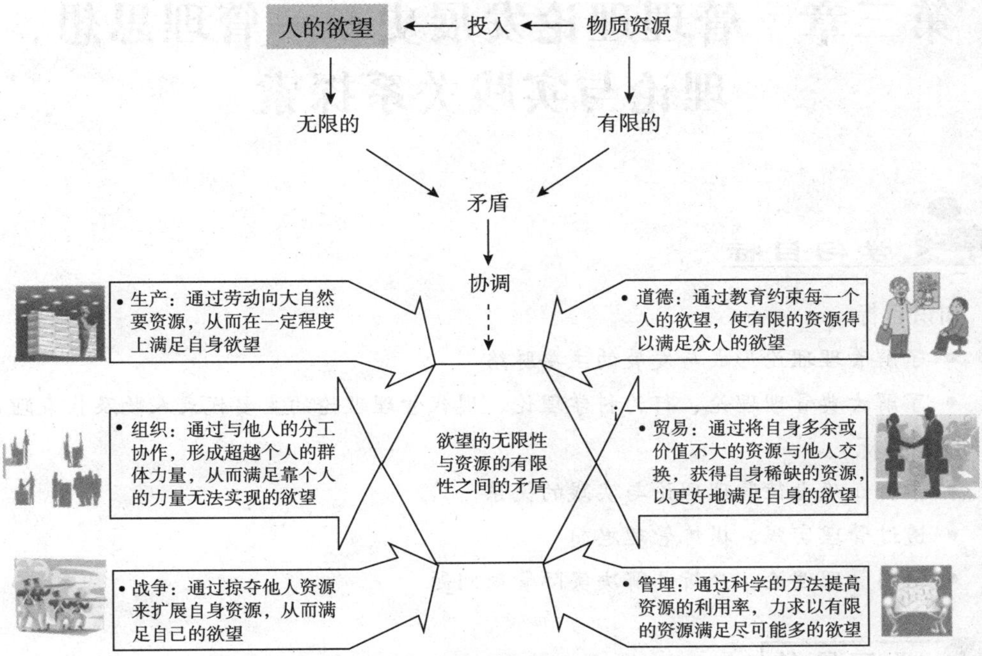

欲望与资源矛盾的协调方式

第三章　管理理论发展史——管理思想、理论与实践关系探索

学习目标

知识目标

- 了解管理理论形成与发展的主要脉络
- 了解古典管理理论、行为科学理论、现代管理理论的主要代表人物及代表理论

技能目标

- 学会正确看待管理理论与实践的关系
- 透过管理实践，提炼管理思想
- 运用管理理论，分析并解决实际管理问题

学习导航

管理理论发展史——管理思想、理论与实践关系探索

- 管理思想、理论与实践关系
  - 早期管理实践阶段
  - 管理思想萌芽阶段
  - 管理理论形成阶段
  - 管理理论发展阶段
- 管理理论解读
  - 古典管理理论解读
    - 管理理论概述
      - 历史背景
      - 基本框架
      - 理论特点
    - 管理理论代表
    - 管理理论贡献
  - 行为科学理论解读
  - 现代管理理论丛林
  - 管理发展的新趋势

管理理论应用技能训练

- 理论测试　理论知识的认知与理解检测
- 技能训练　技能运用与强化训练
  - 训练一　案例分析（纸上谈兵）
  - 训练二　管理接龙游戏（动手试试）
  - 训练三　企业调研（社会实践）
- 思政探索　西方管理思想与中国管理实践
- 拓展学习　管理理论的深入学习与思考

案例导入

LMT 公司

弗兰克·W. 贝茨（Frank W. Bates）是LMT公司的总裁，LMT公司是一家规模很大的公司，生产的产品有飞轮、制动器、弹簧、无线电通信设备和其他与汽车制造公司产品配套的零部件。这家公司还有一个分部，负责开发和制造LMT宇航计划的零部件。LMT宇航计划活动由茱莉亚·桑德斯（Julia Sanders）担任总经理，她的人事经理刘易斯·莱姆基（Lewis Lemke）向她提出建议，为使这个分部中的各级主管人员得到充分发展，应该让他们在心理学和人际关系方面进行学习和训练。他认为，归根结底，管理工作是"人"的问题，而人们能成为优秀的主管人员的唯一办法，就是使他们完全理解自己，并且理解同他们在一起工作的主管人员和员工。

桑德斯小姐为这种思想所打动，她告诉莱姆基先生，同意他的计划并要他立即实行。这位人事经理于是尽力而认真地贯彻执行。几年以后，这个分部从最高层到基层的全部主管人员，都通过了一系列课程学习和训练，理解了自己和别人，也理解了人际关系的各个方面。

然而，桑德斯小姐发现，纵然人们之间有了更好的了解，但这个分部的管理质量并没有因此而有所改进。事实很明显，LMT公司其他部门的成绩要比宇航计划分部好得多。贝茨总裁对此也很在意，并且要求桑德斯小姐给出解释，她的部门是怎么培训主管人员的。贝茨先生在听完该计划的内容后说："我怀疑，你们是否走在正确的轨道上?"

请思考：

1. 这个宇航计划分部的训练方法是否抓住了管理学的实质?
2. 如果你是贝茨先生，你将会给桑德斯小姐提出什么建议?

第一节　管理思想、理论与实践关系

从历史上看，管理与人类社会几乎同时产生。管理实践活动其实早就出现了，而在有了人类社会的进步以后，才有人对这些管理实践活动，包括政治的、军事的、经济的、文化的、宗教的活动加以研究和探索。

经过长期的积累和总结，人们对管理实践活动有了各自的经验，对经验的概括、总结和抽象形成了管理思想。随着社会的发展、技术的进步，人们对管理思想进行进一步的总结、提炼和系统化，形成了管理理论，管理理论反过来通过实践指导人们的管理活动，从而验证管理理论的有效性，逐步发展和完善管理理论。图3－1表明了管理实践、管理思想和管理理论的关系。

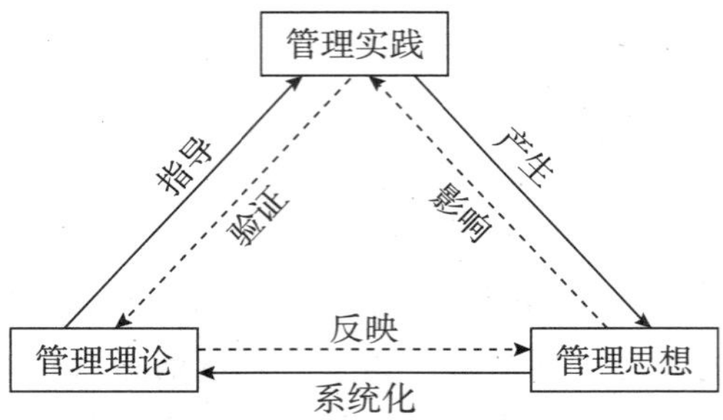

图 3－1　管理实践、管理思想、管理理论的关系

将管理学的这样一个形成过程同人类社会发展的不同阶段加以比较和归纳，就可以全面地揭示管理学的形成与发展过程，如图 3－2 所示。

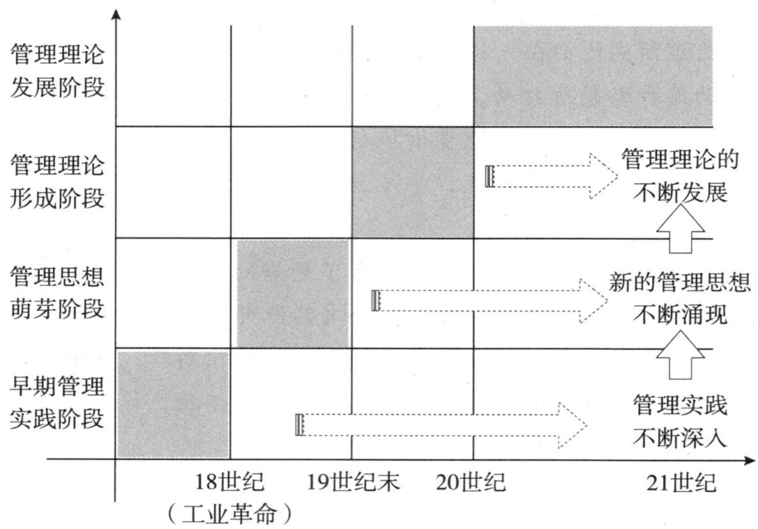

图 3－2　管理学的形成与发展过程

一、早期管理实践阶段

管理实践是人类集体协作、共同劳动所产生的。人类进行的管理实践，已有超过 6000 年的历史。以世界奇迹著称的埃及金字塔、巴比伦古城和中国的万里长城，其宏伟的建筑规模足以证明人类的管理能力与组织能力。截至 18 世纪工业革命前，人们仅仅为了生存而进行自觉或不自觉的管理活动或实践，未对管理活动本身的重要性和必要性加以认识，仅有的管理知识是代代相传或从实践经验中得来的，人们仅凭经验去管理，尚未对经验进行科学的总结。

二、管理思想萌芽阶段

从工业革命开始到 19 世纪末，这个时期的企业大多为个人或家族所有。这决定了企业管理的特点：家长制和经验管理。企业主的决定就是企业的决定。在当时，企业管理的中心问题是资金。只要有了资金，就可以投资建厂。因为当时的资本家可以无限期地延长工人的劳动时间，从而提高机器设备的利用率。至于企业管理，则主要依靠企业主的经验。这个时期的企业管理属于经验管理。

在这一时期，人们对管理活动在社会中所起的作用产生了一定的认识。管理学家们在军事、经济、政治等某些领域提出了某些见解，但这一切都停留在一个较低的水平上，还没有进行系统的、全面的研究，因而人们对管理的认识仅仅散见于一些历史学、哲学、经济学、社会学、军事学等著作中，那些只是一些对管理的零碎的研究。这说明19世纪以前还没有形成一个比较完整的管理理论体系。

三、管理理论形成阶段

到了20世纪初，人们发现尽管许多工人的劳动时间都高达每周60小时以上，但工人的生产率和工资却很低。美国许多工厂的产量远低于其定额生产能力，能达到60%的都很少。这是因为人们对众多机器的协同生产的问题还很陌生，工序与工序之间的配合不良，出现了人与机器之间的矛盾。而企业主仅凭经验无法处理较大规模的人与机器管理的问题，这个矛盾限制了生产能力的有效发挥。美国管理学家发现，如果让机器与机器操作者密切配合起来，就可以大大地提高生产的效率，于是，美国的一些工程技术人员和管理人员进行了各种试验，创造了一套科学的管理理论和方法，从理论上解决了管理实践中的这一难题。

这一时期，随着生产力的高度发展和科学技术的飞跃进步，以及管理学者们不断研究、观察和亲身实践，人们对管理的认识不断丰富和具体，从而对其进行概括和抽象，逐渐形成了管理理论。管理作为一门科学才真正蓬勃兴起。

四、管理理论发展阶段

第二次世界大战之后，科学技术的高速发展，特别是电子计算机技术突飞猛进的发展，使得现代企业与传统企业相比较发生了一系列全面而深刻的变化，如组织规模日益扩大，企业内部的组织结构也更加复杂等，从而提出了一系列新的重要的管理课题，极大地推动了管理理论的发展。

从图3－2不难看出，管理的变革，无论是其实践还是其理论的改变都绝非一时的流行，而是它对新的时代、新的文明的适应。随着时代的前进、社会的进步，旧的管理理论、方法和实践必然衰退、失效；而适应新时代、新文明的新的管理理论、方法和实践，必然涌现、兴起。管理上的这种新陈代谢，是历史发展的必然规律。管理理论的进步促使管理实践和社会的发展，而管理实践的不断发展，又必然推动管理理论、方法的不断发展、更新。图3－3是西方管理思想发展的整体脉络。

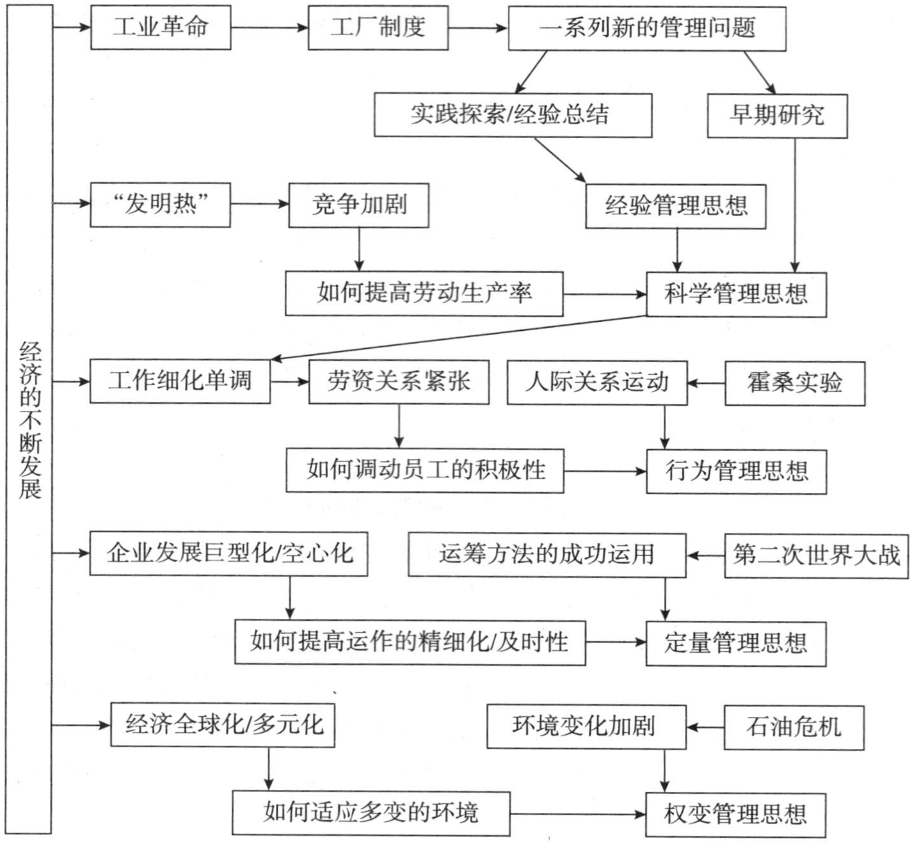

图3－3　西方管理思想发展的整体脉络

资料来源：［美］丹尼尔·A. 雷恩. 管理思想的演变［M］. 孙耀君，等译. 北京：中国社会科学出版社，1992.

第二节　管理理论解读

一、古典管理理论解读

（一）古典管理理论的概述

1. 历史背景

古典管理理论诞生于20世纪初期的美国，是与美国当时的经济、社会、文化的发展状况密切相关的。按照美国经济学家罗斯托的经济成长五阶段论，人类社会的发展经历了传统阶段、起飞前阶段、起飞阶段、成熟阶段和高消费阶段。古典管理理论形成的时代正是美国社会的起飞阶段。在这一时期，社会出现持续的增长，主要的成长部门通过革新创造或者通过利用新的资源，形成很高的增长率，并带动社会经济中的其他方面扩充能量。经济起飞时期，几乎整个社会的经济都在快速地增长，从而使具有经济现代化观念的人战胜坚持传统社会观念的人，在社会和文化等方面取得胜利。起飞阶段所迸发出来的强大刺激力量，既可能表现为工业革命的形式，也可能是技术革新的形式，还可能是管理方式改变的形式。当年，正是应美国社会起飞阶段的经济发展需要，古典管理理论破土而出。

2. 基本框架

在20世纪初，由弗雷德里克·温斯洛·泰勒发起的科学管理革命导致了古典管理理论的产生。古典管理理论的基本框架如图3－4所示，古典管理理论代表人物弗雷德里克·温斯洛·泰勒、亨利·法约尔、马克斯·韦伯及其追随者以“效率最大化”为目标，以“经济人假设”为理论基础，从三个不同角度，即个体效率、企业效率和社会效率来解决企业和社会组织的管理问题，为当时的社会解决企业组织中的劳资关系、管理原理和原则、生产效率等方面的问题提供了管理思想的指导和科学的理论方法。

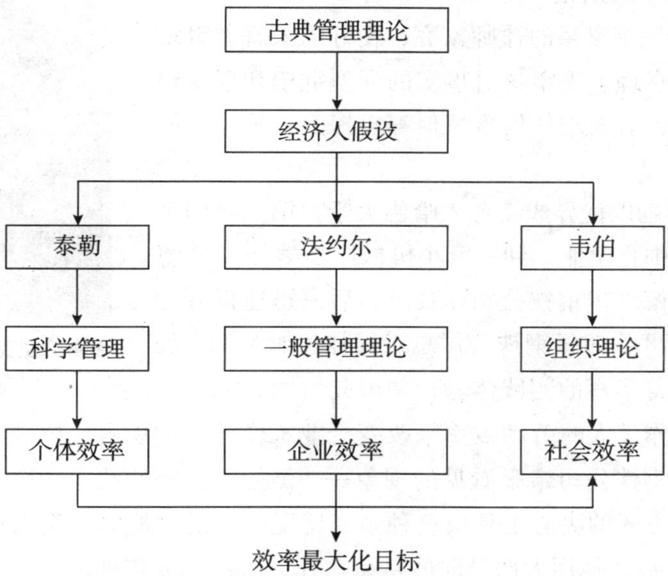

图3－4 古典管理理论的基本框架

3. 理论特点

在百年的管理思想发展流变中，相对于后继的管理理论和流派，古典管理理论最显著的两大特点是：

第一，效率主义是古典管理理论最强劲的主旋律。管理学诞生之初，所要解决的问题相当现实，就是通过寻找和运用科学的管理手段和方法，全力提高生产效率，降低企业的社会必要劳动量。无论是泰勒及其追随者，还是法约尔和韦伯，尽管理论视野各有侧重，学术观点也有差异，但他们皆视科学管理为提高工作效率的方法和手段。泰勒对效率的研究主要是通过现场作业的标准化和科学化而展开的。泰勒给管理下过一个不甚严密的定义：“确切了解你希望工人干些什么，然后设法使他们用最好、最节约的方法完成它。”泰勒制中无论是抽象的管理原则、理论，还是具体的管理方法、技术，都是直指效率这一核心的。

第二，古典管理理论又有浓郁的经验论、技术论的色彩。古典管理理论乃至整个管理学，就其理论源泉来说，主要有两类：一类是通过其他学科的渗透，吸取思想资源；另一类是对实践经验的总结提升。很显然，古典管理理论的形成是实践经验的结晶。其开创者们大多出身于厂矿企业，对管理的理解来源于在基层的亲身实践，或者来源于长期管理具体组织的体验。

（二）古典管理理论的主要代表

1. 弗雷德里克·温斯洛·泰勒及其科学管理理论

（1）弗雷德里克·温斯洛·泰勒的生平

弗雷德里克·温斯洛·泰勒
（1856—1915）

弗雷德里克·温斯洛·泰勒（Frederick Winslow Taylor）出生于美国一个富裕的律师家庭，良好的家庭教育培养了他从小追求真理、观察核对事实的强烈欲望和根除浪费与懒惰的热忱，对处理任何事情他都想探究一种最好的方法。

18 岁时，泰勒以优异成绩考入哈佛大学，第二年因视力与健康原因而中止学业，到一家小机械厂当学徒。22 岁时他进入费城米德维尔钢铁公司作技工，后来迅速提升为工长、总技师，28 岁时任钢铁公司总工程师。他对工人处境、劳动状况有着丰富的实践体验，并由此引发了他对通过提高低效率工作工人的劳动效率来改变企业工作状况的思考。要理解这种思考，就有必要了解他在钢铁公司亲眼看见的现象——仍处于较原始状态的企业管理水平。泰勒改进工厂工作方式的决心正是由这种亲身感受唤起的，他的一系列实验也是从此开始的。1901 年以后，他用大部分时间从事写作、讲演，宣传他的一套管理理论。1911 年发表其代表著作《科学管理原理》。

（2）科学管理理论的四大原则

泰勒在《科学管理原理》中，提出科学管理理论应遵循四条重大的管理原则。

第一，建立一种严格的科学理论。从一个人工作的各个组成部分中总结出科学规律，以代替旧的、只凭经验的做法。

第二，科学地挑选、培训、教育和发展工人。为实现工作的标准化和差别计件工资制，首先必须科学地挑选工人，保证他们具备与工作相应的体力和智力上的条件。然后，还必须使工人接受系统培训并给予他们进一步发展的机会，使其能够胜任“最高级、最有兴趣和最有利可图的工作”，从而成为“第一流的工人”。

第三，诚恳地与工人合作，以保证一切工作都按已发展起来的科学原则办事。

第四，工人与管理层之间在工作和责任的份额上大致均等，管理层应把适合自己做的工作接收回来。

（3）科学管理理论的主要内容

①科学管理的核心问题是如何提高劳动生产率。泰勒认为，科学管理的根本就在于提高劳动生产率，因为科学管理如同节省劳动的机器，其目的在于提高每一个单位劳动力的产量。他认为，企业提高劳动生产率的潜力非常大，在当时的条件下，每个工人的能力在工作中只发挥出了1/3。泰勒在一项工人搬运生铁的实验中，使工人每天搬运生铁的重量普遍从12.5吨提高到47.5吨，增加了2.8倍，工人工资由每天1.15美元增加到1.85美元。可是，当时无论是雇主还是工人，对于一个工人一天到底能干多少工作、该干多少工作都心中无数。

②为了提高劳动生产率，必须挑选第一流的工人。泰勒认为，所谓第一流工人包括两个方面：一是该工人的能力最适合他所从事的工作，二是该工人发自内心地愿意从事这项工作。因为每个人的天赋与才能不同，他们所适宜做的工作也各异，身强力壮的人干体力活可能是第一流的，心灵手巧的人干精细活可能是第一流的，所以要根据人的不同能力和天赋把他们分配到与之相适应的工作岗位，使之成为第一流的工人。对那些不适合从事工作的工人，应加以培训，使之适合工作需要，或把他们重新安排到其他适宜的工作岗位上去。将工人培训成为第一流的工人，是领导的职责。

③为了提高劳动生产率，必须研究工时与标准化。泰勒在挑选第一流工人的同时，通过改变不同的工作因素来观察哪些因素与工人日工作量变化有关。例如，工人搬运生铁时有时屈膝，有时不屈膝而是弯腰。泰勒测试了休息时间、行走速度、搬运位置及其他各种变量对工人日工作量的影响，在长时间对各种过程、技术、工具等的组合进行科学测试之后，工人的日工作量成功地达到泰勒预期的水平。通过挑选合适的工人，使用正确的工具和设备，使工人按规定的方法劳动，并采用高工资激励工人，泰勒就能使工人达到48吨日工作量的目标。

工时研究作为泰勒制的基础，并非简单地对一个工人完成一件规定任务的过程作出时间上的统计，而是把一件工作分解为各种基础的组成部分，进行测试，然后根据其合理性进行重新安排，以确定最佳的工作方法。所以工时研究是用资料研究未来，而非研究过去，是用来分析问题，而非单纯地描述问题。此外，除了操作方法标准化，泰勒制还对工具、机械、原料和作业环境等进行改进，并使与任务有关的所有要素都最终实行标准化。工时研究与标准化为了解如何更为合理地完成一件工作找到了一条较为科学的途径。

④在制定标准定额基础上实行差别计件工资制。制定标准定额是泰勒制的基础。通过大量的工时与动作研究，他把每一项工作都分成尽可能多的简单基本动作，把其中的无效动作去掉，并通过对熟练工人操作过程的观察记录，寻找出每一个基本动作最好最快的操作方法，这构成了他确定标准定额的基础。在标准定额的基础上，泰勒

建议实行新的工资制度，即差别计件工资制。他认为过去实行的计时工资制和利润分享制都不能从根本上解决问题。差别计件工资制，是在“工资支付对象是工人而不是职位”的思想指导下，按照工人是否完成其定额而采取高低不同的工资率，即完成定额的可按工资标准的125%计算工资，而完不成定额的只按80%计算工资，以鼓励工人千方百计完成工作定额。

⑤设置计划层，实行职能工长制。泰勒认为一位全面的工长应具备九种品质：脑力；教育；专门知识或技术知识；机智老练；有干劲；刚毅不屈；诚实；判断力或常识；身体健康。泰勒认为要找到一个具备上述三种品质的人并不太困难，找到一个具备上述五种或六种品质的人就比较困难，而要找到一个能具备上述七八种品质的人，那几乎是不可能的。为解决这种矛盾，泰勒提出了分阶段的职能工长制的主张，因为把工长的工作专业化后，对任职者的体力和脑力的要求也就相应降低了。

泰勒把工长的职责分为两大类：执行职责和计划职责。在执行部门可分解为：工作分派负责人、速度管理员、检查员、维修保养员；在计划部门又可分解为：工作流程管理员、指示卡片管理员、工时成本管理员、车间纪律管理员。这样，原旧式组织中一个工长的工作由八位职能工长分管，解决当时缺少综合管理人才的矛盾。泰勒认为，每一个工人在其工作中的任何一个具体方面都只能有一个职能工长领导，才不会引起多头领导而使工人无所适从。而且，因为每个职能工长只需履行有限的职责，所以培训职能工长的工作将较为容易。

⑥对组织机构的管理控制实行例外原则。根据这项原则，管理人员收到的应是简洁明了、具有对比性的报告，其内容应包括在过去正常情况下未出现过的或非标准的各种例外情况，既有特别好的例外情况，也有特别坏的。这样只要几分钟时间，就可使管理人员全面了解事态的发展过程与进退，使他能有时间去考虑更广泛的政策方针和研究他领导下的重要人员的特性和工作胜任问题。

在这里，泰勒强调了企业中管理人员的特殊作用，管理人员应避免关注管理中的细小问题，而应把这些日常例行事务留给专门人员去处理，本人只需关心“例外的问题”。根据这个例外原则管理人员能够检查究竟谁履行了责任以及谁没有履行。

例外原则对于帮助管理人员摆脱日常具体事务，以集中精力对重大问题进行决策监督，是必要且有利的。执行这一原则不仅要授权给下级，而且应当使日常业务工作标准化、制度化，使下级人员有章可循。

⑦为实现科学管理，应开展一场“心理革命”。泰勒认为，通过开展一场“心理革命”，变劳资对立为互相协作，使人们共同为提高劳动生产率而努力，这才是科学管理理论的真谛。他强调，必须使工人认识到科学管理对他们有好处，只有在改善操作方法的条件下，才能不增加体力消耗而提高劳动生产率，从而使工人工资得以提高；也只有实现科学管理，才能够降低成本，满足雇主的利润要求。

可见，泰勒的管理理论倡导在管理中运用科学的方法和实践精神，从而用调查研究和科学知识代替管理者个人的主观判断与经验。正是泰勒理论的出现，才使人类的管理由经验走向科学。正是在泰勒的管理理论基础上，人们创造和发展出了一系列有助于提高劳动生产率的技术和方法，而这些技术和方法又反过来成为近代以来管理系统合理组织生产的基础。由于泰勒的杰出贡献，他被后人尊为“科学管理之父”，这个称号被铭刻在他的墓碑上。

2. 亨利·法约尔及其一般管理理论

泰勒的科学管理开创了古典管理理论的先河。在其真正被传播之时，欧洲也出现了一批古典管理理论的代表人物及其理论，其中影响最大的当属法约尔及其一般管理理论。

亨利·法约尔
(1841—1925)

亨利·法约尔（Henry Fayol），法国人，是直到20世纪上半叶为止，欧洲贡献给管理运动的最杰出的大师，被后人尊称为“管理理论之父”。

与泰勒的技术出身不同，法约尔长期担任企业高级领导职务。他的研究是以企业整体作为研究对象，从“办公桌前的总经理”出发的。他认为，管理理论是指有关管理的、得到普遍承认的理论，是经过普遍经验检验并得到论证的一套有关原则、标准、方法、程序等内容的完整体系，有关管理的理论和方法不仅适用于公私企业，也适用于军政机关和社会团体，这些正是其一般管理理论的基石。法约尔的著作很多，1916 年出版的《工业管理和一般管理》是其最主要的代表作，标志着一般管理理论的形成。他最主要的贡献在于三个方面：从经营职能中独立出管理；强调教育的必要性；提出五大管理职能和 14 项管理原则。这三个方面也是其一般管理理论的核心。

（1）从经营职能中独立出管理活动

法约尔通过对企业全部活动进行分析，将管理从经营活动（包括技术、商业、财务、安全和会计五大活动）中提炼出来，成为经营的第六项活动，如图 3 - 5 所示。区别了经营和管理，法约尔进一步得出了普遍意义上的管理定义，他认为管理是一种普遍的单独活动，有自己的一套知识体系，由各种职能构成，管理是管理者通过完成各种职能来实现目标的一个过程。企业中的每组活动都对应一种专门的能力，如技术能力、商业能力、财务能力、管理能力等。随着企业由小到大、职位由低到高，管理能力在管理者必要能力中的相对重要性不断增强，而其他诸如技术、商业、财务、安全、会计能力的重要性则会相对减弱。

（2）强调教育的必要性

法约尔认为管理能力可以通过教育来获得，缺少管理教育是由于没有管理理论，每一个管理者都按照他自己的方法、原则和个人的经验行事，但是谁也不曾设法使那些被人们接受的规则和经验变成普遍的管理理论。

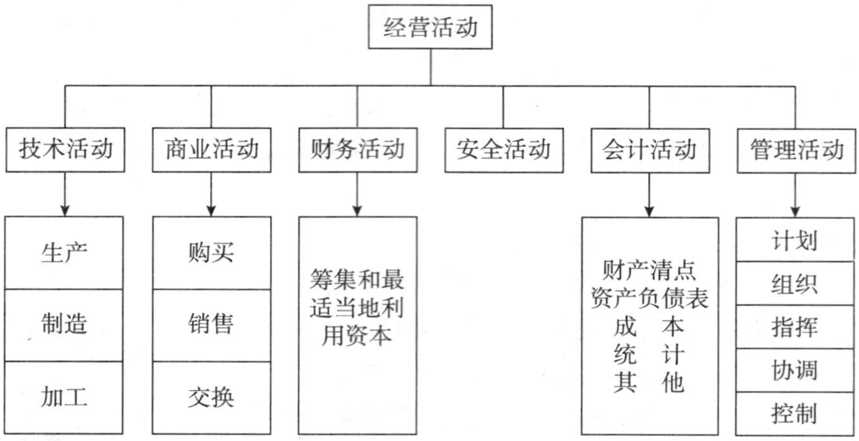

图3－5　六大经营活动

（3）提出五大管理职能和十四项管理原则

法约尔提出管理活动具有计划、组织、指挥、协调和控制五大管理职能，并进行了相应的分析和讨论。

法约尔提出的十四项管理原则是：

①劳动分工。分工不仅限于技术工作，也适用于管理工作，但专业分工要适度。

②权力与责任。责任是权力的伴生物，是权力的当然结果和必要补充，凡有权力行使的地方就有责任。

③纪律。纪律对于企业取得成功是绝对必要的，同时纪律是领导人创造的，组织的纪律状况取决于领导者的道德状况。

④统一指挥。无论什么时候，一个下属都应接受而且只应接受一个上级的命令。这是一条普遍的、永久必要的原则。

⑤统一领导。凡是具有同一目标的全部活动，仅应有一个领导人和一套计划。

⑥个人利益服从整体利益。要实现这一原则，领导者必须以身作则并经常接受监督，尽可能签订公平的协议。

⑦人员的报酬。报酬及其支付方式要公平，尽可能使雇主和雇员都满意。

⑧集中化。这是指权力的集中或分散程度，要根据各种情况，包括组织的性质、人员的能力等，来决定“产生全面的最大收益的那种集中程度”。

⑨等级链。等级链是组织机构由最高层到最基层所形成的层次结构，这一结构实际上是一条权力线，它是自上而下和自下而上确保信息传递的必要途径。在一定条件下，允许跨越权力线而直接进行的横向沟通，可以克服由于统一指挥而产生的信息传递延误，这一原则称为“跳板原则”，也称“法约尔桥”（Fayol Bridge），如图3－6所示。等级链便于及时沟通信息，快速解决问题。

⑩秩序。对组织中的每个成员应该规定其各自的岗位，“人皆有位，人称其职”。

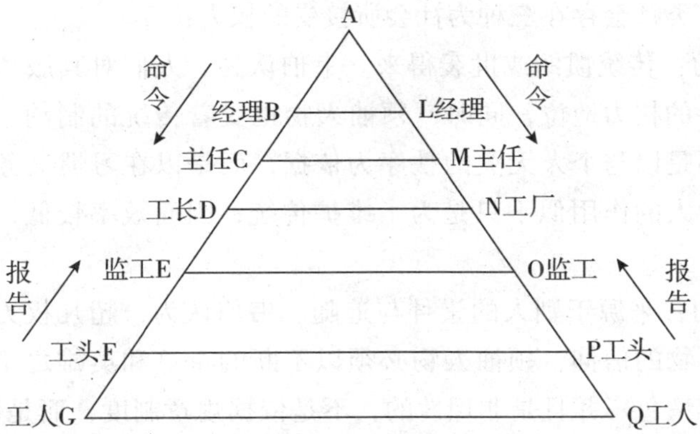

图3－6 “法约尔桥”

注：图3－6中，A代表组织最高领导，按照组织系统，F与P之间发生了必须两者协调才能解决的问题，F必须将问题向E报告，E再报告给D，如些层层由下而上，由上而下达到P，然后P将意见向O报告，层层上报到A，再经过B、C，最后回到F，这样往返一趟，既费时又误事，所以法约尔提出作一“跳板”，使F和P之间可以直接商议解决问题，再分头上报，以节省时间和人力，提高效率。

⑪公正。主管人员对下属仁慈、公平，就可能使其下属对上级表现出热心和忠诚。

⑫人员的稳定。人员的高度流动会造成效率损失，因此，管理应该提供合理的人事计划，以保证工作的完成。

⑬首创精神。在尽力完成工作目标的前提下，鼓励员工的首创精神。

⑭团结精神。鼓励团结合作的精神，以实现组织内部成员之间的协调和合作。

法约尔的一般管理理论是古典管理思想的重要代表，后来成为管理过程学派的理论基础，也是以后各种管理理论和管理实践的重要依据，对管理理论的发展和企业管理的历程均有着深刻的影响。其中，某些原则甚至以“公理”的形式为人们所接受和使用。因此，继泰勒的科学管理理论之后，一般管理理论被誉为管理史上的第二座丰碑。

3. 马克斯·韦伯的理想行政组织体系理论

马克斯·韦伯（Max Weber）是德国的社会学家、经济学家和管理学家，是泰勒和法约尔的同时代人，是古典管理理论在德国的代表人物。韦伯在管理思想上的最大贡献是提出了“理想的行政组织体系理论”，他被人称为“组织理论之父”。

马克斯·韦伯
(1864—1920)

韦伯出生于德国的埃尔福特一个有着相当广泛的社会关系和政治关系的富裕家庭，其父曾任普鲁士下院议员、帝国议会议员。他从小受到了良好的教育，研究涉猎经济学、社会学、政治学、宗教学等诸多领域。他指出，任何组织都必须以某种形式的权力作为基础才能实现目标，只有理性—合法的权力才适宜作为理想组织体系的基础。

韦伯认为，人类社会存在三种为社会所接受的权力：

（1）传统权力：传统惯例或世袭得来。韦伯认为，人们对其服从是因为领袖人物占据着传统所支持的权力地位，同时，领袖人物也受着传统的制约。但是，人们对传统权力的服从并不是以与个人无关的秩序为依据，而是以在习惯义务领域内的个人忠诚为依据的。领导人的作用似乎只是为了维护传统，因而效率较低，不宜作为行政组织体系的基础。

（2）超凡权力：来源于别人的崇拜与追随。韦伯认为，超凡权力的合法性，完全依靠人们对领袖人物的信仰，领袖人物必须以不断的奇迹和英雄之举赢得追随者，超凡权力过于带有感情色彩并且是非理性的，不是依据规章制度，而是依据神秘的启示。所以，超凡权力的形式也不宜作为行政组织体系的基础。

（3）法定权力：理性—法律规定的权力。韦伯认为，只有法定权力才能作为行政组织体系的基础，其最根本的特征在于它提供了慎重的公正。有了适合行政组织体系的权力基础，韦伯勾画出了理想的行政组织模式。

理想的行政组织的主要特点如下：

①有确定的组织目标。人员的一切活动都是为了实现组织目标。

②明确的分工。每个职位的权力和责任都应有明确的规定。

③自上而下的等级系统。组织内的每个职位按照等级原则进行法定安排，形成自上而下的等级系统。

④人员的考评和教育。人员的任用完全根据职务的要求，通过正式考评和教育训练来进行。

⑤职业管理人员。管理者有固定的薪金和明文规定的升迁制度，是一种职业管理人员。

⑥遵守规则和纪律。管理者必须严格遵守组织中的规则和纪律。

⑦组织中人员之间的关系。组织中人员之间的关系完全以理性准则为指导，不受个人情感的影响。

韦伯认为这种理想的行政组织是最符合理性原则的，其效率是最高的，在精确性、稳定性、纪律性和可靠性等方面都优于其他组织形式。而且，这种组织形式适用于各种管理形式和大型的组织，包括企业、教会、学校、国家机构、军队和各种团体。

（三）古典管理理论的历史贡献

古典管理理论是现代管理理论的基础，古典管理理论所要解决的问题也是现代管理理论要解决的问题，所以古典管理理论对现代管理理论的研究仍然具有很强的指导和借鉴作用。

古典管理理论对今天的企业管理仍然有着巨大的指导作用，古典管理理论在提高产量、提高生产和工作效率等方面具有不可替代的作用，其管理方法对今天的企业管理来说仍然是十分重要的。

古典管理理论是在当时的生产力发展水平背景下建立起来的，这是与当时的生产力发展水平相联系的，或者说古典管理理论适用于其相应的生产力水平。而对于发展中国家来说，如果其生产力的发展水平相当于美国、欧洲20世纪初时的生产力水平的话，那么古典管理理论应该是这些国家主要适用的管理理论，若再结合本国的特点进行变通，就会构成指导该国的管理理论。

总之，古典并不意味着过时，古典管理理论为现代管理理论的建立提供了必要的基础，而且还在为现代企业在管理方法上提供指导，应该说它是不朽的。

二、行为科学理论解读

（一）行为科学理论概述

行为科学是一门研究人类行为的综合性科学，是综合应用心理学、社会学、社会心理学、人类学、经济学、政治学、历史学、法律学、教育学、精神病学及管理理论和方法，研究人的行为的边缘学科。它研究人的行为产生、发展和相互转化的规律，以便预测人的行为和控制人的行为。

研究人的行为的科学在19世纪就已经产生，但行为科学成为一种管理理论，开始于20世纪20年代至30年代初的霍桑实验，其真正发展则在20世纪50年代之后。行为科学理论的兴起与发展，基本可以划分为两个阶段：早期的人际关系理论，其代表人物为梅奥；20世纪50年代后的行为科学理论，其代表人物有马斯洛等。本章重点介绍早期的人际关系理论，关于20世纪50年代后的行为科学理论将在“领导工作”一章中有选择地加以介绍。

1. 历史背景

古典管理理论的广泛流传和实践运用，大大提高了生产效率，但古典管理理论较多强调科学性、精密性、纪律性，而对人的因素关注较少，把工人当作机器的附属品，认为不是人在使用机器，而是机器在使用人，这激起了工人的强烈不满。

20世纪20年代前后，一方面是工人日益觉醒，工人阶级反对资本家的呼声日益高涨；另一方面是经济的发展和周期性危机的加剧，使得资本家意识到再依靠传统的管理理论和方法已经不可能有效地控制工人来达到提高生产率的目的，必须有新的企业管理理论来缓和矛盾，促进生产率的提高，在这种情况下，行为科学理论应运而生。

2. 基本框架

行为科学以人的行为及其产生的原因作为研究对象，其基本框架主要包括以下几个部分：

（1）关于个体行为的研究。个体行为理论就是关于个体行为原因、行为过程以及行为结果的研究。个体行为理论主要有马斯洛的需求层次理论、赫茨伯格的双因素理论以及弗鲁姆的期望理论和亚当斯的公平理论等。

（2）关于群体行为的研究。这方面的研究主要是人际关系研究的继续，群体行为理论除了对正式组织与非正式组织的特征、相互关系及其作用等方面的继续探讨，还对群体的沟通与冲突以及群体的动态发展（群体动力学）进行研究。

（3）关于领导行为的研究。员工在主管人员的控制下作业，因此主管的领导行为必然会对员工的士气和工作表现产生一定影响。领导行为研究主要有两部分：关于领导人对人性的不同假设；关于领导人的领导方式的分析。

3. 理论特点

（1）行为科学理论将古典管理理论以“事”为中心的管理，变为以“人”为中心的管理，它研究人的社会关系和感情因素的作用以及人的主动性和创造性。

（2）行为科学理论将古典管理理论对“规章制度”的研究，变为对人的行为的研究。通过对人的行为的预测、激励和引导，来实现对人的有效控制，并通过对人的行为的有效控制，达到对事和物的有效控制，从而实现管理的预期目标。

（3）行为科学理论变古典管理理论的“专制型”管理为“民主型”管理，在管理方式上体现出对人性的尊重。

（二）人际关系学说

乔治·埃尔顿·梅奥（George Elton Mayo）是澳大利亚人，著名的心理学家和行为科学家。1933 年，他根据霍桑实验的研究成果所出版的《工业文明中的人类问题》一书，标志着人际关系学说的形成。

乔治·埃尔顿·梅奥
（1880—1949）

1. 霍桑实验

霍桑实验是在美国芝加哥郊外的西方电气公司下属的霍桑工厂里进行的，从 1924 年开始到 1932 年结束，试验历时 8 年。在美国国家研究委员会的帮助下，该公司邀请哈佛大学研究人员进行实验。这项以科学管理的逻辑为基础，旨在探索影响劳动生产率基本因素的实验，揭开了企业管理界对人的行为研究的序幕。

古典管理理论认为，劳动生产率主要取决于劳动的组织、劳动条件以及劳动报酬等外在因素。霍桑实验的初衷，是通过改善工作条件和环境找到提高劳动生产率的途径，但实验的结果却出人意料地把这项研究引入一个新的领域。整个实验前后经过了四个阶段：第一阶段是工厂照明试验，即研究照明强度对生产效率的影响；第二阶段是继电器装配组实验（“福利实验”），即考察工资报酬、工作日和工作周的长度、工间休息等因素对效率的影响；第三阶段是大规模的访谈实验，即在全厂范围内开展征询职工意见、与职工进行交流的实验；第四阶段是继电器绕线组的工作室实验（“群体实验”），目的是研究计件工资对生产效率的影响。

梅奥等人就是以霍桑实验的结果为依据，提出了一种新的管理思想，后人称之为人际关系学说，这是行为科学的早期理论。关于行为科学的其他理论我们将在其他章节中进行阐述。

2. 人际关系学说

人际关系学说的主要内容：

（1）企业中的员工是“社会人”

与古典管理理论中的“经济人”观点相反，梅奥认为，人是“社会人”，人并不是孤立存在的，而是属于某一工作群体并受这一群体影响的；人们的行为并不单纯地出自追求金钱的动机，还有社会方面、心理方面的需要，即追求人与人之间的友情、安全感、归属感和受人尊敬等的需要，后者更为重要。

（2）企业中存在“非正式组织”

霍桑实验的结果表明，企业中除了存在“正式组织”，还存在“非正式组织”。所谓的“正式组织”，是为了实现企业目标而明确规定各项成员相互关系和职责范围的组织体系。所谓的“非正式组织”，是企业员工在共同的生产劳动过程中，由于某些原因而自发形成的非正式群体，有其自然形成的规范和核心人物。

梅奥认为，非正式组织与正式组织有着重大区别。在正式组织中，效率逻辑是重要的行为标准，组织成员为了提高效率而保持形式上的协作；在非正式组织中，感情逻辑则是重要的行为标准。如果管理人员只是根据效率逻辑来管理，忽视了员工之间的感情，必然会引起冲突，影响企业生产率的提高和目标的实现。管理人员必须充分重视非正式组织的作用，在效率和感情之间保持平衡，以使管理人员与员工之间能够充分协作；管理人员要善于利用非正式组织的作用，重视人际关系的协调。

（3）新型的领导能力在于提高工人的满足度

生产效率的高低，主要取决于员工的士气，即工作的积极性、主动性和协作精神，而士气的高低则取决于社会因素，即他的工作是否被上级、同伴和社会承认。满足度越高，士气越高，生产效率就越高。所以，领导的职责在于提高士气，善于倾听和沟通下属的意见，使正式组织的经济需求和工人的非正式组织的社会需求保持平衡。这样就可以解决劳资之间乃至整个“工业文明社会”的矛盾和冲突，提高效率。

人际关系学说的提出，开辟了管理理论发展的一个新领域。它注重组织中人的社会和心理方面的需要的满足。如果说科学管理理论是管理理论发展的一个理性分析时代的话，那么人际关系学说则是管理理论发展的一个非理性分析的时代。因此，管理理论就在理性与非理性特征交叉出现的过程中得到不断发展和完善。

三、现代管理理论丛林

（一）现代管理理论概述

第二次世界大战结束后的20世纪40年代到80年代，除行为科学学派得到长足发展以外，许多管理学者都从各自不同的角度发表自己对管理学的见解。这些学派大大小小加起来可能不下百余个，其中的主要学派，有人将其概括为 6 个，也有人将其归纳为 8 个或 11 个。这些管理学派研究方法众多，管理理论不统一，各个学派都有各有自己的代表人物，各有自己的用词意义，各有自己所主张的理论、概念和方法，孔茨（Koontz）称其为“管理理论丛林”。本书主要介绍其中 8 个主要的代表学派，即管理过程学派、管理科学学派、社会系统学派、决策理论学派、系统理论学派、经验主义学派、经理角色学派和权变理论学派。

1. 历史背景

第二次世界大战以后，科技与生产迅速增长，企业规模越来越大，国际化进程加速，这一切都给管理工作提出了许多新问题，引起了人们对管理的普遍重视。除管理工作者和管理学家外，其他领域的一些专家，如社会学家、经济学家、生物学家、数学家等，都纷纷加入了研究管理的队伍，他们从不同角度用不同方法来研究管理理论，出现了管理理论的各种学派，呈现了“百花齐放、百家争鸣”的繁荣景象。在《管理理论的丛林》与《再论管理理论的丛林》两部作品中，孔茨形象地把这种现象称为“管理理论的丛林”，他认为，如果“管理理论的丛林”继续存在，将会使管理工作者和学习管理理论的初学者如同进入热带丛林中一样，迷失方向而找不到出路。

2. 现代管理理论发展脉络

现代管理思想是过去的管理思想在以下四个方面延续发展的产物：

（1）由亨利·法约尔整理的一般管理理论以及对管理活动的研究；

（2）由人道主义者最先提出的行为发展，以及人际关系和其他一些以人为本的方法；

（3）以阿里斯托、巴比奇等科学管理先驱及继承者为代表的解决问题的数量方法的进步；

（4）对能力处于变动之中且出现了竞争力量的开放系统中的管理功能的重视。

这四个方面的共性和多样性是共存的。每一种方法都在寻找对管理及其目的、功能和范围的更为透彻的理解；都想有助于组织业绩和对人的理解；都想平衡个人和组织在追寻各自目标时的需求，都想将组织与其经济、社会和政治环境联系在一起。

（二）现代管理理论主要学派

1. 管理过程学派

管理过程学派又称管理职能学派，是美国加利福尼亚大学的教授孔茨和奥唐奈里奇提出的。管理过程学派认为，无论组织的性质和组织所处的环境多么不同，管理人员所承担的管理职能却是相同的。孔茨和奥唐奈里奇将管理职能分为计划、组织、人事、领导和控制五项，而把协调作为管理的本质。孔茨利用这些管理职能对管理理论进行分析、研究和阐述，最终得以建立起管理过程学派。孔茨继承了法约尔的理论，并将法约尔的理论更加系统化、条理化，使管理过程学派成为管理各学派中最具影响力的学派。

2. 管理科学学派

管理科学学派是指以系统的观点，运用数学、统计学的方法和电子计算机的技术，为现代管理的决策提供科学的依据，通过计划和控制解决企业中生产与经营问题的理论学派。该理论是泰勒科学管理理论的继承和发展，其主要目标是探求最有效的工作方法或最优方案，以最短的时间、最少的支出取得最大的效果。

3. 社会系统学派

社会系统学派是从社会学的角度来分析各种组织。它的特点是将组织看作一种社会系统，是一种人的相互关系的协作体系，它是社会大系统中的一部分，受到社会环境各方面因素的影响。美国的切斯特·巴纳德（Chester Barnard）是这一学派的创始人，他的著作《经理人员的职能》对该学派有很大的影响。

4. 决策理论学派

决策理论学派是在第二次世界大战之后，吸收了行为科学、系统理论、运筹学和计算机程序等学科的内容发展起来的。赫伯特·西蒙是美国管理学家、计算机学家和心理学家，是决策理论学派的主要代表人物。决策理论学派认为：管理过程就是决策的过程，管理的核心就是决策。赫伯特·西蒙强调决策职能在管理中的重要地位，提出以有限理性的人代替绝对理性的人，用“满意原则”代替“最优原则”。

5. 系统理论学派

系统理论学派是指将企业作为一个有机整体，把各项管理业务看成相互联系的网络的一种管理学派。该学派重视对组织结构和模式的分析，应用一般系统理论的范畴、原理，全面分析、研究企业和其他组织的管理活动和管理过程，并建立起系统模型以便于分析。系统理论学派的重要代表人物是弗里蒙特·卡斯特（Fremont Kast）。卡斯特是美国系统管理理论的重要代表人物，是著名的管理学家。其主要著作有《系统理论与管理》（与约翰逊、詹姆斯·E. 罗森茨韦克合著）、《组织与管理：系统与权变方法》（与罗森茨韦克合著）等。

6. 经验或案例学派

经验或案例学派主张通过分析经验或案例来研究管理，以向大企业的经理提供管理当代企业的经验和科学方法为目标。它重点分析成功管理者实际管理的经验并加以概括，总结出他们成功经验中具有的共性，然后使之系统化、合理化，并据此向管理人员提供实际建议。其中的代表人物有彼得·德鲁克、欧内斯特·戴尔等。

7. 经理角色学派

经理角色学派是以对经理所担任角色的分析为中心来考虑经理的职务和工作的，该学派认为针对经理工作的特点及其所担任的角色等问题，如能有意识地采取各种措施，将有助于提高经理的工作成效。经理角色学派的代表人物是亨利·明茨伯格（Henry Mintzberg）。

8. 权变理论学派

该学派认为，企业管理要根据企业所处的内外条件随机应变，没有什么一成不变、普遍适用的“最好的”管理理论和方法。企业管理要根据企业所处的内部条件和外部环境来决定其管理手段和管理方法，即要按照不同的情景、不同的企业类型、不同的目标和价值采取不同的管理手段和管理方法。其代表人卢桑斯（Luthans）在1976年出版的《管理导论：一种权变学》，是系统论述权变管理的代表著作。

四、管理发展的新趋势

20世纪70年代以后，管理领域又出现了一些新的发展趋势，其中最为突出的，一是企业文化理论的兴起，二是正在发展中的信息技术对管理的影响。

1. 企业文化理论

企业文化是与企业相伴而生的客观现象，在企业这一经济组织形态诞生之时，就存在企业文化，但人们对这一文化现象的认识和研究则始于20世纪80年代初期，首先提出并倡导企业文化理论的是美国的管理学者。

20世纪70年代后期，日本经济迅速发展，冲击和占领了美国曾居于优势的若干领域，引起美国各界的震惊和深刻反思。经过多方面的比较研究，美国学者发现，成功的企业管理是日本经济发展的重要原因之一，而日本的企业管理方法中有不少是为美国企业所忽视的。其根本差异表现在，美国企业多注重管理的硬件方面，强调理性的科学管理；日本企业则重视全体职工共有的价值观念，注重强化职工对本企业的向心力，注重企业中的人际关系。比较的结果使美国学者认识到，文化是企业管理中不可忽视的重要因素，对于企业的成功与否具有深刻的影响。

为此，美国一批管理学家提出要向日本学习，许多学者著书立说，探索企业文化的有关理论与模式。美国关于企业文化的研究引起日本企业界和理论界的强烈反响，并相继波及其他国家，由此兴起一股世界范围内的企业文化研究热潮。

目前，企业文化在理论和实践方面均得到长足的发展，企业文化学作为一门新兴的边缘学科，已成为现代管理理论的重要组成部分。企业文化理论的形成标志着企业管理从物质的、制度的层面向文化层面发展。

2. 信息技术对管理的影响

早在20世纪70年代末期，西蒙就在其《管理决策新科学》一书中富有预见性地探讨了信息技术对管理的影响，提出很多富有价值的观点。20世纪90年代以来，信息技术的发展突飞猛进，正在进一步改变人类的社会生活，企业的工作和生产过程、企业组织结果、管理者的工作、企业间的关系，都发生了重大变化。相应地，管理技术和管理过程也发生重大变化。

第三节　管理理论应用技能训练

理论测试

一、选择题

1. 古典管理理论认为，职工是(　　)。

A. 社会人　　B. 自我实现人　　C. 复杂人　　D. 经济人

2. 法约尔是西方古典管理理论在法国的杰出代表，其代表作是《工业管理和一般管理》，他被誉为（　　）。

A. 工业管理之父　　B. 科学管理之父　　C. 一般管理之父　　D. 组织管理之父

3. 认为没有一成不变的、普遍适用的“最好的”管理理论和方法的是（　　）。

A. 管理过程学派　　B. 权变理论学派　　C. 社会系统学派　　D. 管理科学学派

二、判断题

1. 人际关系学派认为职工既是“经济人”也是“社会人”。　　(　　)

2. 泰勒的科学管理原理和方法之一是有差别的计件工资制。　　(　　)

3. 古典管理理论有很强的经验论、技术论色彩，对现实基本没有价值。　　(　　)

三、简答题

1. 霍桑实验的结论。

2. 根据韦伯的观点，被社会接受的合法权力有哪几种类型?

技能训练

训练一　案例分析（纸上谈兵）

◆ **案例分析示范**

管理培训班之后

海伦、汉克、乔、萨利四人都是美国西南金属制品公司的管理人员。海伦和乔负责产品销售，汉克和萨利负责生产。他们刚参加过在大学举办的为期五天的管理培训班学习，在培训班里主要学习了权变理论、社会系统理论和一些有关职工激励方面的内容，他们对所学的理论有不同的看法，正展开激烈的争论。

乔说：“我认为社会系统理论对像我们这样的公司是很有用的。例如，如果生产工人偷工减料或做手脚，或者原材料价格上涨的话，就会影响到我们的产品销售。系统理论中讲的环境影响与我们公司的情况很相似。我的意思是，在目前这种经济环境下，一个公司会受到环境的巨大影响。在油价暴涨时期，我们还能控制自己的公司。现在呢？我们要想在销售方面每前进一步，都要经过艰苦的战斗，这方面的艰苦，我们大概都深有体会吧？”

萨利插话说：“你的意思我明白。我们的确有过艰苦的时期，但我不认为这与系统理论之间有什么必然的联系。我们曾在这种经济系统中受过伤害。当然，你可以认为这与系统理论的观点是一致的。但是，我并不认为我们就有采用系统理论的必要。如果每个东西都是一个系统，而所有的系统都能对某一个系统产生影响的话，我们又怎么能预见这种影响呢？所以，我认为权变理论更适合我们。如果像你所说的，事物都是相互依存的话，那么系统理论又能帮我们什么忙呢？”

海伦对他们这样的讨论表示有不同的看法。她说：“对社会系统理论我们还没有好好地思考。但是，我认为权变理论对我们是很有用的。虽然我们以前经常应用权变理论，但是我们没有意识到自己是在应用权变理论。例如，我有一些顾客是家庭主妇，我经常听到她们讨论关于孩子如何度过周末等问题，从她们的谈话中我就知道她们要采购什么东西了。顾客也不希望我们‘逼’她们去买她们不需要的东西。我认为，如果我们花一两个小时与她们交谈，那肯定会扩大我们的销售量。但是，我也碰到一些截然不同的顾客，他们一定要我向他们推销产品，要我替他们在购物过程中做主。这些人也经常到我这里来走动，但不闲谈，而是做生意。因此，你们可以看到，我每天都在应用权变理论来应付不同的顾客。为了应对不同的形势，我每天都在改变销售方式和风格，许多销售人员都是这样做的。”

汉克显得有些激动地说：“我不懂这些理论是什么东西。但是，关于系统理论和权变理论的问题，我同意萨利的观点。教授们都把自己的理论吹得天花乱坠，他们的理论听起来很好，但是他们的理论却无助于我们的管理实际。对于培训班上讲的激励因素我也不同意，我认为，泰勒在很久以前就对激励问题有了正确的论述。要激励工人，就要根据他们的工作支付给他们报酬。如果工人什么也没有做，就不要付任何报酬。你们和我一样清楚，人们只是为钱而工作，钱就是最好的激励。”

1. 思考与讨论

海伦、汉克、乔和萨利的观点有什么不同？你认为管理理论与实践有什么关系？

2. 分析要点（供参考）

（1）本案例中四个人物所处的岗位是一样的吗？不同的岗位对管理的认识有什么不同？

本案例中的四个人物——海伦、汉克、乔、萨利因为处在不同的管理岗位，工作内容和职责不同，所以他们都从各自岗位出发来认识管理问题，因而观点与结论迥然不同。

乔从事销售管理工作，可能他更关注产品的信誉、质量、价格等问题，因而他力图从系统理论中的内外因素相互联系与作用的角度来分析销售。

萨利从事生产管理工作，可能更注重生产过程的连续性、规范性、程序性、纪律性，因而更同意权变理论，即根据不同的产品设计、工艺、时间、批量等要求来合理安排人员、任务以及生产过程，使生产过程管理能更有针对性和有效性。

海伦从事的是销售工作中的推销工作，直接与各种顾客打交道，因而她认为权变理论更为实用，即根据不同顾客的特点采取不同的促销方式。

而汉克则是从事基层生产管理工作的，因而更多地关心激励问题，由于管理对象是第一线的工人，因此汉克更赞成X理论的观点，即认为工人只为金钱而工作，管理方式上应采取奖勤罚懒的方式。

（2）乔如何才能说服萨利信服系统理论?

要说服别人信服系统理论，主要应从系统的特性、环境适应性等方面并结合企业情况来说明。例如，生产过程包括工序、工艺、质量、设备、人员、时间、库存、成本等方面的问题，这些问题都是相互联系的，同时与企业其他部分如营销、计划、财务、考勤、设计开发部都存在着相互关系，所以应以全局优化的系统观点来从事管理工作。

◆ **案例分析练习**

【目的】

1. 理解理论与管理实践的结合。

2. 管理经验和方法的推广。

【资料】

联合邮包服务公司（UPS）雇用了15万名员工，他们平均每天将900万多个包裹发送到美国各地和世界180多个国家和地区。他们的宗旨是：在邮运业中办理最快捷的运送。UPS的管理者系统地培训了他们的员工，使他们以尽可能高的效率从事工作。

让我们来看一下他们的工作情况。UPS的工业工程师们对每一位司机的行驶路线进行了时间研究，对送货、取货和暂停等每种活动都设立了工作标准。这些工程师们记录了司机们等红灯、通行、按门铃、穿过院子、上楼梯、中间休息喝咖啡的时间，甚至上厕所的时间，将这些数据输入计算机进行计算，从而给出每一位司机在每天工作中的详细时间标准。

为了完成每天取送130件包裹的目标，司机们必须严格遵守工程师们设定的程序。当他们接近发送站时，他们松开安全带，按喇叭，关发动机，拉起紧急制动，把变速器推到一挡上，为送货完毕后的启动离开做好准备，这一系列动作极为严格。

然后，司机从驾驶室出来到地面上，右臂夹着文件夹，左手拿着包裹，右手拿着车钥匙。他们看一眼包裹上的地址，把它记在脑子里，然后以每秒钟3英尺（1英尺=0.3048米）的速度快步走到顾客门前，先敲一下门以免浪费时间找门铃，送货完毕，他们在回到卡车上的路途中完成登录工作。

UPS是世界上效率很高的公司之一，高效率为UPS带来了丰厚的利润。

【要求】

1. 本案例体现了什么样的管理思想？

2. UPS 的做法是否可以在其他企业中推广？

训练二　管理接龙游戏（动手试试）

【目的】

掌握应用管理理论分析并解决实际问题的技巧。

【资料】

运用不同学派的理论，一起玩接龙！设想你就是猎人，你会怎么做？

（1）一条猎狗将兔子赶出了窝，一直追赶它，追了很久仍没有捉到。牧羊人看到此种情景，讥笑猎狗说："你们两个之间体格小的反而跑得快得多。"猎狗回答说："你不知道，我们两个的跑是完全不同的！我仅仅为了获得一顿饭而跑，它却是为了保住性命而跑呀！"

猎人又买来几条猎狗，凡是能够在打猎中捉到兔子的猎狗就可以得到几根骨头，捉不到的就没有饭吃。就这样过了一段时间，问题出现了，大兔子非常难捉到，小兔子好捉，于是猎狗们专门去捉小兔子。慢慢地，猎狗们都发现了这个窍门。猎人对猎狗说："最近你们捉的兔子越来越小了，为什么？"猎狗们说："反正得到的骨头没有什么大区别，为什么费那么大的劲去捉那些大的兔子呢？"

接下来你怎么办？

（2）猎人经过思考，决定不将分得骨头的数量与是否捉到兔子挂钩，而是每过一段时间就统计一次猎狗捉到兔子的总重量，按照重量来决定猎狗一段时间内的待遇。但是，过了一段时间，猎人发现，猎狗们捉兔子的数量又少了，而且越有经验的猎狗，捉兔子的数量下降得就越厉害。猎狗说："主人，我们把最好的时间都奉献给了您，但是我们随着时间的推移会变老，当我们捉不到兔子的时候，您还会给我们骨头吃吗？"

接下来你还要怎么办？

（3）猎人做了论功行赏的决定。分析与汇总了所有猎狗捉到兔子的数量与重量，规定如果猎狗们捉到的兔子超过了一定的数量，即使捉不到兔子，每顿饭也可以得到一定数量的骨头。猎狗们都很高兴，大家都努力去达到猎人规定的数量。有一只猎狗说："我们这么努力，只得到几根骨头，而我们捉的猎物远远超过了这几根骨头。我们为什么不能给自己捉兔子呢？"于是，有些猎狗离开了猎人，自己捉兔子去了……

你怎么办？

【要求】

同学们分组讨论，然后以接力的形式进行一轮接龙，看看谁接得好。

训练三 企业调研（社会实践）

调研1～2个现实生活中的企业，透过其管理的方式方法，分析其管理思想的内涵。

思政探索

一、思政目标

理解传统文化思想精髓。

二、知识点

西方管理思想。

三、思政元素

中国传统文化中的管理智慧，如儒家的“和为贵”、道家的“无为而治”。

四、融入途径

1. 案例导入：管理理论与管理实践的关系。

2. 小组分享：西方管理理论与中国管理实践的关系。

3. 观点讨论：学习、借鉴西方管理思想，应考虑不同民族文化、经济发展水平及不同经济体制，管理研究应对文化、价值和哲学层面有清醒的认识。

4. 个人练习：中国传统文化中有哪些思想对你影响比较大。

拓展学习

1. 查找20世纪90年代以后的管理理论，形成该理论的简介文稿，内容包括以下几个方面：

（1）理论出处、提出者、提出时间。

（2）理论提出背景。

（3）理论主要内容或基本观点。

例如，企业再造理论、学习型组织理论等。

2. 深度思考：管理思想的形成逻辑。

（1）管理思想的内在精神与宏观经济环境的关系。

（2）管理思想的形成与个人经历的关系。

（3）管理思想与个人性格特征的关系。

第四章　管理者角色与素质能力

学习目标

知识目标

- 描述管理者的不同类型
- 了解管理者所承担的角色内容
- 掌握管理的不同技能要求

技能目标

- 理解管理者角色的复杂性
- 把握管理者所承担的角色与技能之间的要求
- 树立良好的角色意识与角色思维

学习导航

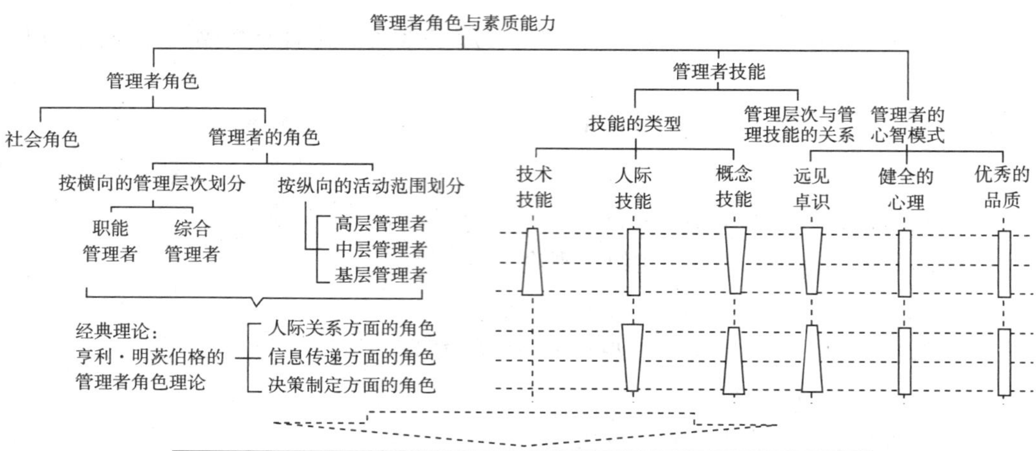

管理者角色与素质技能训练

- 理论测试　理论知识的认知与理解检测
- 技能训练　技能运用与强化训练
  - 训练一　测测你的管理素质（自我认知）
  - 训练二　案例分析（纸上谈兵）
  - 训练三　企业调研（社会实践）
  - 训练四　如何做好中层管理者（综合应用）
- 思政探索　管理者角色理论与公民角色
- 拓展学习　21世纪企业管理新角色——企业教练

案例导入

马丁的管理者技能与角色

马丁吉他公司成立于1833年，被公认为世界上最好的乐器制造商之一。

这家家族式的企业历经艰难岁月，已经延续了六代。目前的首席执行官是克里斯琴·弗雷德里克·马丁四世，他秉承了家族的吉他制作手艺，甚至遍访公司在全世界的经销商，为他们举办培训讲座。

马丁吉他公司自创办起，做任何事都非常重视质量。即使近年来在产品设计、分销系统以及制造方法方面发生了很大变化，但公司始终坚持对质量的承诺。公司在坚守优质音乐标准和满足特定顾客需求方面的坚定性，渗透到公司从上到下的每一个角落。不仅如此，公司在质量管理中长期坚持生态保护政策。因为制作吉他需要用到天然木材，公司非常审慎和负责地使用这些传统的天然材料，并鼓励引入可再生的替代木材品种。基于对顾客需求的研究，公司向市场推出了采用表面有缺陷的天然木材制作的高档吉他，然而，这在其他厂家看来几乎是无法接受的。不仅如此，公司始终遵守野生濒危动植物国际贸易公约的规定。

马丁吉他公司使新、老传统有机地整合在一起。虽然公司深深地根植于过去的优良传统，但现任首席执行官马丁毫不迟疑地推动公司朝向新的方向前进。例如，在20世纪90年代末，他做出了一个大胆的决策，开始在低端市场上销售每件价格低于800美元的吉他。低端市场在整个吉他产业的销售额中占65%。马丁为他的决策解释道："如果马丁吉他公司只是坚守它的过去而不尝试任何新事物的话，那恐怕就不会有值得崇拜的马丁吉他公司了。"

现任首席执行官马丁在管理中表现出色，公司销售收入持续增长，新的吉他品种不断推出。雇员们描述的他的管理风格是友好的、事必躬亲的，但又是严格的和直截了当的。

请思考：

1. 根据卡兹的三大技能理论，你认为哪种管理技能对马丁最重要？解释你的理由。

2. 根据明茨伯格的管理者角色理论，说明马丁在以下几种场景分别扮演什么管理角色？解释你的选择：

（1）当马丁访问马丁吉他公司在世界范围内的经销商时；

（2）当马丁评估新型吉他的有效性时；

（3）当马丁使员工坚守公司的长期原则时。

第一节　管理者角色

社会是一个大舞台，每个人按照社会管理的要求扮演一定的角色。在不同场合、不同时间、不同的社会管理关系中，人们经常扮演不同的角色，并且变换自己的角色。社会的各种管理关系，也是由角色及其相互转换构成的。没有这些角色，就没有管理，就没有社会。

一、社会角色

按照社会学的理论，每个人都在特定的社会和组织中占据一定的地位，为了社会、组织的稳定、有序、优化，社会和组织便对每个处在这个地位的人规定了一套行为模式。个人在社会生活中，以一定的地位、身份去进行社会活动时所依照的行为模式，就是人的社会角色。

角色和个人的概念不同。一个角色代表不了一个完整的人，它只能代表一个人的一部分或一个侧面。一个人总是同其他人有多方面的关系，在这些不同的关系中，人们占有不同的地位，具有不同的身份，扮演不同的角色，这就是角色集或角色丛。例如，一个人在工作单位里可能同时是厂长、工程师、党员、工会会员、业余足球队队长，在家庭中是丈夫、父亲、儿子，等等。实际上，每一个人都是一个角色集，通常同时扮演十几个或几十个角色。其中每一个角色都有一套行为规范和模式，都要求角色的承担者去履行。这样就可能顾此失彼，由于各类角色行为不能同时满足所有的角色期待，或者是由于一种角色与另一种角色之间相互关系失调而发生角色冲突。

因此，人在管理活动中，应该随时随地地按照管理关系的要求变换所扮演的角色，依据一定的规范和模式去行动。人在管理活动中的角色及其转换，协调了管理中的人际关系，调动了管理者和被管理者的工作积极性。

二、管理者的角色

组织中最大的分工是将组织中的人分为“操作者”和“管理者”两大角色。操作者是指在组织中直接从事具体业务的人，其任务是做好组织所分派的具体的操作性事务；而管理者是那些在组织中指挥他人完成具体任务的人，其主要职责是指挥下属工作。一个组织中存在多个管理者，他们各自在组织中具体做什么，则取决于管理者在该组织中的位置。管理人员的划分如图 4－1 所示，我们可以从纵向和横向两个维度来对管理者进行划分。

（一）按纵向的管理层次划分

按照管理层次，可将管理者划分为基层管理者、中层管理者和高层管理者。

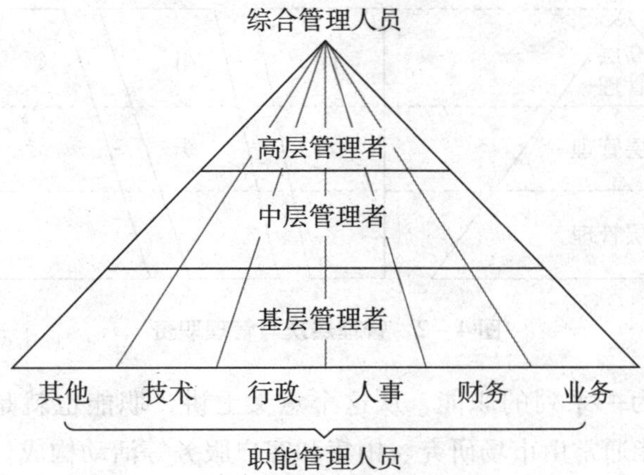

图 4－1　管理人员的划分

基层管理者，是指第一线管理人员，负责直接与一线作业层接触并指导其正确有效工作的人员。基层管理者是一线作业人员与中高层管理人员之间的桥梁，直接影响作业人员的工作表现，并引导作业人员完成业务目标。他们在不同企业中的称谓可能是班长、组长、线长、领班等。

中层管理者指导基层管理者，有时也直接管理员工。其主要职责是正确领会高层的指示精神，创造性地结合本部门的工作实际，有效指挥各基层管理者开展工作，通常有项目经理、部门经理、地区经理等头衔。中层管理者主要负责日常管理工作，在组织中起着承上启下的作用。

高层管理者是由组织中的少数人组成的，负责组织的全面管理，建立组织运行的政策，并引导组织与环境之间的相互作用。高层管理者的典型头衔是首席执行官、总裁和副总裁。他们处于组织的最高层，主要负责组织的战略管理，并在对外交往中作为组织的“官方”身份出面。

作为管理者，不论处在组织的哪个层次上承担管理职责，其工作性质基本是一样的，都包括计划、组织、领导和控制几个方面。不同层次管理者工作上的差别，不是管理职能本身不同，而在于各项管理职能履行的程度和重点不同。管理层次与管理职责如图 4－2 所示，高层管理者花在计划、组织和控制职能上的时间要比基层管理人员多，而基层管理人员花在领导职能上的时间比较多。即便是就同一管理职能来说，不同层次管理者所从事的具体管理工作内涵并不完全相同。例如，就计划工作而言，高层管理者关心的是组织整体的、长期的战略规划，中层管理人员偏重的是中期的、内部的管理型计划，基层管理人员更偏重于短期的业务和作业计划。

（二）按横向的活动范围划分

管理者分类的另一种依据是他们所从事的管理活动的范围。按活动范围划分，管

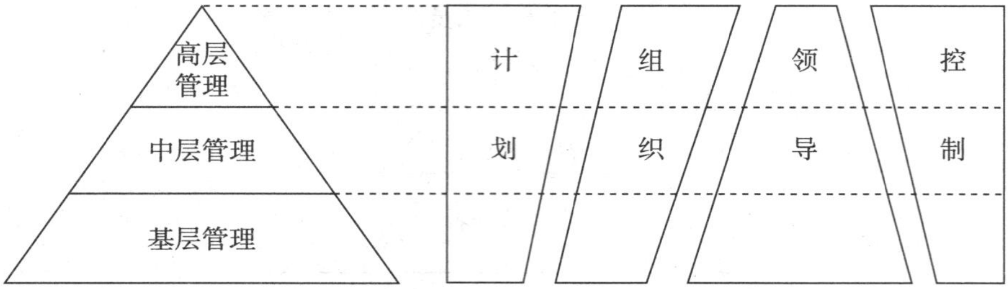

图4-2 管理层次与管理职责

理活动经常被描述为一系列的职能，从这个意义上讲，职能也就是相似活动的集合。比如，市场营销职能通常由市场研究、销售和客户服务等活动构成。

按从事管理活动的范围可将管理者划分为职能管理者和综合管理者。

职能管理者负责单一职能的管理。根据这些管理者所管理的专业领域性质的不同，可以将其具体划分为生产部门管理者、营销部门管理者、人事部门管理者、财务部门管理者以及研发部门管理者等。这些部门的管理者，可以泛称为生产经理、营销经理、人事经理、财务经理和研发经理等。对于现代组织来说，随着其规模的不断扩大和环境的日益复杂多变，管理工作的专业分工也变得日益重要。

综合管理者是指负责整个组织或组织中某个分部的全部活动的管理者。对于小型企业来说，可能只有一个综合管理者，那就是总经理，他要统管该企业中包括生产、营销、人事、财务等在内的全部活动。而对于大企业来说，可能会按产品类别设立几个产品分部，或按地区设立若干地区分部，此时，该公司的综合管理人员就包括公司总经理和每个产品或地区分部的经理，每个分部经理都要统管该分部包括市场、营销、人事、财务等在内的全部活动，因此也是全面管理者。

职能管理者和综合管理者进行着相似的计划、组织、领导和控制等工作，他们工作的不同之处在于他们所统管的活动范围不同。

（三）亨利·明茨伯格的经理角色理论

亨利·明茨伯格

加拿大管理学家亨利·明茨伯格（Henry Mintzberg），是在全球管理界享有盛誉的管理学大师，在国际管理界，明茨伯格的角色是“叛逆者”，他是最具原创性的管理大师，在管理领域常提出打破传统及偶像迷信的独到见解，是经理角色学派的主要代表人物。

经理角色学派是20世纪70年代在西方出现的一个管理学派，它是以对经理所担任的角色的分析为中心来考察经理的职务和工作的。经理角色学派的代表作，就是亨利·明茨伯格的《管理工作的本质》。

管理者真正做了什么？他们是怎么做的？为什么要这样做？这些古老的问题早就有了许多现成的答案，但明茨伯格并不轻易相信这些现成的答案，而是深入研究现实。当他还是博士生的时候，就带着秒表去记录五位管理者真正在做什么，而不是听他们说自己做了什么，或者是由学者去想象他们在做什么。他花了一周时间，对五位 CEO 的活动进行了观察和研究。这五个人分别来自大型咨询公司、教学医院、学校、高科技公司和日用消费品制造商。明茨伯格发现，在企业管理过程中，管理者很少花时间做长远的考虑，他们总是被这样或那样的事务和人物吸引，而无暇顾及长远的目标或计划。一个显而易见的事实是，他们用于考虑一个问题的平均时间仅仅为 9 分钟。管理者若想专注做一件事，那这样的努力注定要失败，因为他会不断被其他人打断，总会需要他去处理其他事务。所以，明茨伯格认为，那种从管理职能出发，认为管理是计划、组织、指挥、协调、控制的说法，未免太学术气了。你随便找一个经理，问他所做的工作中哪些是协调而哪些不是协调，协调能占多大比例，恐怕谁也答不上来。所以，明茨伯格主张不应从管理的各种职能出发来分析管理，而应把管理者看成各种角色的结合体。

明茨伯格的理论，对经典管理学是一个颠覆。他的学术锋芒，直刺各种管理学理论的方方面面。

明茨伯格在《管理工作的本质》中这样解释道："角色这一概念是行为科学从舞台术语中借用过来的。角色就是属于一定职责或者地位的一套有条理的行为。"根据他自己和别人的研究成果，他得出结论，经理们并没有按照人们通常认为的那样按照职能来工作，而是进行很多别的工作。明茨伯格将经理们的工作分为 10 种角色，这 10 种角色又可分为 3 类，即人际关系方面的角色、信息传递方面的角色和决策制定方面的角色。它们间的关系如表 4－1 所示。

表 4－1　亨利·明茨伯格的经理角色分类

角　色	描　述	特征活动
	人际关系方面	
1. 挂名首脑	象征性的首脑，必须履行许多法律性的或社会性的例行义务	迎接来访者，签署法律文件
2. 领导者	负责激励和动员下属，负责人员配备、培训和交往	实际上从事所有有下级参与的活动
3. 联络者	维护自行发展起来的外部接触和联系网络，向人们提供信息	发感谢信，从事外部委员会的工作，从事其他有外部人员参加的活动
	信息传递方面	
4. 监听者	寻求和获取各种特定的信息（其中许多是即时的），以便透彻地了解组织与环境	阅读期刊和报告，保持私人接触，作为组织内部和外部信息的中枢

续　表

角　色	描　述	特征活动
5. 传播者	将从外部人员和下级那里获得的信息传递给组织的其他成员——有些是关于事实的信息，有些是解释和综合组织中有影响的人物的各种观点	举办信息交流会，用打电话的方式传达信息
6. 发言人	向外界发布有关组织的计划、政策、行动结果等信息；作为组织所在产业方面的专家而发言	召开董事会，向媒体发布信息
决策制定方面		
7. 企业家	寻求组织和环境中的机会，制订“改进方案”以发起变革，监督这些方案的策划	制定战略，检查会议决策执行情况，开发新项目
8. 混乱驾驭者	当组织面临重大的、意外的动乱时，负责采取补救行动	制定战略，应对陷入混乱和危机的时期
9. 资源分配者	负责分配组织的各种资源——事实上是批准所有重要的组织决策	调度、询问、授权，从事涉及预算的各种活动和安排下级的工作
10. 谈判者	在主要的谈判中作为组织的代表	参与工会进行谈判

这 10 种角色是一个相互联系、密不可分的整体。人际关系方面的角色产生于经理在组织中的权威和地位；而这又产生了经理在信息传递方面的 3 个角色，使经理成为组织内部信息的重要中枢；而获得信息的独特地位又使经理在组织做出重大决策（战略性决策）时处于中心地位，使其得以担任决策制定方面的 4 个角色。这 10 种角色表明，从组织的角度来看，经理是一位全面负责的人，但事实上要担任一系列的专业化工作，因此经理既是通才又是专家。

第二节　管理者技能

1955 年，美国著名的管理学学者罗伯特·卡茨（Robert Katz）在美国哈佛商业评论发表了《高效管理者的三大技能》一文，这是他针对当时美国企业界涌起的一股寻找“理想经理人”的狂热而撰写的个人研究成果。在那个时代，人们普遍认为，有一种类型的人最适合担任经理人，因此，找出这类人的性格特质，然后按图索骥、寻找具有这类性格特质的管理者就成为企业界的关注重点。但是，究竟有没有所谓的“理想经理人”——能够有效地处理任何企业的任何问题？是否存在类型化的经理人——身上具备某些典型的领导特质？管理能力是与生俱来的还是可以后天培养的？如果能够培养，又该怎样培养？

卡茨给出了答案。他认为，许多企业如此强烈地执着于寻找类型化的经理人，以至于他们只盯住某些特定的性格特质（trait）或素质，反而忽视了真正应当关心的问题——这个人究竟能做成什么事情。因此，卡茨提出了管理的"技能"说。他解释说，"技能"（skill）一词，指的是一种能力，这种能力可以是后天培养的，并不一定要与生俱来；这种能力要在实际行动中得以展现，并不仅仅蕴藏于潜能之中。因此，根据行为结果来评判一个管理者，比根据他表面上的性格加以评判更加有效，因为技能比性格特质更容易辨认：技能是展现在外部的，可以观察和评估；而内在的性格则不易辨识，常常会被曲解。

一、技能的类型

卡茨认为管理者技能主要包括技术技能、人际技能和概念技能。

（一）技术技能

所谓技术技能，是指从事自己管理范围内的工作所需的技术和方法。如果是生产车间主任，就要熟悉各种机械的性能、使用方法、操作程序，各种材料的用途、加工工序，各种成品或半成品指标要求等。如果是办公室管理人员，就要熟悉组织中有关的规章、制度及相关法规，熟悉公文收发程序、公文种类及写作要求等。如果是财务管理人员，就要熟悉相应的财务制度、记账方法、预算和决算的编制方法等。

技术技能对基层管理者来说尤为重要，因为他们大部分时间都是在训练下属人员或回答下属人员有关具体工作方面的问题，因而必须知道如何去做下属人员所做的各种工作。他们要具备技术技能，以更好地指导下属工作，更好地培养下属，由此才能成为受下属尊重的有效管理者。

当然，不同层次的管理者，对管理技能要求的程度是不同的。相对而言，基层管理者要求技术技能程度较高，而高层管理者对此则只需基本了解。

（二）人际技能

人际技能是指管理者与组织中上下左右的人打交道的能力，包括联络、处理和协调组织内外人际关系的能力，激励和诱导组织内工作人员发挥积极性和创造性的能力，正确地指导和指挥组织成员开展工作的能力。

人际技能首先要求管理者了解别人的思想、思考方式、感情、个性以及每个人对自己、对工作、对集体的态度，并且认识到别人的信念、态度、观点与自己的不一样是很正常的，承认和接受不同的观点和信念，才能与别人更好地交换意见。其次，要求管理者能够敏锐地察觉别人的需要和动机，并判断组织成员的可能行为及其可能后果，以便采取一定措施，使组织成员的个人目标与组织目标最大限度地一致起来。再次，要求管理者掌握评价、奖励员工的一些技术和方法，最大限度地调动员工的积极性和创造性。许多研究表明，人际技能是一种重要技能，对各层管理者都具有同等重要的意义。在同等条件下，人际技能可以极为有效地帮助管理者在管理工作中取得更大的成效。

（三）概念技能

概念技能是指对事物的洞察、分析、判断、抽象和概括的能力。管理者应看到组织的全局和整体，了解组织与外部环境的互动关系，了解组织内部各部分的相互作用，能预测组织所起的社会、政治和经济等方面的作用，知道自己所管部门在组织中的地位。

分析和概括问题的能力是概念技能的重要表现之一。管理者能够快速、敏捷地从混乱而复杂的动态情况中辨别出各种因素的相互作用，抓住问题的起因和实质，预测问题发展下去会产生什么影响，需要采取什么措施解决问题，这种措施实施以后会出现什么后果。形势判定能力是概念技能的又一表现。管理者通过对外部和内部形势的分析判定，预见形势将朝什么方向发展，是有利还是不利。各种研究表明，出色的概念技能可使管理者做出更佳的决策。概念技能对高层管理者来说尤其重要。

二、管理层次与管理技能的关系

组织中的管理者处于不同的管理层次，从事不同层次岗位的管理工作，对管理技能的要求也是不同的。管理层次与管理技能的关系如图 4－3 所示。对于基层管理来说，技术技能和人际技能最重要；对于中层管理来说，管理成效在很大程度上取决于人际技能和概念技能；而到了高层管理，概念技能就成为管理取得成功的首要技能。

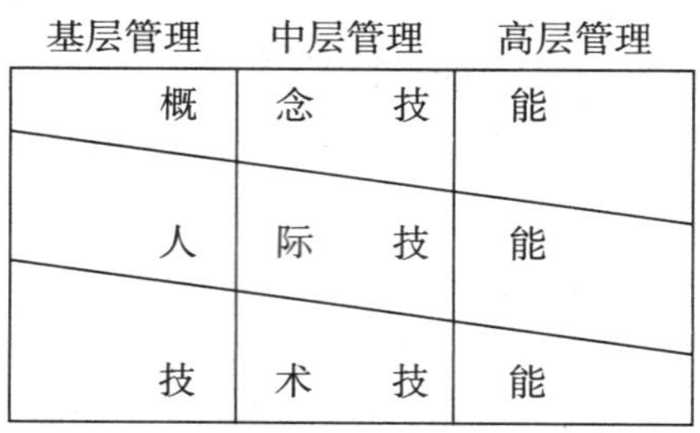

图 4－3　管理层次与管理技能的关系

这一管理技能框架对实践有着重大的指导意义，在管理人员的挑选、培训和提拔等方面“大有用武之地”。首先，对管理岗位的候选人进行培训时，要确定该岗位最需要哪些技能，然后进行针对性的技能开发。其次，我们可以利用技能互补的人员来组成管理团队。最后，在选拔管理人员时，要根据他们是否拥有相应职责所必需的技能来决定而不是根据对性格特质的测试结果来定夺。

第三节 管理者的心智模式

三流管理者学管理知识，二流管理者学管理技巧，一流管理者修炼管理心智。这是“学习型组织”理论提出者、《第五项修炼》作者彼得·圣吉的著名理念。

心智模式是指一个人由于过去的经历、习惯、知识素养、价值观等形成的基本固定的思维认识方式和行为习惯。心智模式一旦形成，将使人自觉或不自觉地从某个固定的角度去认识和思考所发生的问题，并用习惯的方式予以解决。任何一个人都有自己特殊的心智模式，这既是教育的功劳，也是此人在特定的生活工作环境中逐步形成的。管理者当然也有其特殊的心智模式，正是在这种独特的心智模式下产生创意，产生管理的冲动和行为，最终完成组织的目标。那么，管理者的心智模式是怎样的呢？通过考察许许多多的优秀的管理者，我们可以得到以下答案。

一、远见卓识

远见卓识是管理者心智模式中比较重要的方面，它反映了管理者的思维方式和价值观念，使管理者通常对某个问题能有超越一般人的看法，而这恰恰是常识创意的基础。远见卓识作为管理者心智模式的重要组成部分，其表现为：

（1）随时掌握当代最新的管理理念、科技成果、知识和信息；

（2）系统的思考方式；

（3）积极的价值取向。

二、健全的心理

心理素质，也称心理品质，指的是一个人在心理活动过程和个性方面表现出的持久而稳定的基本特点。作为管理者，其心智模式的构成中就有对心理健全的要求，因为心理因素对一个人的成就、创新都有重要影响。

那么，管理者的心理素质又该如何呢？从众多优秀管理者来看，以下几组心理特征是非常重要的。

1. 自知与自信

自知，即自知之明，善于自知是管理者的重要心理特征，因为只有时时能够自知，才能准确判断自己的长处和短处，才能准确了解自己所处的地位，才能扬长避短，充分发挥自己的特长。没有自知之明的人即便有创意，也不能将其有效地付诸实践。

自知并不是自卑。自知是建立在自信基础上的，光有自知没有自信就不可能有创新，光有自信没有自知也不可能有成功的创新。所谓自信，就是始终对自己抱有充分的信心，保持足够的勇气。有些管理者不能创新，除了没有创意，便是缺乏应有的信心和勇气。一个优秀的管理者往往既有自知之明，又有十足的自信。自知使其能够把握自己，自信使其能够有持之以恒的动力，这些对管理者来说都是十分重要的。

2. 情感和情绪

情感是人对现实中事物或现象的态度体验。由于这是人的主观体验，因此它会随着每个人的观念、爱好、习惯和需要而转移，由此产生诸如愉快、忧愁、憎恶、激愤、欢乐等不同的情感。情感有时可能以鲜明勃发的形式表现为外在的情绪，因此，情感和情绪是两种既有区别而又难以划分的主观体验，有感于内，情流于外，内外有别而又出于一端。优秀的管理者应有良好的情感和情绪，这主要表现在以下几个方面：

第一，理智感。一个有理智感的管理者，就会有一种锲而不舍地追求真理的精神，而这是管理成功的重要因素。

第二，道德感。管理者通常对组织的发展、组织的员工有强烈的责任心，有约束自己行为的道德责任等。

第三，美感。管理就是创新，创新本身是一种很有美感的事情，许多伟大的创新者常常把自己的创新工作看作追求至善至美的过程，看作最大的享受。

3. 意志与胆识

优秀管理者的意志具体表现为坚定性、果断性、顽强、自制、独立精神以及勇敢大胆、恪守纪律、坚持原则等。在多元化的现代社会，面对竞争激烈的市场，不迷惘，不随波逐流，有自己坚定的目标，有知难而进的顽强精神，即使困难重重也始终不放弃目标，这样才能取得管理上的成功。

所谓胆识，是指做出决断时的胆略和气魄。管理是一件具有较大风险的冒险型工作，其失败的可能性很大，如果管理者没有胆识，是很难胜任管理这一颇具挑战性的工作的。因此，胆识和意志是保证一个管理者坚定自己的信念，坚持走自己的路，从而走向成功的重要条件。

4. 宽容与忍耐

宽容和忍耐是管理者必备的品质。宽容不仅是一种美德，还是一种技巧，它体现了优秀管理者理智、自信的心理品质。

所以，作为一个管理者如果没有良好的心理素质，是很难成功的，这反过来也证明了管理成功的不易。

三、优秀的品质

优秀的品质是形成一个人良好行为习惯的重要因素和基础，管理者良好心智模式的形成离不开优秀品质的养成。优秀管理者的优秀品质应包括以下几个方面：

1. 勇于开拓

勇于开拓是管理者应具备的基本品质。这种品质表现为不断进取的精神、胸怀大志的气质、敢于拼搏的勇气、不怕失败的韧劲。管理也是一种开拓性的工作，不能开拓的人是无法成为管理者的，因为即使他有创新意识，也会因缺乏勇气而无法下定决心。

2. 使命感

管理者如果没有改变现有组织管理面貌的迫切愿望，没有促使组织以及自己所管理的领域取得更大业绩的使命感，管理就不大可能成为其努力从事的工作。许多成功的管理者都有强烈的组织主人翁的使命感。

3. 勤奋好学

勤奋好学应是管理者的优秀品质之一。管理者要不断学习新东西，不断使自己站在最新的知识高峰，才会看得更远、更准确，看出一般人看不出的问题，这样才可能产生更多的创意。

4. 乐观热情

乐观是一种超俗豁达的心态，为人乐观的人对事业必然有热情，这是管理者所必需的品质。乐观与热情可使管理者在创新过程中始终充满信心，因而创新成功的可能性就越大。

5. 诚实与机敏

管理就像一项科学实验，要求管理者必须实事求是。管理者一定要有诚实的品质，尊重事实，不可以弄虚作假。诚实并不意味着木讷，诚实需要机敏。诚实可以帮助管理者看清事情的真相，机敏可以帮助管理者敏锐地抓住机会，适时采取有效的行动，使成功的可能性更大。

第四节　管理者角色与素质技能训练

理论测试

一、不定项选择题

1. 山川旅行公司的刘总经理在总体市场不景气的情况下，以独特的眼光发现了惊险性旅游项目与40～50岁男性消费者之间的关联性，在此基础上，刘总经理设计了具有针对性的旅游项目与路线，并进行了前期宣传。因为涉及与交通管理、保险、环保等部门的协调，新项目得到正式批准的时间比预期晚了整整一年，所以丧失了大量的市场机会。你认为下列哪种说法最能概括刘总经理的管理技能状况？（　　）

A. 技术技能、人际技能、概念技能都弱

B. 技术技能、人际技能、概念技能都强

C. 技术技能和人际技能强，但概念技能弱

D. 技术技能和概念技能强，但人际技能弱

2. 按照管理层次划分，管理者可分为（　　）。

A. 高层管理者　　B. 中层管理者　　C. 基层管理者

D. 职能管理者　　E. 行政管理者

3. 以下属于高层管理者的有（　　）。

A. 项目经理　　B. 车间主任　　C. 首席财务官

D. 首席信息官　　E. 总经理

4. 俗话说“外行领导内行”，表明（　　）对管理者尤其高层管理者不太重要。

A. 规划决策技能　　B. 概念技能　　C. 人际技能　　D. 技术技能

二、填空题

1. 按照管理者所从事的管理领域和专业划分，管理者可分为________和________。

2. 明茨伯格将管理者的角色划分为三个方面共十种角色，这三个方面分别是________、________和________。

3. 明茨伯格认为，管理者扮演的人际关系角色主要表现为________、________、________三种形式。

4. 明茨伯格认为，管理者扮演的信息传递角色主要表现为________、________、________三种形式。

5. 明茨伯格认为，管理者扮演的决策者角色主要表现为________、________、________、谈判者四种形式。

三、论述题

何谓管理者角色？请列出管理者要扮演的角色。

技能训练

训练一　测测你的管理素质（自我认知）

管理素质自测题

	非常像我	有点像我	不确定	有点不像我	一点也不像我
	ML	SL	NS	SU	MU
1. 我可以让别人做我要他做的事					
2. 我经常评估我自己的工作表					
3. 我情愿不介入办公室政治					
4. 我喜欢没有明确的目标所带来的自由					
5. 当事情有条理时，我的表现会很好					
6. 我喜欢在公众面前做口头报告					

续 表

	非常像我	有点像我	不确定	有点不像我	一点也不像我
	ML	SL	NS	SU	MU
7. 我相信我有能力完成困难的任务					
8. 我不喜欢写字					
9. 我喜欢解决难题					
10. 我是一个有组织的人					
11. 对于他人的错误，我很难开口告诉他					
12. 我喜欢有规律的工作					
13. 我认为文书工作是不重要的					
14. 我喜欢帮助别人学习新事物					
15. 我喜欢一个人工作					
16. 我相信重要的是认识什么人，而不是知道什么					
17. 我喜欢同时做好几件事					
18. 我善于管理金钱					
19. 在发生争论时，我情愿回避，而不会任其失去控制					
20. 我是计算机好手					

管理素质自测题计分标准及结果分析

计分标准	ML	SL	NS	SU	MU
1，2，4，6，7，9，10，11，13，14，16，17，18，20	5	4	3	2	1
3，5，8，12，15，19	1	2	3	4	5

结果分析

80～100 分	恭喜，您已具备成功管理者的能力，同时也显示您喜欢管理他人
40～79 分	您只具备部分成功管理者的能力，多加琢磨必可成器
40 分以下	您的管理能力有待开发，或者您并不想管理别人

训练二 案例分析（纸上谈兵）

【目的】

理解管理层次与管理技能的关系。

【资料】

升任总裁后的思考

张林最近被一家生产机电产品的公司升任为总裁，在他准备接任此职位的前一天晚上，他浮想联翩，回忆起他在该公司工作20多年的情况。他在大学时学的是工商管理，大学毕业后就到该公司工作，最初担任液压装配单位的助理监督。他当时真不知道如何工作，因为他对液压装配所知甚少，在管理工作上也没有实际经验，他几乎每天都感到手忙脚乱。可是他非常认真好学，一方面他自己仔细参阅该单位的工作手册，并努力学习有关技术知识；另一方面监督长也主动指导他，使他渐渐摆脱了困境，能够胜任工作。经过半年多的努力，他已有能力独担液压装配的监督长工作。可是，当时公司没有提升他为监督长，而是直接提升他为装配部经理，负责包括液压装配在内的四个装配单位的领导工作。

在他任助理监督时，他主要关心的是每日的作业管理，工作的技术性很强。而当他担任装配部经理时，他发现自己不能只关心当天的装配工作状况，还得做出此后数周乃至数月的规划，还要完成许多报告和参加许多会议，而没有多少时间去从事自己过去喜欢的技术工作。当上装配部经理不久，他就发现原有的装配工作手册已基本过时，因为公司已安装了许多新的设备，吸收了一些新的技术，这令他花了整整一年时间去修订工作手册，使之切合实际。在修订工作手册的过程中，他发现要让装配工作与整个公司的生产作业协调起来是很有讲究的。他还主动到几个工厂去访问，学到了许多新的工作方法，他也把这些内容增加到修订的工作手册中去。由于该公司的生产工艺频繁发生变化，工作手册也不得不经常修订，张林对此都完成得很出色。他工作了几年后，不但自己学会了这些工作，而且还学会了如何把这些工作交给助手去做，教他们如何做好，这样，他就可以腾出更多的时间用于规划工作和帮助他的下属工作得更好，以及花更多的时间去参加会议、批阅报告和完成向上级的工作汇报了。

当他担任装配部经理6年之后，正好该公司负责规划工作的副总裁辞职，张林便主动申请担任此职务。在同另外5名竞争者较量之后，张林被正式提升为负责规划工作的副总裁。他自信拥有担任此职位的能力，但由于此高级职务的复杂性，他在刚接任时碰到了不少麻烦。例如，他感到很难预测一年之后的产品需求情况。可是，一个新工厂的开工，乃至一个新产品的投入生产，一般都需要在数年前做准备。而且，在新的岗位上他还要不断处理市场营销、财务、人事、生产等部门之间的协调工作，他过去对这些都不熟悉。他在新岗位上越来越感到：越是职位上升，越难以仅仅按标准的工作程序去工作。但是，他还是渐渐适应了，做出了成绩，又被提升为负责生产工作的副总裁，而这一职位通常是由该公司资历最深的、辈分最高的副总裁担任的。到了现在，张林又被提升为总裁。他知道，一个人当上公司最高主管之时，他就应该相信自己有处理可能出现的任何情况的才能，但他也明白自己尚未达到这样的水平。因此，他不禁想到自己明天就要上任了，今后的情况会是怎么样？他不免为此而担忧。

【要求】

1. 根据案例提供的信息，对案例资料进行“结构化”处理，填写下列表格：

担任职务	管理者类型	主要工作	工作性质	职位所要求的核心能力
助理监督				
装配部经理				
规划工作副总裁（生产副总裁）				
总裁				

2. 张林要成功地胜任公司总裁的工作，哪些管理技能是最重要的？你觉得他具有这些技能吗？试加以分析。

训练三　企业调研（社会实践）

【目的】

了解现实生活中的企业管理者对角色的认知与把握。

【资料】

管理者角色的确认与评价表

评价项目	重要性排序	最容易承担的角色	最难以承担的角色
1. 群体领导的角色			
2. 联络人的角色			
3. 信息分配的角色			
4. 信息收集的角色			
5. 代言人的角色			
6. 变革的角色			
7. 委派授权的角色			
8. 控制的角色			
9. 协商的角色			
10. 执行评价的角色			
11. 培训下属的角色			

最容易承担的角色分析表

分析内容	角色一 ________	角色二 ________
知识（你需要知道些什么）		
技能（你应该能做什么）		
感受（你需要得到什么样的感受）		

续 表

分析内容	角色一 ________	角色二 ________
背景（如角色的界定和结构；别人的态度和行为；得到或缺乏的支持和鼓励等因素）		

最难以承担的角色分析表

分析内容	角色一 ________	角色二 ________
知识（你需要知道些什么）		
技能（你应该能做什么）		
感受（你需要得到什么样的感受）		
背景（如角色的界定和结构；别人的态度和行为；得到或缺乏的支持和鼓励等因素）		

【要求】

1. 调研1～2个现实生活中的企业，调研6位管理者（高层、中层、基层各2位），根据调研结果填写上表。

2. 根据以上分析，结合课下的讨论，举例说明管理者在承担某一特定角色时的困难，为扮演好这个角色，可以通过哪些途径培养和改善自己的能力？

训练四　如何做好中层管理者（综合应用）

【目的】

理解管理者角色的复杂性。

【资料】

中层管理者既是管理者，又是被管理者，既要带好自己的小团队，也要融入整个组织的大团队，在组织中处于一个多角色的交叉位置。

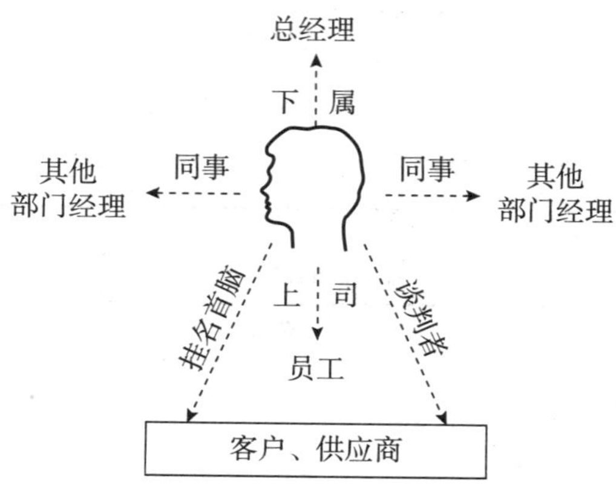

【要求】

分析中层管理者作为下属、同事、上司以及挂名首脑和谈判者等角色时所需要的技能与素质。

思政探索

一、思政目标

社会角色意识的认知。

二、知识点

亨利·明茨伯格的管理者角色理论。

三、思政元素

在当今世界背景下，你作为21世纪的大学生，在中华民族伟大复兴历史使命中应该担任的角色。

四、融入途径

1. 案例导入——角色意识的重要性。

2. 小组分享：你家庭成员的角色分工与角色意识。

3. 观点讨论：人不是孤立的存在，任何人都总是归属于各种社会组织，角色和角色规范既为个人的生存和发展提供了一套价值和伦理秩序，也为个人追寻生命意义提供了重要的依据。

4. 个人练习：我的公民意识。

拓展学习

“教练”一词被广泛运用于体育领域，20世纪90年代，教练的概念从体育领域被移植到企业管理领域，在企业管理过程中扮演着重要的角色，企业教练应运而生。

调查显示，在所有实行“教练”制度的公司中，77%的公司采取有系统的教练技术后能够有效降低员工的流失率及改善员工整体的表现。企业培训能增加22.4%的生产力，而培训加教练能增加88%的生产力。由此可见，教练技术将有可能成为21世纪人力资源管理方面的重要技术。

一、企业教练的角色定位

教练强调以人为本，从调适人的信念着手，着重激发个人潜能，发挥人的积极能动性，帮助被教练者去发现和创造更多的可能性。教练是角色模范，作为向导，给人支持，帮助人们明确他们的目的、价值观和角色，使他们通过自己的力量达到目标。教练不是给被教练者一个现成的方法，而是激励被教练者看到新的可能性，从而自己找到方法。人的潜能就如一座冰山，浮在水面上的部分是已经发挥出来的能力，大部分的潜能隐藏在水面以下。教练就是让被教练者去发现自己潜藏的能力，并且可以通过调适发挥出来。

企业教练提供的是一种心态训练，而不是知识训练或技能训练。彼得·圣吉在其著作《第五项修炼》里提到："心智模式"是根深蒂固于我们心中的，影响我们如何了解这个世界，以及如何采取行动的许多假设、成见，甚至图像、印象。我们通常不易察觉自己的心智模式以及它对行为的影响。

企业教练在企业管理中是新角色，他不同于企业的顾问，不是为企业经营过程中出现的具体问题进行咨询、诊断，并提供可解决的途径。教练不是为被教练者解决具体问题，而是利用教练技术反映学员的状态，让被教练者主动察觉自己的状态和厘清自己的目标，并对被教练者的表现给予有效的直接回应，从而使被教练者调整自我状态以达成目标。

二、教练技术在企业中的运用

教练这种激励潜能、提高效率的技术，近年来已成为欧美企业家提高生产力的最新且有效的管理技术，越来越受到众多企业的青睐，如埃克森美孚公司、IBM（国际商用机器公司）、宝洁公司、国泰航空等国际著名企业都在内部推行教练文化。教练是一门只有从实际经验中才能获得的技术。教练的作用就是指导你如何进行行为改变，以全身心投入的态度朝着自己期望的目标前进。教练就好像一面镜子，反映被教练者现在的位置，让被教练者看到新的方向及更多的可能性。

主要表现在以下方面：

（1）清楚员工或团队的目标，协助订立业务发展策略，提高管理效益。

（2）激发员工的潜能和创意，提升员工解决问题的能力，使员工看到以往的固有信念及假设如何限制了他们的思想和限制他们达到更多的可能性，从而使他们冲破这些限制，创造更多的可能性。

（3）了解不同的团队、沟通及管理模式是如何影响绩效的。

（4）建立持续化的自我学习和学习型组织文化。

（5）使员工的心态由被动待命转变为积极主动，使员工的素质得以提升。

（6）发挥领导才能，知才善用，以不同的角色去支持员工提升表现并达到共同目标。

（7）发挥人力资源的作用，将合适的人才放在合适的位置。

（8）协助并支持员工制订实际行动计划，创造卓越的业绩。

三、企业教练与人力资源发展

从另一个角度来看现代企业管理，企业经理人及部门主管的角色就是企业教练的角色。

教练是提高企业生产力的新法宝。教练的本质就是激励员工或团队创造更多的可能。教练的目标也就是好的管理目标——最大限度地运用组织中的宝贵资源。企业教练的目的就是有效地将人力资源最大化地转化为企业的生产力。

教练本身不一定是一位顶尖的选手，但他可以训练出冠军来。

因此，一个成功的教练应该具备承诺、同情和沟通技巧这 3 项主要素质。

对企业经理人来说，熟练地运用教练技术，可以有效提升部属解决问题的能力，提升团队的整体作战能力，带出核心团队，创造更大的业绩；对自己来说，又可以培育和加强自己的领导风格和魅力，令自己更具影响力。

所以，企业教练的实质就是打造企业团队核心竞争力的有效工具。教练通过培养员工良好的心态，让员工能做到知行合一；通过自己做给员工看，再放手让其操作，并及时给予调适和指导，帮助员工和团队实现目标，从而创造一个学、做、教的企业学习环境。

——摘自《IT时代周刊》，作者：姜静波

下篇

管理实践能力

第五章　计划工作能力

学习目标

知识目标

- 了解计划概念及其在管理中的地位
- 了解管理者所承担的角色内容
- 理解计划的基本原理及主要方法

技能目标

- 培养任务分解能力
- 运用计划方法解决实际工作问题
- 提升自我管理能力

学习导航

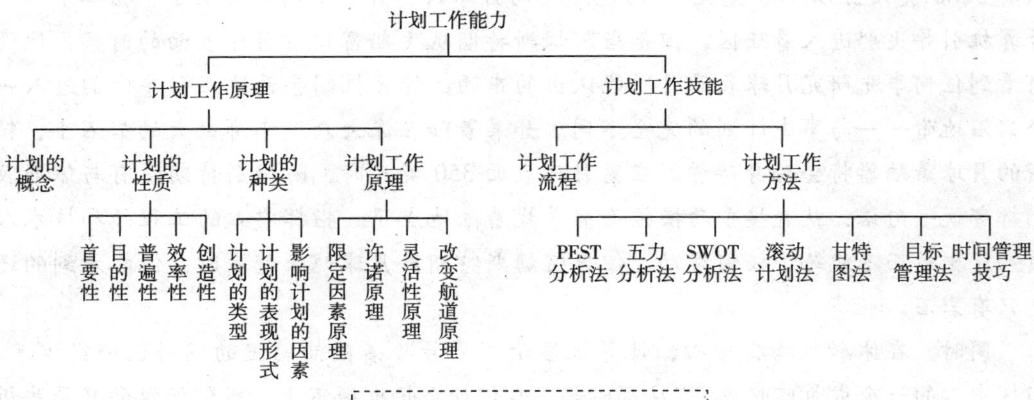

计划工作技能训练

- 理论测试　理论知识的认知与理解检测
- 技能训练　技能运用与强化训练
  - 训练一　案例分析（纸上谈兵）
  - 训练二　任务分解能力训练（动手试试）
  - 训练三　企业诊断（社会实践）
  - 训练四　创业策划（综合应用）
- 思政探索　计划工作与职业生涯规划
- 拓展学习　战略管理理论

案例导入

人类第一次登月着陆

“休斯敦，川奎特基地，‘鹰号’已经着陆了。”这句话永远铭刻在全世界所有在1969年7月20日观看人类第一次登月的人们的记忆里。这一成功盛举背后的场面是令人难以置信的。因为看起来十分理想的顺利飞行，实际上，差点发生一场巨大的灾难。

把三名宇航员送入太空，其中两名驾驶太空飞船，然后着陆在月球上，这需要非常详细而周密的计划。从能量巨大的Slaturn V火箭倒计时和起飞，到太空飞船的精密操作，技术专家和飞行控制人员对每个细节都做了周密计划。但是，当尼尔·阿姆斯特朗和巴兹·阿尔顿开始驾驶小型的极易损坏的“鹰号”太空飞船向月球表面降落的时候出了问题，警报突然响了——一个“1202”的报警声音。在指挥中心从地球上监控“鹰号”下降的一个人回忆说，“我不太清楚‘1202’到底代表什么”。离太空飞船在月球表面着陆只剩下8分钟的时候，除了史蒂夫·比尔斯——一个26岁的技术专家，指挥中心没有一个人知道“1202”意味着什么。整个太空项目组只能等待，看比尔斯是否放弃月球着陆。比尔斯最后发现，问题是由飞船上的计算机信息太多不能处理引起的，只要计算机不完全关闭，他们就能成功地在月球上着陆。因此，尽管响起了警报，指挥中心还是按计划向“鹰号”发出了继续着陆的信号。当“鹰号”离月球表面只有5000英尺且以100英尺/秒的速度飞向月球时，另一个问题发生了。指挥中心的计算机引导飞船进入着陆区，但是当阿姆斯特朗从飞船窗口看月球表面的时候，他没有看到任何事先研究月球表面时所能认出的东西。计算机制导系统正引导他们进入一个岩石地带——与事先计划的完全不同。如果着陆在像大众汽车那么大的岩石上，精密的月球着陆器将会粉身碎骨。在离月球表面350英尺时，阿姆斯特朗没有与休斯敦指挥部说一句话，就直接手动操控飞船寻找着陆地点了。指挥中心的工程师和技术人员只是坐着而不能给予任何帮助。但当阿姆斯特朗离月球越来越近时，他能看到的还是只有岩石。

同时，在休斯敦指挥中心，计算机显示“鹰号”着陆油箱里的燃料已经很少了。指挥中心的一个成员回忆说：“从那时起，我们什么忙也帮不上，我们能做的只是告诉他们还剩下多少燃料。”指挥中心的决定是如果“鹰号”不能在60秒之内着陆，登月行动即宣告失败。25秒，20秒，阿姆斯特朗离月球表面只有100英尺了，这时他找到了一个着陆地点，如果他能及时降落到那里，似乎就能安全着陆。那时，指挥中心异常寂静，什么声音都听不到。紧接着，通信系统中传来阿姆斯特朗平静、镇定、冷静的声音：“休斯敦，川奎特基地，‘鹰号’已经着陆了。”

请思考：

1. 计划有哪些种类？不同种类的计划是如何发挥作用的？

2. 计划工作应遵循哪些原理？

第一节　计划工作原理

一、计划的概念

在日常学习和生活中，我们经常会接触到“计划”这个词，大到火星探测计划，小到我们身边的一次周末郊游计划。我们经常还有这样的体会，如果我们在行动前能对整件事情有一个周密的计划，对要做什么以及如何去做都能了然于胸，那么我们往往能以更大的信心和把握投入到事情中去，成功率也会高得多。

计划是管理的首要职能，它是指对未来事件作出预测并制订出行动方案。计划是为事物未来的发展规定方向和进程。站在组织的角度，可以将“计划”定义如下：

计划就是组织根据环境的需要和自身特点，确定组织在一定时期内的目标，并通过计划的编制、执行和监督来协调、组织各类资源以顺利达到预期目标的过程。

计划的内容包括“5W2H”，计划必须清楚地确定和描述这些内容：

（1）做什么（What to do）：明确所要进行的具体活动内容及要求。

（2）为什么做（Why to do it）：明确计划的原因，论证其可行性。

（3）何时做（When to do it）：规定计划中各项工作的开始和完成进度。

（4）何地做（Where to do it）：规定计划实施的地点和场所，合理安排计划实施的空间。

（5）谁去做（Who to do it）：规定由哪些部门和人员负责实施计划。

（6）怎么做（How to do it）：制定实现计划的措施、相应的政策、规则等，进行最后的综合平衡。

（7）成本投入（How much to do it）：这是计划方案是否具有可操作性的重要影响因素，现实中，许多计划因经费预算过高而半途而废。

小知识

5W2H 分析法

“5W2H 分析法”又叫“七何分析法”，“5W2H 分析法”是第二次世界大战中由美国陆军兵器修理部首创的。它简单、方便，易于理解、使用，富有启发意义，广泛应用于企业管理和技术活动，对于决策和执行性的活动措施也非常有帮助，有助于弥补考虑问题的疏漏，“5W2H”分析关系如下图所示。

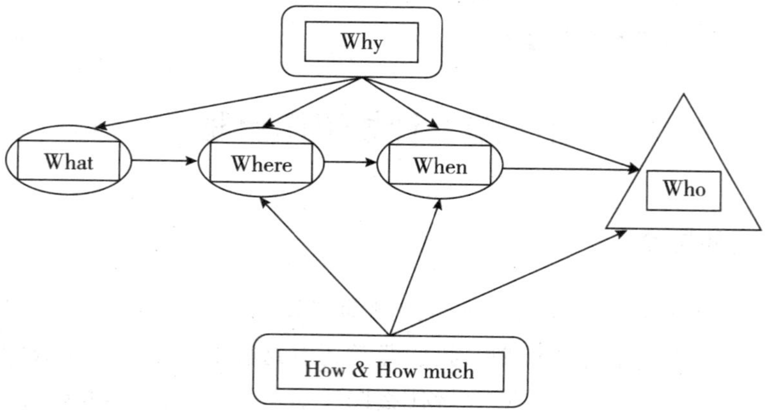

5W2H 分析关系图

“5W2H 分析法”重点要解决好两个基本问题：一是目标的确定问题（Do right things）。如果目标选择不对，计划再周密也枉费心机，因此这是计划的关键。二是进程的时序（Do things right），即先做什么，后做什么，可以同时做什么，均不能错位，这是计划的准则。

二、计划的性质

1. 首要性

计划是实现其他管理职能的基础或前提条件。常言之，计划在前，行动在后。组织在管理过程中首先应当明确管理目标、筹划实现目标的方式和途径，而这些恰恰是计划工作的任务，因此计划位于其他管理职能的首位。图 5－1 概括地描述了这种相互关系。

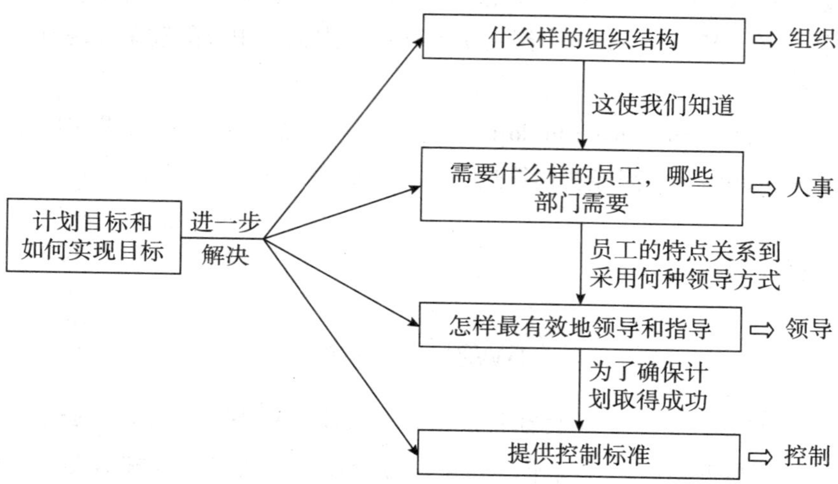

图 5－1 计划工作领先于其他管理职能

2. 目的性

各种计划及其所有的支持性计划，都旨在促使企业总目标和一定时期内目标的实现。

3. 普遍性

实际的计划工作涉及组织或企业中的每一位管理者及员工，上至高层管理者，下至基层管理者及员工。一个组织的总目标确定后，各级管理人员为了实现组织目标，都需要制订相应的分目标和分计划。这些具有不同广度和深度的计划有机地结合在一起，便形成了一个多层次计划系统。因此，计划具有普遍性。

4. 效率性

计划的效率性主要是指时效性和经济性。任何计划都有计划期的限制，也有实施计划时机的选择。计划的时效性表现在两个方面，一是必须在计划期开始之前完成计划的制订工作，二是任何计划都必须慎重选择计划期的开始时间和截止时间。计划的经济性包括计划的经济性方面的收益和非经济性方面的收益或损耗。

5. 创造性

计划工作总是针对需要解决的新问题和可能发生的新变化、新机会而做出决定，因此它是一个创造过程。计划工作是对管理活动的设计，正如一种新产品的成功在于创新，成功的计划也依赖于创新。

三、计划的种类

（一）计划的类型

任何一种未来的行动方案都属于计划，加之组织活动的复杂性和多元性，使得计划的种类也变得十分复杂和多样。

（1）根据时间跨度划分，可以分为长期计划、中期计划和短期计划，三者的比较如表 5－1 所示。

表 5－1　长期计划、中期计划和短期计划比较

时间跨度	计划类型	主要解决的问题	三种计划间的关系
3 年以上	长期计划	以问题和目标为中心，主要解决组织的长远目标和发展方向问题	发展目标（略）
1～3 年	中期计划	以时间为中心，具体说明各年应达到的目标和应开展的工作	↓ 发展分几个步骤
1 年及 1 年以内	短期计划	说明计划期内必须达到的目标以及具体工作要求，能直接指导各项工作的开展	↓ 本期具体目标（详）

（2）根据计划所涉及的广度划分，可以分为战略计划和行动计划。

战略计划体现了组织在未来一段时间内的总体发展目标和组织在环境中的地位，以及计划的实施途径。行动计划是在战略计划所规定的方向、方针、政策框架内确保战略目标的落实和实现，确保资源的取得与有效运用的具体计划。表 5 - 2 是战略计划与行动计划的比较。

表 5 - 2　战略计划与行动计划的比较

比较项目	战略计划	行动计划
时间跨度	3 年或 3 年以上	3 年以内（周、月、季、年）
范围	涉及整个组织	限于特定的部门或活动
侧重点	确定组织目标、明确战略和重大措施	明确实现目标的各种方法
目的	提高效益	提高效率
特点	全局性、指导性、长远性	局部性、指令性、一次性
两种计划关系	行动计划是战略计划的具体化或是战略实施计划	

（3）根据计划的对象和应用范围划分，可以分为综合计划、部门计划和项目计划。

综合计划涉及的内容是多方面的，部门计划只涉及某一特定的部门，项目计划则是为某项特定活动而制订的计划。综合计划一般是指具有多个目标和多方面内容的计划，就其所涉及的对象而言，它关联整个组织和组织中的许多方面。习惯上人们把预算年度的计划称为综合计划，在企业中它是指年度的生产经营计划。部门计划是在综合计划的基础上制订的，它的内容比较专一，局限于某一特定部门或职能，一般是综合计划的子计划，是为了达到组织的分目标而制订的。某企业销售部门的年度销售计划、生产部门的生产计划等，都属于这一类计划。项目计划是针对组织的特定活动所做的计划，某项产品的开发计划、职工俱乐部建设计划等都属于项目计划。

除以上分类外，计划按照明确性可以划分为指令性计划和指导性计划；按照在企业中的职能可以划分为生产计划、财务计划、供应计划、劳资计划、安全计划和人员培训计划；按照计划涉及的范围可以划分为高层计划、中层计划和基层计划。

（二）计划的表现形式

计划的不同表现形式是计划多样性的重要方面，确定计划表现形式对于发挥计划职能有着重大意义。不同表现形式的计划可组成一个如图 5 - 2 所示的层次体系。

1. 宗旨（使命）（Purposes）

宗旨（使命）描述了组织的价值观、组织的抱负和组织存在的原因。宗旨就是着重表明社会对该组织的基本要求、组织的基本作用和根本任务的计划。宗旨对组织的各项任务只作最一般的表述，其重点是明确组织是干什么的、应该干什么和最终要达到的目的是什么。获得巨大成功的企业之所以能成功，首先在于其有明确的宗旨，如英特尔公司的宗旨是：在工艺技术和营业这两个方面都成为并被承认是最好的、领先

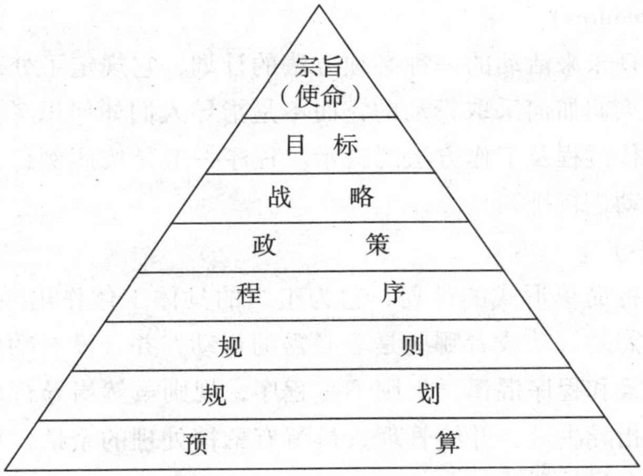

图5-2　计划的层次体系

的，是第一流的。

一个好的宗旨是组织目标和计划的基础。如果没有明确的宗旨，组织的目标和计划就可能是随意制定的，并且不能使组织向它本应该前进的方向前进。通常的宗旨应该包括定义组织区别于其他类似组织的基本业务范围，宗旨的内容常常指向市场、顾客和其他经努力可以达到的领域，一些宗旨还描述了组织的特点，如合作价值、产品质量、设备地点和对雇员的态度。另外，宗旨常常能够揭示组织的文化和目标。

2. 目标（Objectives）

宗旨是一个组织最基本的目的，它需要通过目标的具体化才能成为行动的指南。所谓目标，是指一个组织在未来一段时间内要实现的目的。它着重表明一定时期内活动所针对的最终结果，一般需要用定量数据表述。组织一定时期内的目标构成了组织的基本计划，组织中的部门也可以有一定时期内的目标，也就是说通常目标是分层次的。各层次的目标可能相同也可能不完全相同，高一级的、宏观的目标支配着低一级的目标，但不如低一级的目标具体。

3. 战略（Strategies）

战略是为实现组织长远目标所选择的途径，主要指出组织活动方向、工作重点和资源布置优先次序的总纲。战略和策略并不是确切地描述组织怎样完成目标，而是为组织提供指导思想和行动框架。

4. 政策（Policies）

政策是组织建立活动的一般指南。政策是指明组织的活动范围和方针、表明组织鼓励什么和限制什么，以保证行动同目标一致的一系列导向性规定。政策的实质在于自主权，它为组织规定范围和界限，鼓励下级在规定的范围内自由处理问题。政策应有统一性、持久性、连续性，但是政策的表述往往不容易做到十分规范和精确，容易使人产生曲解，并且现实情况在不断变化，这些都导致政策有时难以连贯和稳定。

5. 程序（Procedures）

程序是制订处理未来活动的一种必须方法的计划，它规定了处理问题的例行方法和步骤。它是指导人们如何采取行动的，而不是指导人们如何思考问题的，一般是对大量例行的日常工作过程及工作方法的提示。程序一般是按照例行方法和步骤的时间顺序，对必要的活动进行排列。

6. 规则（Rules）

规则通常是一种简单形式的计划，它为组织的具体工作作出一系列限制和规定，详细阐明哪些是必需的行动或者哪些是非必需的行动，并且没有酌情处理的余地。人们经常把规则、政策和程序混淆。规则不是程序，规则虽然指导行动但不标明时间顺序；政策的目的是指导决策，并给管理人员留有酌情处理的余地，规则也起指导的作用但管理人员没有自行处理的权力。

7. 规划（Programs）

规划（或方案）是综合性计划，包括目标、政策、程序、规则、任务分配、要采取的步骤、要使用的资源，以及为完成既定行动方针所需要的其他因素。规划可能很大，像某城市的建设规划；也可能很小，像提高某公司财务部门工作人员士气的规划。并且，一个主要的规划可能需要很多的支持计划，以某城市建设规划为例，由于需要建设许多市政设施，如果要使投资得当，就需要很多支持计划，如必须详细制定城市土地使用规划、城市公共交通规划、城市环境规划、城市卫生规划、城市发展规划等。

8. 预算（Budgets）

预算是用数字表示预期结果的报表，是一种“数字化”的计划。在许多公司型组织中，预算是基本的计划工作手段，它通常是为规划服务的，同时预算也是一种控制手段。不同的预算在精确性、详细性和目的性上是不同的。

（三）影响计划的因素

在有些情况下，长期计划可能更重要，而在其他情况下可能正相反。类似地，在有些情况下指导性计划比具体计划更有效，而换一种情况却未必如此。那么，决定不同类型计划有效性的因素有哪些呢？具体来说有以下几点。

1. 组织的层次

图5－3表明了组织的管理层次与计划类型之间的一般关系。在大多数情况下，基层管理者的计划活动主要是制订作业计划，当管理者在组织中的等级上升时，他的计划活动就更具战略导向。而对于大型组织的最高管理者来说，他的计划活动基本上都是战略性的。

2. 组织的生命周期

组织要经历一个生命周期（Life Cycle），它开始于形成阶段，然后是成长、成熟，最后是衰退。在组织生命周期的各个阶段，计划的类型并非都具有相同的性质，正如

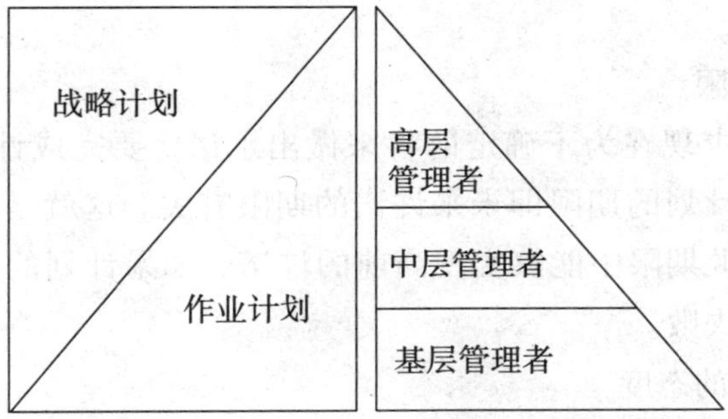

图 5－3　组织的管理层次与计划类型之间的一般关系

图 5－4 所描绘的，计划的时间长度和明确性应当在组织的不同阶段上作相应调整。

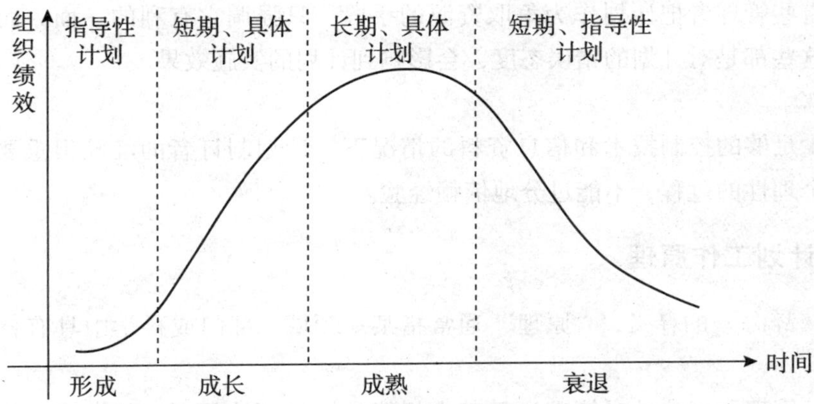

图 5－4　计划和组织的生命周期

当组织进入成熟期，其可预见性最大，因此也最适用于具体计划。而在组织的形成期，管理者应当更多地依赖指导性计划，因为这一阶段要求组织具有很高的灵活性。在这个阶段，目标是尝试性的，资源的获取具有很大的不确定性，辨认谁是顾客很难，而指导性计划使管理者可以随时按需进行调整。在成长阶段，随着目标更确定、资源更容易获取和顾客忠诚度的提高，计划也更具有明确性。当组织从成熟期进入衰退期，计划也从具体性转入指导性，这时目标要重新考虑，资源要重新分配。

计划的期限也应当与组织的生命周期联系在一起。短期计划具有更大的灵活性，故更多地用于组织的成长期和衰退期；成熟期是一个相对稳定的时期，因此更适合制订长期计划。

3. 环境的不确定性程度

环境的不确定性越高，计划则应当更具指导性，计划期限也应更短。如果正在发生着迅速的和重要的技术、社会、经济、法律或其他变化，精确规定的计划实施路线，反而会成为组织取得绩效的障碍。而且，变化越大，计划就越不需要精确，管理就越应当具有灵活性。

4. 未来许诺的期限

由于计划工作要求现在为不确定的将来做出承诺，要完成计划就是要完成承诺，因此承诺的大小就与计划的期限即未来许诺的期限有关。这就是说，计划的期限应延伸到足够远，以便在此期限中能够实现当前的许诺。如果计划的期限比其许诺能完成的期限短，计划就会失败。

5. 管理者对计划的态度

虽然从最高层到基层，大家普遍认识到了计划的重要性，但是有很多人宁愿去“救火”，也不愿去做计划，因为这些“救火”活动看起来似乎更重要，也更能引起人们的注意，所以人们常常推迟或拖延制订计划的工作；同时，也有些管理者认为，只要对工作做了计划，工作就会顺利进行，因此，他们只做计划，而不去管计划的贯彻实施；更有些管理者把计划作为争取资源的手段，只强调它有利的一面，而不顾其可行与否。这些都是对计划的错误态度，会影响到计划的实施效果。

6. 经验

在缺少足够的控制技术和信息资料的情况下，计划制订者的经验很重要，但制订计划是一个理性的过程，不能过分地依赖经验。

四、计划工作原理

按照《辞海》的释义，“原理”通常指某一领域、部门或科学中具有普遍意义的基本规律。

据此，管理原理就是对管理过程基本规律的一种理论概括，使之成为概念，用以指导日常的管理工作。计划工作作为一种基本的管理职能活动，自然也应有自己的原理。

在制订计划的过程中，我们应遵循的主要原理有限定因素原理、许诺原理、灵活性原理和改变航道原理。

（一）限定因素原理

限定因素是指妨碍目标得以实现的因素。在其他因素不变的情况下，抓住这些因素，就能实现期望的目标。限定因素原理是指在计划工作中，越是能够了解和找到对达到所要求目标起限制性和决定性作用的因素，就越是能准确地、客观地选择可行的方案。

此原理是决策的精髓。决策的关键就是尽可能地找出主要矛盾，抓住了主要矛盾，一切问题就迎刃而解了。

限定因素原理又被称作“木桶原理”，其含义是木桶装水的数量取决于桶壁上最短的那块木板。这个原理表明，主管人员在制订计划时，必须全力找出影响计划目标实现的主要限制因素或战略因素，有针对性地采取措施。

小知识

木桶原理

木桶原理是由美国管理学家彼得提出的，说的是由多块木板构成的木桶，其价值在于其盛水量的多少，但决定木桶盛水量多少的关键因素不是其最长的木板，而是其最短的木板，如下图所示。这就是说，任何一个组织，都可能面临一个共同问题，即构成组织的各个部分往往是优劣不齐的，而劣势部分往往决定整个组织的水平。

木桶原理示意

若仅仅作为一个形象化的比喻，“木桶原理”可谓是极为巧妙和别致的，但随着它被应用得越来越频繁，应用场合及范围也越来越广泛，它已经由一个单纯的比喻上升到了理论的高度。这由许多块木板组成的“木桶”，不仅可象征一个企业、一个部门、一个班组，也可象征某一个员工，而“木桶”的最大容量则象征着其整体的实力和竞争力。

当然，还有一个“反木桶原理”：木桶最长的一块木板决定了其特色与优势，在一个小范围内成为制高点；对组织而言，凭借其鲜明的特色，就能跳出大集团的游戏规则，独树一帜地建立自己的“王国”。在扬长避短中，把你的业绩建立在自己的优势资源上更合理一些。按照德鲁克（Drucker）的话说，就是“Build your performance on strength, not weakness”。

◆ **木桶原理应用案例**

被誉为美国“最佳管理者”的GE公司总裁麦克尼尔宣称，GE公司每年的员工培训费用达5亿美元，并且将成倍增长。惠普公司内部有一项关于管理规范的教育项目，仅仅是这一个培训项目，研究经费每年就高达数百万美元。他们不仅研究教育内容，而且研究哪一种教育方式更易于被人们接受。

员工培训实质上就是通过培训来增大这一个个“木桶”的容量，增强企业的总体实力。而要想提升企业的整体绩效，除对所有员工进行培训外，更要注重对“短木板”——“非明星员工”的开发。

在实际工作中，管理者往往更注重对“明星员工”的利用，而忽视对一般员工的利用和开发。如果企业将过多的精力投入到“明星员工”身上，而忽略了占公司多数的一般员工，就会打击团队士气，从而使“明星员工”的才能与团队合作两者失去平衡。实践证明，“超级明星员工”很难服从团队的决定。“明星”之所以是“明星”，是因为他们觉得自己和其他人的起点不同，他们需要的是不断提高标准，挑战自己。所以，虽然“明星员工”的光芒很容易被看见，但占公司绝大多数的“非明星员工”也需要鼓励。对“非明星员工”激励得好，其效果可以大大胜过对“明星员工”的激励。

（二）许诺原理

在计划工作中，如何确定合理的期限应当有某些规律可循。许诺原理可以表述为：任何一项计划都是对完成各项工作所做出的许诺，因此，许诺越大，实现许诺的时间就越长，实现许诺的可能性就越小。这一原理涉及计划期限的问题。一般来说，经济上的考虑会影响到计划期限的确定。因为计划工作和它所依据的预测工作是很费钱的，所以如果在经济上不合算，就不应当把计划期限定得太长。

当然，短期计划也有风险，那么合理的计划期限应该如何确定呢？合理的计划期限的确定问题体现在许诺原理上，即合理的计划要确定一个未来的时期，这个时期的长短取决于实现决策中所许诺的任务所必需的时间。

例如，由于出现了意料之外的原材料大幅度涨价的情况，某企业为了保证实现年度生产经营计划的利润目标，需要补充制订一个增加销售收入的计划，那么这个计划的期限至少要多长时间呢？这个计划至少要在一年中的什么时间以前制订并实施才能确保实现呢？根据许诺原理，该计划期限主要取决于从增加订货到最后实现销售收入的最短周期。对于该企业来说，从接收订单、签订合同到完成工程图设计一般要两个月的时间，进行生产准备、投资到出产品的生产周期一般也为两个月。商品通过铁路发运，整个发运过程的延续时间为半个月左右，结算周期一般为一个月以上，而且有逐渐延长的趋势。因此，计划期限应定为半年，也就是说，计划工作的开始时间至少要在六月底以前。这也是该企业每年要在六月底以前审查年度计划完成情况的原因。这项工作已成为一项惯例。

按照许诺原理，计划必须有期限要求，事实上，对于大多数情况来说，完成期限往往是对计划的最严厉要求。此外，还必须合理地确定计划期限，并且不应随意缩短计划期限。再有，每项计划的许诺（任务）不能太多，因为许诺（任务）越多，则计划时间越长。如果主管人员实现许诺所需的时间长度比他可能正确预见的未来期限还要长，或者他不能获得足够的资源，使计划具有足够的灵活性，那么他就应当断然地减少许诺，或是将他所许诺的期限缩短。例如，他所许诺的是一项投资，那么他就应当采取加速折旧提存等措施使投资的回收期缩短，以减少风险。

（三）灵活性原理

计划必须具有灵活性，即当出现意外情况时，有能力改变方向而不必花太大的代价。灵活性原理可以表述为：计划中体现的灵活性越高，由于未来意外事件引起损失的危险性就越低。必须指出，灵活性原理就是制订计划时要留有余地，至于执行计划，则一般不应有灵活性。例如，工厂执行一个生产作业计划时必须严格准确，否则就会发生组装车间停工或在制品大量积压的现象。

对管理人员来说，灵活性原理是计划工作中最重要的原理，在承担任务重而目标计划期限长的情况下，灵活性便显现出它的作用。当然，灵活性是有一定限度的，它的限制条件有以下几个方面：

（1）不能总是以推迟决策的时间来确保计划的灵活性。因为未来具有不确定性，如果我们一味等待更多的信息，想要将未来可能发生的问题考虑周全，当断不断，就会错失良机，导致失败。

（2）使计划具有灵活性是要付出代价的，甚至由此得到的好处可能无法抵消它的费用支出，这就不符合计划的效率性。

（3）有些情况往往无法使计划具有灵活性，即存在这种情况，某个派生计划的灵活性可能导致全盘计划的改动甚至落空。例如，企业销售计划在执行过程中遇到困难，可能实现不了既定的目标。如果允许其灵活处置，则可能危及全年的利润计划，从而影响新产品开发计划、技术改造计划、供应计划、工资增长计划、财务收支计划等许多方面，致使企业的主管人员经过反复权衡之后不得不动员一切力量来确保销售计划的完成。

为了确保计划本身具有灵活性，管理人员在制订计划时，应量力而行，不留缺口，但要留有余地。本身具有灵活性的计划又被称为“弹性计划”，即能适应变化的计划。

（四）改变航道原理

所谓改变航道原理，是指为使计划工作对将来承诺得更多，主管人员应定期检查计划执行现状和预期前景，以及为保证所要达到的目标重新制订计划。

计划制订出来后，计划工作者就要管理计划，促使计划的实施，而不能被计划所“管理”、被计划“框”住，必要时可以根据当时的实际情况对计划做必要的检查和修订。因为未来的情况随时都可能发生变化，制订出来的计划不能一成不变。尽管我们在制订计划时预见了未来可能发生的情况，并制定出相应的应变措施，但正如前面所提到的，一来不可能面面俱到，二来情况是在不断变化的，因此，计划往往赶不上变化，这就需要调整计划或重新制订计划。这就像航海家一样，必须经常核对航线，一旦遇到情况就要绕道而行，故此原理被称为“改变航道原理”。这个原理与灵活性原理不同，灵活性原理是使计划本身具有适应性，而改变航道原理是使计划执行过程具有应变能力，为此，计划工作者就应经常地检查计划，重新制订计划，以达到预期的目标。

第二节　计划工作技能

一、计划工作流程

计划编制本身也是一个过程。为了保证编制的计划合理，确保决策的组织落实，计划编制过程中必须采用科学的方法。虽然可以用不同标准把计划分成不同类型，计划的形式也多种多样，但管理人员在编制任何完整的计划时，实质上都遵循相同的逻辑和步骤。计划工作流程如图 5－5 所示。

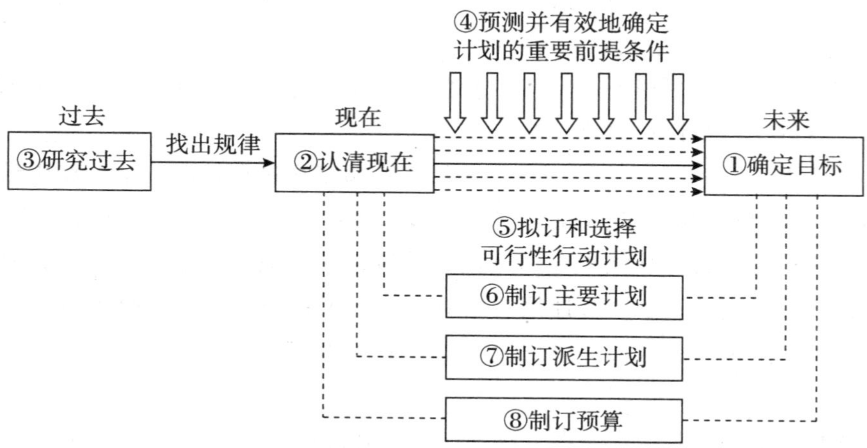

图 5－5　计划工作流程

（一）确定目标

确定目标是决策工作的主要任务。制订计划的第一步是必须明白我们将要走向何方。目标是指组织期望的成果。目标为组织整体、各部门和各成员指明了方向，描绘了组织未来的状况，并且可作为标准用来衡量实际绩效。计划工作的主要任务是对决策所确立的目标进行分解，以便落实到各个部门、各个活动环节，并将长期目标分解为各个阶段的目标。企业的目标指明主要计划的方向，而主要计划又根据反映企业目标的方式，规定各个主要部门的目标。而主要部门的目标又依次控制下属各部门的目标，如此等等，沿着这样的一条线依次类推，从而形成了组织的目标结构，包括目标的时间结构和空间结构。目标结构描述了组织中各层次目标间的协作关系。

（二）认清现在

计划是连接我们所处的此岸和我们要去的彼岸的一座桥梁。目标指明了组织要去的彼岸。因此，制订计划的第二步是认清组织所处的此岸，即认清现在。认清现在的目的在于寻求合理、有效的通向彼岸的路径，也即实现目标的途径。认清现在不仅需要有开放的精神，将组织、部门置于更大的系统，而且要有动态的精神，考察环境、对手与组织自身随时间的变化与相互间的动态反应。对外部环境、竞争对手和组织自身的实力进行比较研究，不仅要研究环境给组织带来的机会与威胁，与竞争对手相比的组织自身的实力与不足，还要研究环境、对手及自身随时间发生的变化。

（三）研究过去

虽然“现在”不是必然在“过去”的线性延长线上，但“现在”毕竟是从“过去”走来的。研究过去不仅可以使我们从过去发生的事件中得到启示和借鉴，更重要的是可以探讨从过去通往现在的一些规律。从过去发生的事件中探求事物发展的一般规律，其基本方法有两种：一是演绎法，二是归纳法。演绎法是将某一大前提应用到个别情况，并从中引出结论。归纳法是从个别情况中发现结论，并推论出具有普遍原则意义的大前提。

（四）预测并有效地确定计划的重要前提条件

前提条件是关于要实现计划的环境的假设条件，是关于我们所处的此岸到达我们将去的彼岸过程中所有可能的假设情况。预测并有效地确定计划的重要前提条件的意义，不仅在于对前提条件认识越清楚、越深刻，计划工作就越有效，而且在于组织成员越彻底地理解和同意使用一致的计划前提条件，企业计划工作就越协调。

由于未来是极其复杂的，要对一个计划的未来环境的每个细节都做出假设，不仅不切合实际甚至无利可图，因此是不必要的。前提条件仅限于那些对计划来说是关键性的，或具有重要意义的假设条件，也就是说，限于那些最影响计划贯彻实施的假设条件。预测在确定前提方面很重要。

（五）拟订和选择可行性行动计划

“条条大路通罗马”“殊途同归”，这些都是用来描述实现某一目标的途径是多条的。拟订和选择可行性行动计划包括三个内容：拟订可行性行动计划、评估计划和选定计划。

拟订可行性行动计划时要拟订尽可能多的计划。可供选择的行动计划数量越多，被选计划的相对满意程度就越高，行动就越有效。因此，在可行性行动计划拟订阶段，要发扬民主，广泛发动群众，充分利用组织内外的专家，通过他们献计献策，产生尽可能多的行动计划。在寻求可供选择的行动计划阶段需要“巧主意”，需要创新性。

评估和选定行动计划，要注意考虑以下几点：

（1）认真考察每一个计划的制约因素和隐患。

（2）要用总体的效益观点来衡量计划。

（3）既要考虑到每一计划中许多有形的可以用数量表示的因素，又要考虑到许多无形的不能用数量表示的因素。

（4）要动态地考察计划的效果，不仅要考虑计划执行所带来的利益，还要考虑计划执行所带来的损失，特别要注意那些潜在的、间接的损失。评价方法分为定性和定量两类。

（5）按一定的原则选择一个或几个较优计划。

（六）制订主要计划

完成了拟订和选择可行性行动计划后，拟订主要计划就是将所选择的行动计划用文字形式正式地表达出来，将其作为一项管理文件。拟写计划要清楚地确定和描述“5W2H”的内容。

（七）制订派生计划

基本计划一般都需要派生计划的支持。比如，一家公司年初制订了“当年销售额比上年增长15%”的销售计划，这一计划发出了许多关于派生计划的信号，如生产计划、促销计划等。再如，当一家公司决定开拓一项新的业务时，这个决策是要制订很多派生计划的信号，比如雇用和培训各种人员的计划、筹集资金计划、广告计划等。

（八）制订预算

在做出决策和确定计划后，赋予计划含义的最后一步就是把计划转变成预算，使计划数字化。编制预算，一方面是为了计划的指标体系更加明确，另一方面是为了企业更易于对计划执行进行控制。定性的计划往往在可比性、可控性和进行奖惩方面比较困难，而定量的计划则具有较强的约束性。

二、计划工作方法

在实际工作中计划工作的方法有很多，本章主要涉及以下方法，见表5-3。

表 5－3 计划方法举例

<table>
<tr><th>计划方法分类</th><th colspan="2">主要解决问题</th><th>典型方法举例</th><th>主要体现的原理</th></tr>
<tr><td rowspan="3">战略性计划制订方法</td><td rowspan="2">外部环境分析</td><td>宏观环境分析</td><td>PEST 分析法</td><td rowspan="3">限定因素原理</td></tr>
<tr><td>产业环境分析</td><td>五力分析法</td></tr>
<tr><td colspan="2">总体态势分析</td><td>SWOT 分析法</td></tr>
<tr><td rowspan="2">具体行动计划制订方法</td><td colspan="2">将短期、中期、长期计划结合起来制订计划</td><td>滚动计划法</td><td rowspan="2">许诺原理
灵活性原理</td></tr>
<tr><td colspan="2">项目计划方法</td><td>甘特图法</td></tr>
<tr><td>综合计划管理方法</td><td colspan="4">目标管理法</td></tr>
<tr><td>自我计划与管理方法</td><td colspan="4">时间管理技巧</td></tr>
</table>

下面我们对表中的典型方法进行介绍。

（一）PEST 分析法

PEST 分析是指宏观环境分析，P 是政治（Politics），E 是经济（Economy），S 是社会（Society），T 是技术（Technology）。在分析一个企业外部环境的时候，通常是通过这四个因素来分析企业所面临的状况。表 5－4 是一个典型的 PEST 分析表。

表 5－4 PEST 分析

P 政治（包括法律）	E 经济	S 社会	T 技术
环保制度	经济增长	收入分布	政府研究开支
税收政策	利率与货币政策	人口统计、人口增长率与年龄分布	产业技术关注
国际贸易章程与限制	政府开支	劳动力与社会流动性	新型发明与技术发展
合同执行法、消费者保护法	失业政策	生活方式变革	技术转让率
雇佣法律	征税	职业与休闲态度、企业家精神	技术更新速度与生命周期
政府组织/态度	汇率	教育	能源利用与成本
竞争规则	通货膨胀率	潮流与风尚	信息技术变革
政治稳定性	商业周期所处阶段	健康意识、社会福利及安全感	互联网的变革
安全规定	消费者信心	生活条件	移动技术变革

PEST 分析法在实际应用时，通常采取矩阵式方法，如认为政治、经济两个因素比较重要，就可以做如图 5-6 所示的矩阵分析，政治环境和经济环境都好的情况下，就应该发展；政治环境和经济环境都不理想的情况下，就不能发展；政治环境和经济环境一个好一个不太好时，就要慎重考虑，可以发展也可以不发展。

利用 PEST 分析法应注意如下几点：

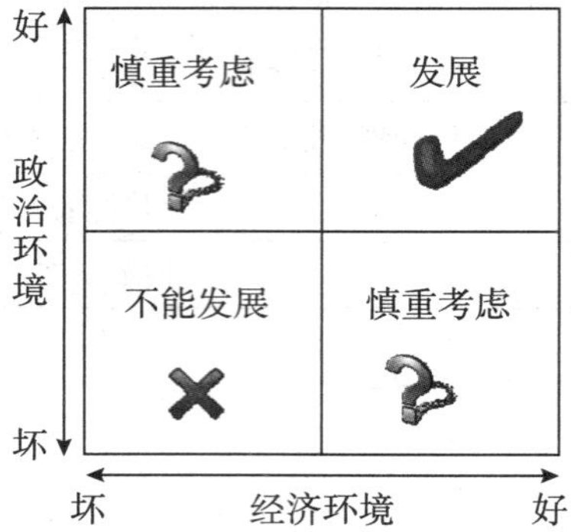

图 5-6　PEST 分析矩阵法

（1）PEST 分析的信息收集过程是长期的、艰苦的。政府工作报告、行业协会的数据、法律法规的变动……即使不能覆盖全部，但至少应该能覆盖一些主要方面。

（2）对于任何企业来说，PEST 中某一项或者几项影响较大，所以要抓住重点，对一个或者几个方面进行深入分析，其他则一带而过，所以应该判断重点在哪里，找出限定因素。

（3）PEST 分析的是宏观环境，但不是每一个计划都需要进行宏观环境分析。

（二）五力分析法

按照美国战略管理学家迈克尔·波特的观点，产业环境可以从供应商、现有竞争对手、新进入者、用户、替代产品生产商五个方面来分析。

波特的五力模式（Five Competitive Forces）是一个由外而内的企业经营战略分析工具，用以对产业结构的吸引度（价值）进行分析。企业的竞争力分析实际上就是对这五种竞争力量进行辨认：

（1）新进入者的威胁（Threat of new competitors）。新竞争者进入市场的难易程度，有无市场进入障碍。

（2）替代产品或服务的威胁（Threat of substitutes）。产品或服务是否很容易被替代，尤其是廉价品。

（3）客户议价能力（Bargaining power of buyers）。客户的市场地位和力量，以及客户的订货数量。

（4）供应商议价能力（Bargaining power of suppliers）。供应商的市场地位和力量，是否还有潜在供应商存在，或者是有限的供应商在垄断经营。

（5）现有竞争状况（Rivalry among the existing players）。现有市场上是否存在强有力的竞争对手。从力量和规模上来看，是否有占据支配地位的竞争者，还是所有竞争者一律平等。

五种力量的不同组合变化最终影响产业获利能力，如图5－7所示。一种可行战略的提出首先应该确认并评价这五种力量，不同力量的特性和重要性因行业和公司的不同而变化。

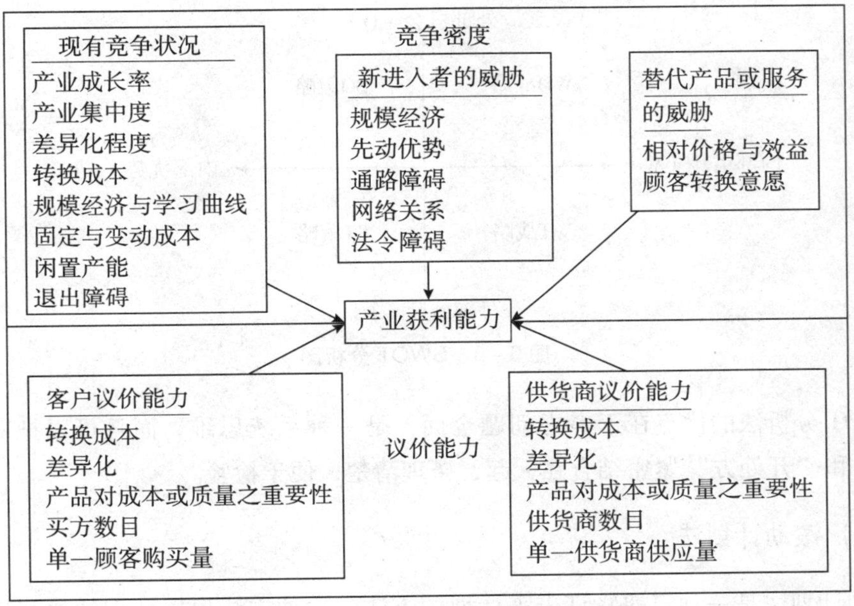

图5－7　五力分析

（三）SWOT分析法

20世纪80年代初由美国旧金山大学的管理学教授韦里克提出，经常被用于企业战略制定、竞争对手分析等场合。

SWOT中的四个英文字母分别代表：优势（Strength）、劣势（Weakness）、机会（Opportunity）、威胁（Threat）。从整体上看，SWOT可以分为两部分：第一部分为SW，主要用来分析内部条件；第二部分为OT，主要用来分析外部条件。利用这种方法可以找出对自己有利的、值得发扬的因素，以及对自己不利的、要避开的因素，发现存在的问题，找出解决办法，并明确以后的发展方向。

SWOT分析步骤：

（1）确认当前的战略目标是什么；

（2）确认企业外部环境的变化（五力分析或者PEST分析）；

（3）根据企业资源组合情况，确认企业的关键能力和关键限制因素；

（4）按照通用矩阵或类似的方式打分评价；

（5）将结果在 SWOT 分析图上定位，选择其中一个或几个策略进行分析。

把识别出的所有优势分成两组，分的时候以此原则为基础：它们是与行业中潜在的机会有关还是与潜在的威胁有关。用同样的办法把所有的劣势分成两组，一组与机会有关，另一组与威胁有关。

将结果在 SWOT 分析图上定位，如图 5－8 所示。

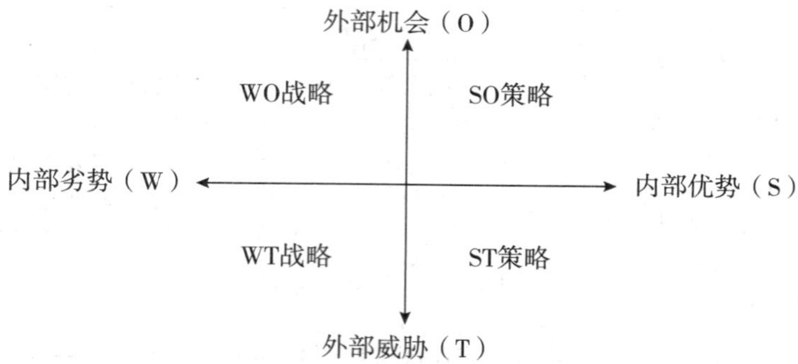

图 5－8　SWOT 分析图

SWOT 分析法的优点在于考虑问题全面，是一种系统思维，而且可以把对问题的“诊断”和“开处方”紧密结合在一起，条理清楚，便于检验。

（四）滚动计划法

滚动计划法是一种定期修订未来计划的方法。这种方法根据计划的执行情况和环境变化情况定期修订未来的计划，并逐期向前推移，将短期计划、中期计划和长期计划有机地结合起来制订计划。由于在计划工作中很难准确地预测影响未来发展的各种因素的变化情况，而且计划期越长，这种不确定性就越大，因此，若硬性地按几年前制订的计划实施，可能会导致重大的损失。滚动计划法则可避免这种不确定性可能带来的不良后果。

滚动计划法的具体做法是，在制订计划时，同时制订未来若干时期的计划，但计划内容采用近细远粗的办法，即近期计划尽可能详尽，远期计划的内容则较粗略；在计划期的第一阶段结束时，根据该阶段的计划执行情况和内外部环境变化情况，对原计划进行修订，并将整个计划向前滚动一个阶段，以后根据同样的原则逐期滚动。图 5－9 就是一个五年的滚动计划制订方法。

滚动计划法适用于任何类型的计划，其优点是：

（1）使计划更加切合实际，滚动计划相对缩短了计划时期，加大了对未来估计的准确性，能更好地保证计划的指导作用，从而提高了计划的质量。

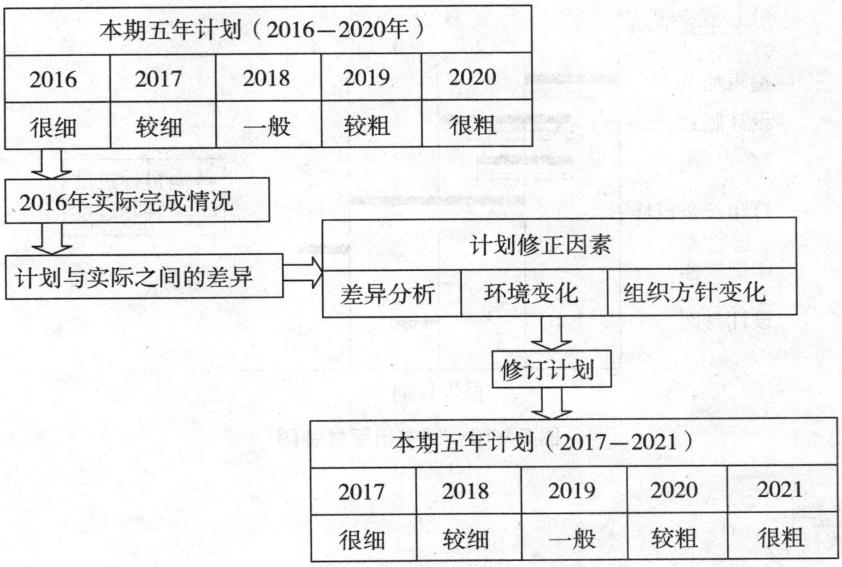

图5－9　滚动计划法示意

（2）使长期计划、中期计划和短期计划相互衔接，短期计划内部各阶段相互衔接。这就保证了组织能根据环境的变化及时地调节计划，并使各期计划基本保持一致。

（3）大大增强了计划的弹性，从而提高了组织的应变能力。

滚动计划法的缺点是计划编制的工作量较大。

（五）甘特图法

甘特图（Gantt chart）是在20世纪初由亨利·甘特开发的，它基本上是一种线状图，横轴表示时间；纵轴表示安排的活动；线条表示在整个期间计划的和实际的活动完成情况。甘特图直观地表明任务计划在什么时候进行，以及实际进展与计划要求的对比。它虽然简单却是一种重要的工具，它使管理者很容易搞清楚一项任务或项目还剩下哪些工作要做，并且能够评估工作是提前了还是拖后了，或是按计划进行。

图5－10为一张图书出版的甘特图，时间以月份为单位表示在图的上方，主要活动从上到下列在图的左边。图书出版计划需要确定图书出版包括哪些活动，以及这些活动的顺序。甘特图可以作为一种控制工具，帮助管理者发现实际进度偏离计划的情况。在本例中，除打印长条校样外，其他各项活动都是按计划完成的，而打印长条校样比计划进度落后了大约2周。给出这些信息，项目的管理者就可以采取纠正行动，或是弥补落后的2周时间，或是保证不再有延迟发生了。

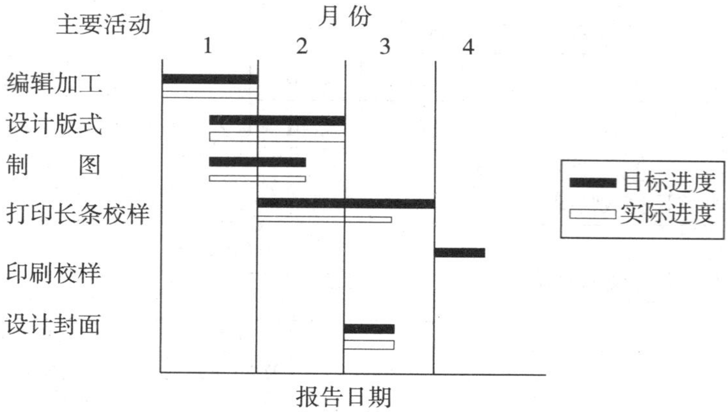

图 5－10　图书出版甘特图

小知识

甘特与他的甘特图

亨利·劳伦斯·甘特（Henry Laurence Gantt），人际关系理论的先驱者之一，科学管理运动的先驱者之一，甘特图即生产计划进度图的发明者。

甘特为管理学界所熟知的是他发明的甘特图。甘特当过教员，他非常注意使用图表方法对管理进行生动说明。在早期，他用水平线条图说明工人完成任务的进展情况，他每天把每个工人是否达到标准和获得奖金的情况用水平线条记录下来，达到标准的用黑色加以标明，未达到标准的用红色加以标明。

亨利·劳伦斯·甘特
（1861—1919）

管理部门能够根据图表指出工作的问题，并把进展情况告诉工人；而工人则能直观地看到自己的工作成效。由于这种绘图办法提高了工作效率，甘特又进一步扩大了这种图表的应用范围，在图表上增加了许多内容，从而使这种图表发展为一种实用价值较高的管理工具。

管理学界有人认为，甘特用图表帮助管理者进行计划与控制的做法是当时管理技术上的一次革命。甘特去世后，他的思想价值日益显现。1929 年，美国机械工程师协会和美国管理学会决定设立“亨利·甘特金质奖章”，授予那些“在工业管理方面对社会做出优异成绩的人”，并把第一枚金质奖章授予已故的甘特，理由是“他在工业管理方面的人道主义影响以及甘特图的发明”。可以说，在科学管理的旗帜上，甘特付出的心血闪耀着异样的光彩。

（六）目标管理法

1. 目标管理概念的提出

目标管理（Management by objectives，MBO），是20世纪50年代由德鲁克创建的管理方法，它通过让组织的成员亲自参与工作目标的制订，实现“自我控制”，并激励员工努力完成工作目标。而对于员工的工作成果，由于有明确的目标作为考核标准，从而使组织对员工的评价和奖励更客观、更合理，因而可以大大激励员工为完成组织目标而努力。因为这种管理制度在美国应用得非常广泛，而且特别适用于对主管人员的管理，所以被称为“管理中的管理”。

德鲁克在《管理的实践》一书中，首先提出了“目标管理和自我控制”的构想。他认为，企业的目的和任务必须细化为目标，企业的各级主管必须通过这些目标对下级进行领导，以此来达到企业的总目标。如果一个范围没有特定的目标，则这个范围必定被忽视；如果没有方向一致的分目标来指导各级主管人员的工作，则企业规模越大、人员越多时，发生冲突和浪费的可能性就越大。德鲁克的主张在企业界和管理学界产生了极大的影响，对形成和推广目标管理起到了巨大的推动作用。他的观点主要是经理人的工作要由控制下属变成与下属一起设定客观标准和目标，让他们靠自己的积极性去完成。曾有一位专家指出，目标管理这一概念具有哥白尼“日心说”般的突破性效应：“德鲁克注重管理行为的结果而不是对行为的监控，这是一个重大的贡献。因为他把管理的整个重点从工作努力即输入，转移到生产率即输出上来。”德鲁克对这一概念做了精辟的解释：“所谓目标管理，就是管理目标，也是依据目标进行的管理。”

2. 目标管理的特点

目标管理概念可以从以下几方面的特点来理解。

（1）目标管理是参与管理的一种形式

上下级在一起共同确定目标。首先确定总目标，然后对总目标进行分解，逐级展开，通过上下级协商，制订企业各部门、各车间直至各个员工的目标，用总目标指导分目标，用分目标保证总目标，形成一个“目标—手段”链，如图5－11所示。

（2）强调“自我控制”

目标管理的主旨在于：用“自我控制”代替“压制性管理”，它使管理人员能够控制自己的成绩。这种自我控制可以成为更强烈的动力，推动他们尽最大的力量把工作做好。

（3）注重管理实效，是一种成果管理

目标管理非常强调成果，注重目标的实现，重视目标的评定，因此也叫“根据成果进行组织管理的方法”。

综上所述，概括地说，目标管理是让组织的管理人员和员工亲自参与目标的制订，

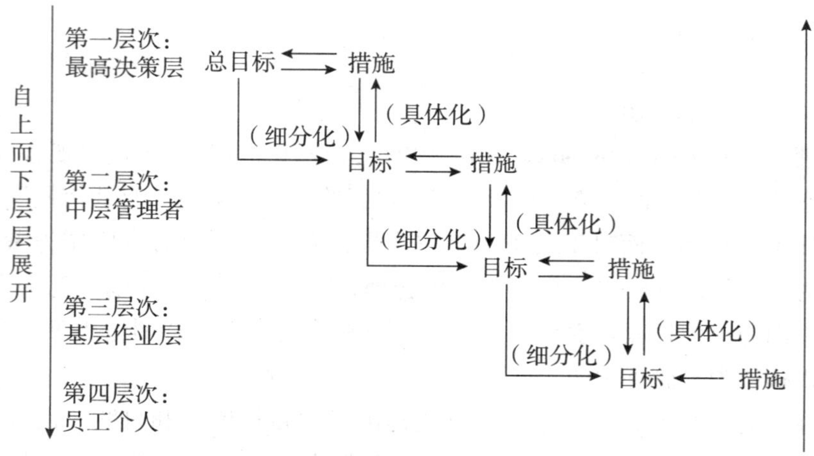

图5－11 “目标—手段”链

在工作中实行“自我控制”并努力完成工作目标的一种管理制度或方法。

3. 目标管理的具体过程

（1）目标制订与展开

目标管理从制订目标开始。制订目标包括制订企业的总目标及总目标的展开，即根据总目标自上而下地各自制订部门目标和个人目标。

（2）目标的实施

组织目标一经制订和展开，为保证目标的顺利实现，就需要在实施阶段着重抓好两个方面的工作：

第一，权限下放与自我控制。目标管理强调成果与目标一致原则，在目标实施过程中，上级关心的应该是下级能否达到目标，取得最终成果，至于下级采取什么方法和手段，通过什么途径来达到目标，应由下级自主决定。实施过程中，上级应尽可能地下放权限，给下级自由处理的余地，权限下放的同时，要强调下级执行责任和报告的义务。下级在实施过程中，一面要对照自己的目标检查行动，一面要依靠自己的判断充分行使下放给自己的权限，努力达到目标，这就是自我控制。

第二，实施过程中的检查与控制。没有检查，就会变成放任自流。检查可以促进各部门和个人认真地实现目标。目标实施过程中的检查一般实行下级自查报告和上级巡视指导相结合的制度，对目标实施采取动态控制。

4. 目标成果的评价

主要通过评价活动，总结经验教训，使员工不仅获得自我实现的满足感，更认识到自己的不足。目标成果的评价一般实行自我评价与上级评价相结合的方式，共同协商确认成果。

目标成果的具体评价一般采用综合评价法，即对每一项目标按目标的达成程度、目标复杂程度和完成目标的努力程度三个要素来评定。

小知识

关于彼得·德鲁克

彼得·德鲁克

(1909—2005)

彼得·德鲁克（Peter·Drucker）对世人有着卓越贡献及深远影响，被尊为“管理大师中的大师”。德鲁克以他建立于广泛实践基础之上的30余部著作，奠定了其现代管理学开创者的地位，被誉为“现代管理学之父”。

作为第一个提出“管理学”概念的人，当今世界，很难找到一个比德鲁克更能引领时代的思考者：20世纪50年代初，他指出计算机终将彻底改变商业；1961年，他提醒美国应关注日本工业的崛起；20年后，又是他首先警告日本这个东亚国家可能陷入经济滞胀；20世纪90年代，他率先对“知识经济”进行了阐释。

德鲁克先生已出版超过30本书籍，被翻译成30多种文字，传播至130多个国家，甚至在苏联、波兰、捷克等国家也极为畅销。其中，最受推崇的是他的原则、概念及发明，包括将管理学开创成为一门学科、目标管理与自我控制是管理哲学、组织的目的是创造和满足顾客、企业的基本功能是行销与创新、高层管理者在企业策略中的角色、成效比效率更重要、分权化、民营化、知识工作者的兴起、以知识和资讯为基础的社会。

2002年6月20日，美国总统乔治·布什宣布彼得·德鲁克为当年“总统自由勋章”的获得者，这是美国公民所能获得的最高荣誉。

(七) 时间管理技巧

彼得·德鲁克说：“时间是最高贵而有限的资源。”

时间管理就是如何更有效地安排自己的工作计划，掌握重点，合理有效地利用工作时间，其本质是管理个人，是一种自我管理。时间管理的方法是做良好的计划。

1. 时间“规划”

提高工作效率最关键的部分是规划，规划自己的工作计划和过程，充分利用有限的时间，这是高效完成自己工作的有效方法。

时间规划一般分为长期规划和短期规划，一般可以在年初制订本年计划，月初制订月计划，周一制订周计划。每天的工作计划一般也可以预先制订，但是由于工作内容的复杂性以及临时、随机任务，每天的工作计划会非常难以管理。

时间规划的难点是一天时间的规划和分类，一天共24小时，除了上班时间就是个人业余时间，上班时间的工作一般是一些日常工作或者临时任务，而业余时间则是思考期，有些事情不是紧急的，往往思考到一定阶段就可以水到渠成，轻松完成。

2. 时间“四象限”法

时间“四象限”法是美国管理学家科维提出的一个时间管理理论，时间管理坐标如图5－12所示，他把工作按照重要和紧急程度不同进行了划分，以“轻—重”为横坐标、“缓—急”为纵坐标，基本上可以分为四个“象限”：重要且紧急（如客户投诉、即将到期的任务、财务危机等）、重要但不紧急（如建立人际关系、人员培训、制定防范措施等）、紧急但不重要（如电话铃声响、不速之客、部门会议等）、既不重要也不紧急（如上网、闲谈、发邮件、写博客等）。

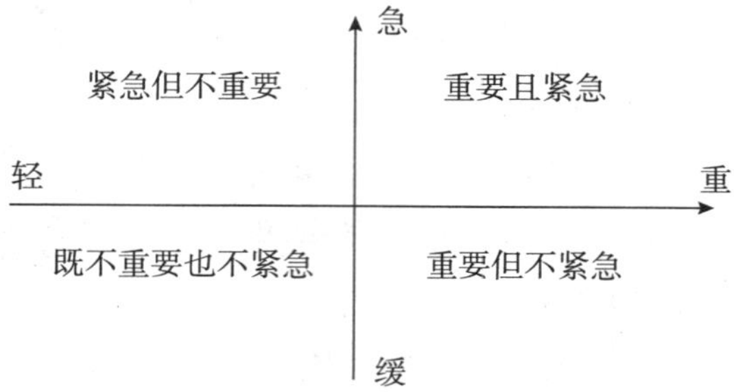

图5－12　时间管理坐标

首先，重要且紧急的事要马上做，例如，处理客户投诉、处理服务器故障等突发性问题，尽量以最短的时间完成这些事情。

其次，做重要但不紧急的事，这一类事情影响深远，例如，学习新知识、新技能等，这类事情的效益是中长期的，科维提出的时间管理理论的重点是把主要精力和时间集中在处理重要但不紧急的工作上。

再次，紧急但不重要的事，要学会说“不”。一个人的时间和精力是有限的，只有学会说“不”，才会得到真正的自由。当然，这并不等于推卸责任，如果确实需要自己来完成，那么就使用最短的时间完成这些工作。

最后，对于既不重要也不紧急的事，尽量不去做。如果确实需要做，那么要严格限定时间，时间一到就立刻停止，千万不要被无聊的人和无关紧要的事缠住。

因此，只要我们正确分配精力，合理安排时间，就能做到长远规划，工作效率就会大幅度提升。

第三节　计划工作技能训练

理论测试

一、选择题

1. 古人云：“运筹帷幄之中，决胜千里之外。”这里的“运筹帷幄”反映了管理的

哪一个职能？（　　）

A. 计划职能　　B. 组织职能　　C. 领导职能　　D. 控制职能

2. 被称为数字化计划的是（　　）。

A. 目标　　B. 政策　　C. 规则　　D. 预算

3. 社会对组织的基本要求，也是组织的目的或使命的是（　　）。

A. 战略　　B. 政策　　C. 宗旨　　D. 预算

4. 计划工作的程序的起点是（　　）。

A. 分析当前情况　　B. 确定组织目标　　C. 拟订可选择方案　　D. 编制预算

5. 常用的投资回收率是（　　）原理的具体应用。

A. 灵活性　　B. 许诺　　C. 限定因素　　D. 改变航道

二、简答题

1. 计划工作的“5W2H”。

2. 目标管理法。

技能训练

训练一　案例分析（纸上谈兵）

◆ **案例分析示范**

地区经理的困境

徐辉是一家食品公司的地区经理，他管辖一批连锁超市，在新年前夕他向各位商店经理发出下列通知：

我们打算在市场价格上成为最具有竞争力的连锁公司，为了保持这种地位，希望每一位商店经理做好以下几方面的工作。

（1）将食品的腐损程度降到最低；

（2）将加班费尽可能地降下来；

（3）把商品库存压缩到最大限度；

（4）将订货单尽早地发出，以便公司采购员有足够的时间去讨价还价；

（5）广告费不得超支；

（6）发放购物优惠券要格外谨慎。

6个月后，公司总经理吴悦把徐辉叫去训斥时，提出了徐辉存在的几个问题：①在他管辖的那个地区，利润并非像预计的那么高。②提高食品的质量和对顾客的服务比削减商品价格更能获得利润。总经理还向徐辉出示了上半年在他辖区各商店经营的财务报表，食品的腐损与加班费都超过了公司的平均水平，广告开支也是如此。不过，库存积压是减少了，发放购物优惠券的费用也少了。但是，各商店经理的订货单要么来得太晚，要么急得要命，采购部门对此一再的抱怨。

1. 思考与讨论

你如何看待总经理对徐辉的批评？为了使年底的财务报表富有成效，徐辉还能做什么？

2. 分析要点（供参考）

（1）地区经理设定的目标符合公司的经营理念吗？

总经理比一位地区经理对公司使命负有更大的责任。这家公司的使命是获得最大的利润吗？如果是，靠什么方式？是薄利多销呢，还是提高食品质量？或是对顾客的服务更周到些？关于这些方面，公司的使命报告书必须写清楚，以使目标富有意义，符合公司的发展方向。

（2）地区经理设定的目标可行性如何？

这位地区经理的目标内涵不明，没有量化指标，也没有规定各种目标完成的期限。他所采用的词汇是“最低程度”“尽可能”“尽早”“不得超支”和“格外谨慎”。作为目标的具体期限，指令最好是“6 月底”，就各项具体目标而言，具体数字可以澄清一切含糊之处。例如，食品的腐损“少于 5%”，加班时长“每个月不得超过 500 小时”，库存积压“低于月销售量的 20%”，订货单“不得迟于上市前 3 个星期”，广告费“占销售额的 5%”，以及购物优惠券“要 99% 地回笼兑现”。

（3）案例启示：

本案例表明如下几点：①企业的使命为建立目标提供了构架；②目标的设定必须符合“S－M－A－R－T”原则，即明晰（Specific）、可评测（Measurable）、可实现（Achievable）、与工作相关（Relevant）、有时间（Time）期限；③一个企业里存在多个目标，目标之间是相互关联且有层次的。本案例中，哪些目标是更重要的呢？这里就隐含了目标层次，利润是首先要考虑的，随后依次是库存水平、进货、广告费、食品腐损、加班费以及购物优惠券。

◆ **案例分析练习**

【目的】

1. 掌握计划工作方法。

2. 培养计划工作中的系统思维。

【资料】

乔森家具公司的发展目标

乔森家具公司是乔森先生创建的，刚开始主要生产卧室和会客室家具，后来公司进一步生产餐桌和儿童家具，获得一定的成功。近几年公司卧室家具销售情况良好，但在餐桌和儿童家具的销售方面一直不得法，面临着严重的困难。

乔森家具公司自创建之日起便规定，每年 12 月召开一次公司中、高层管理人员会议，研究讨论发展战略和有关政策。去年12月14日，公司召开了每年一次的例会，会议由董事长兼总经理约翰先生主持。约翰先生在会上首先指出了公司存在的员工思想懒散、生产效率不高的问题，并对此进行了严厉的批评，要求迅速扭转这种局面。与此同时，他还为公司制订了今后三年的发展目标，具体包括以下几点：

（1）卧室和会客室家具销售量增加20%；

（2）餐桌和儿童家具销售量增加100%；

（3）总生产费用降低10%；

（4）减少补缺职工人数3%；

（5）建立一条庭院金属桌椅生产线，争取五年内达到年销售额500万美元的目标。

这些目标主要是为了增加公司收入，降低成本，获取更多的利润。

【要求】

1. 如何实现这些目标？

2. 如何分解这些目标？

3. 如何建立实现这些目标的计划指标体系？

训练二　任务分解能力训练（动手试试）

【目的】

掌握计划分解的思路与方法。

【资料】

某公司在2009年年终总结会上将公司2010年的利润目标定为5000万元，请问如何才能实现这一目标？

1. 任务分解结果示例（见下图）

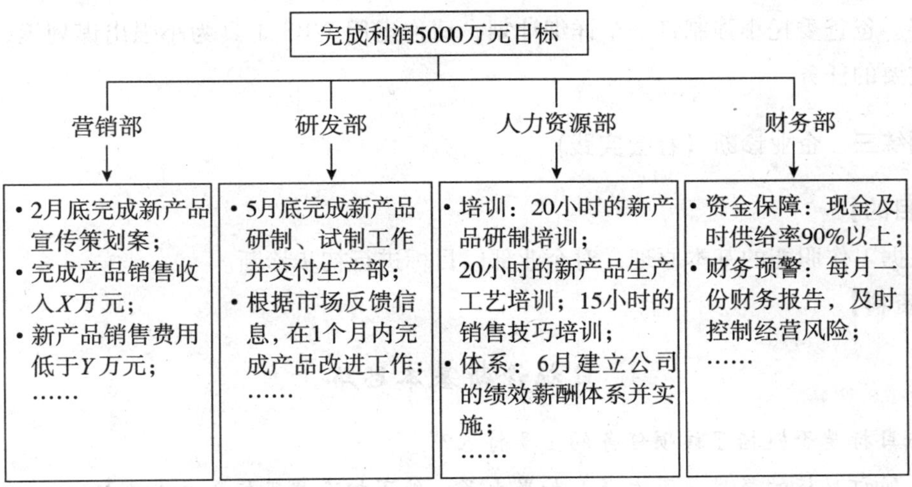

任务分解结果

2. 任务分解技巧提示

（1）明晰实现目标的逻辑顺序；

（2）明确各部门的责任分工；

（3）确定完成工作任务所需的资源。

3. 工作任务分解方法介绍——工作分解结构图

工作分解结构（Work Breakdown Structure，WBS）是一个描述思路规划和设计的工具。它把一个项目按一定的原则分解成一个个任务，再将任务分解成一项项工作，再把一项项工作分配到每个人的日常活动中，直到分解不下去。WBS 清晰地展示了各工作任务之间的相互联系，展现了项目全貌，详细说明了为完成项目所必须完成的各项工作，如下图所示。

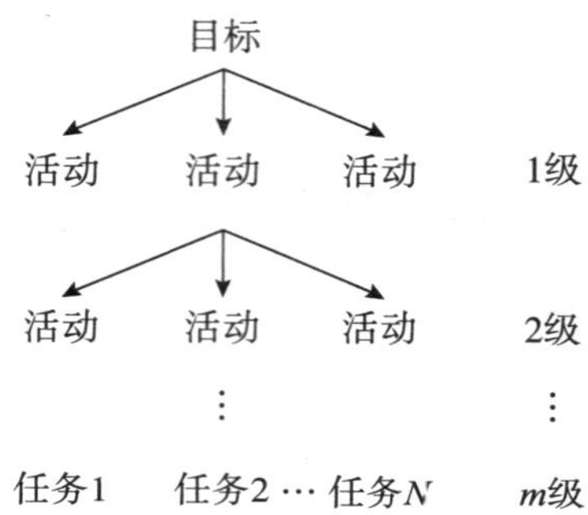

WBS 示意

【要求】

运用 WBS 工具完成工作：再过半年，就是小强奶奶的 100 岁生日，小强的爸爸想为奶奶的百岁大寿举办一场热热闹闹的生日聚会，邀请亲戚朋友齐聚北京，为百岁老人祝寿。爸爸委托小强制订一个详细计划，请你运用 WBS 工具为小强出谋划策，完成这一重要的任务。

训练三　企业诊断（社会实践）

【目的】

根据工作职能的基本原理，对企业部门目标进行初步诊断。

【资料】

目标诊断基本思路

1. 目标是否概括了该项任务的主要特点？

2. 所订目标的数目是否太多？如果太多，能否把有些目标合并在一起？

3. 目标能否考核？也就是说，人们能否在计划期末知道他们是否实现了目标？

4. 目标是否指明：

- 数量（多少）
- 质量（多好，或具体的规格要求）
- 时间（何时）
- 费用（耗用多少）
- 如果是定性性质的目标，它们是否仍然可以考核

5. 目标能否激励人们去完成？它们是否可以考核？

6. 是否规定了各个目标的主次轻重（顺序、重要程度等）？

7. 这套目标是否还包括：

- 改进工作的目标
- 个人发展的目标

8. 这些目标是否与别的经理和组织制订的目标相协调？是否与上级主管人员的、部门的、公司的目标相吻合？

9. 这些目标是否已向所有需要知道的人传达了？

10. 短期目标是否与长期目标相吻合？

11. 关于已拟订目标的一些设想是否都已清楚明了？

12. 这些目标是否清楚地以文字表明了？

13. 目标是否能适时地提供反馈信息从而使人们能够采取一切必要的纠正措施？

14. 现有的资源和职权是否足以实现这些目标？

15. 是否提供了机会让人们去实现这些目标，以及让他们提出自己的目标？

16. 分派给下属人员的责任是否都能得到控制？

【要求】

选择一家现实中的企业，调查该企业一个部门经理的工作目标，对该部门经理的工作目标进行诊断，并撰写诊断分析报告。

训练四 创业策划（综合应用）

一、关于商业计划书

1. 什么是商业计划书

商业计划书，英文名称为 Business Plan，是包括企业筹资、融资、企业战略规划与执行等一切经营活动的蓝图与指南，也是企业的行动纲领和执行方案，其目的在于为投资者提供一份创业的项目介绍，向他们展现创业的潜力和价值，并说服他们对项目进行投资。

商业计划书是在经过前期对项目进行科学的调研、分析，收集与整理有关资料的基础上，根据一定的格式和内容的具体要求而编辑整理的一个向读者全面展示公司和项目目前状况、未来发展潜力的书面材料，它有别于传统的“项目建议书”和“项目

可行性研究报告”。商业计划书考虑问题更全面，更注重可操作性，更强调经济效益，也有不同的格式和内容的具体要求。

2. 商业计划书的作用

对于正在寻求资金支持的风险企业来说，商业计划书就是企业的名片。商业计划书的好坏，往往决定了投资交易的成败。

（1）对初创的风险企业来说，商业计划书的作用尤为重要，一个酝酿中的项目往往很模糊，通过制订商业计划书，可以把正反理由都写下来，然后逐条推敲，风险企业就能对这一项目有更清晰的认识。可以这样说，商业计划书首先是要把计划中创立的企业推销给风险企业家自己。

（2）商业计划书还能帮助计划中的风险企业把自己推销给风险投资家，公司商业计划书的主要目的之一就是筹集资金。因此，商业计划书必须要说明：①创办企业的目的——为什么要冒风险、花精力、时间、资源、资金去创办风险企业？②创办企业所需的资金——为什么要这么多的钱？为什么投资人值得为此注入资金？

（3）对已建的风险企业来说，商业计划书可以为企业的发展定下比较具体的方向和重点，从而使员工了解企业的经营目标，并激励他们为共同的目标而努力。更重要的是，它可以使企业的出资者以及供应商、销售商等了解企业的经营状况和经营目标，说服出资者（原有的或新来的）为企业的进一步发展提供资金。

二、怎样写商业计划书

撰写商业计划书最重要的一点是简明扼要，一份商业计划书应该包括以下几个部分：

（1）摘要——用30秒点燃投资家的热情。

（2）公司概要——简单明了。

（3）行业分析——市场充满机遇。

（4）产品与服务——突出创新。

（5）管理团队——人是最重要的。

（6）生产过程——通俗易懂。

（7）市场营销——挖掘市场潜力。

（8）研究与开发——创新与发展的能力。

（9）财务分析——良好的现金流。

（10）风险控制。

（11）资本的退出。

（12）结论与附件。

三、请试着写一份商业计划书概要

A同学大学毕业后，怀揣着梦想，准备独立创业，经过认真的考察，A准备从外卖餐饮业入手，请为A同学的外卖餐厅准备一份商业计划书，去申请“未来企业家”创业基金。

思政探索

一、思政目标

引导学生制订自己的职业生涯规划。

二、知识点

目标管理。

三、思政元素

习近平在北京大学师生座谈会讲话。

四、融入途径

1. 案例导入：人类第一次登月着陆——计划工作的重要意义。

2. 小组学习：习近平在北京大学师生座谈会讲话。

3. 观点讨论：要有生活目标，一生的目标，一段时期的目标，一个阶段的目标，一年的目标，一个月的目标，一个星期的目标，一天的目标，一个小时的目标，一分钟的目标。

4. 个人练习：我的职业生涯规划。

拓展学习

一、战略管理理论的产生与发展

战略管理理论起源于20世纪的美国，它萌芽于20世纪20年代，形成于60年代，在70年代得到大发展，80年代受到冷落，90年代又重新受到重视。

从战略管理理论发展的变化过程来看，人们对战略管理的认识经历了一个比较曲折的过程。其原因主要在于20世纪五六十年代，第二次世界大战后的美国经济出现了空前的繁荣，随之而来的则是竞争的加剧。到了20世纪70年代，国际上政治、经济又出现了动荡，企业生存和发展越来越艰难。在这种新的竞争环境下，企业家深切地感到，以前那种靠低价格取胜的方法已经不适应新情况的发展，必须做出改变。要获得持续的生存和发展，企业必须从战略的高度思考问题。随着部分企业多角化经营的成功（产品多样化、市场多样化、投资区域多样化等），一些企业家认为应该走多角化经营这样的“战略之路”保护自己。但是，到了20世纪80年代，“软化热”“优势热”导致“战略热”降温，加之分析性战略方法使一些企业陷入财务型经营的困境，部分企业战略应用不当导致失败等，战略管理理论一度受到冷落。然而，到了20世纪90年代，人们又开始反思战略管理理论，因为人们发现许多企业经营了7～8年就倒闭了，许多产业都成了“短命”产业。追其缘由，“短命”的根源在于缺乏战略管理，缺少长远发展的战略规划。

二、主要理论观点

什么是战略管理呢？战略一词原本是军事术语。《中国大百科全书》对其的解释是：战略是筹划和指导战争全局的方针和策略。英语中战略叫“strategy”，《简明不列颠百科全书》对其的解释是：在战争中利用军事手段达到战争目的的科学和艺术。1965年，美国著名的战略学家安索夫在其著作《公司战略》中开始使用“战略管理”一词，从而将战略从军事领域拓展至经济管理活动。对于战略管理的看法有两大学派，即行业结构资源学派和内部资源学派。管理大师明茨伯格将战略管理划分为十个学派：设计学派、计划学派、定位学派、企业家学派、认识学派、学习学派、权力学派、文化学派、环境学派、结构学派。

这十个学派可以分成三类。从性质上看，最前面的三个学派属于说明性的学派，它们关注的是战略应如何明确地表述。其后六个学派对战略形成过程中的具体方面进行了思考，它们侧重于描述战略的实际制定和执行过程，而不是侧重于描述理想的战略行为。最后一个学派是其他学派的综合。但各个学派都是从某个角度定义和论述企业战略的。

战略管理理论的主要观点：

1. 安索夫的资源配置战略理论观点

安索夫（Ansoff）是著名的战略管理学专家，他担任过美国洛克希德·马丁公司的副总裁。1963年，他离开实业界进入学术界，由于他的成果显著，获得“经营战略之父”的美誉。其核心理论是以环境、战略、组织这三种因素作为支柱，构建战略管理理论的基本框架（注：著名管理学家钱德勒有一句名言：结构随着战略变）。

2. 波特的竞争战略观点

迈克尔·波特（Michael Porter）是美国哈佛大学商学院的教授，是目前世界上关于竞争战略的最高权威人士之一。同时，他还是许多一流公司、跨国企业的竞争战略顾问。

他认为战略管理理论说到底就是在寻找高于平均水平的报酬。波特的著作《竞争策略》《竞争优势》和《国家竞争优势》被称为竞争优势三部曲。波特提出的关于竞争战略要考虑的五种力量具有非常重要的影响。波特认为，五种力量的合力就是企业的竞争能力和赚钱能力。

3. 安德鲁斯的目标战略理论观点

安德鲁斯（Andrews）认为目标是第一位的，企业的目标几乎决定了一切。在《企业战略概念》一书中，他系统地提出了新型的企业发展战略及SWOT分析方法。

三、西方最新战略管理思想

战略联盟（Strategic Alliances）是20世纪90年代以来国际上流行的一种新兴的战略管理思想。战略联盟的概念是由美国DEC公司（美国数字设备公司）总裁简·霍普兰德（J. Hopland）和管理学家罗杰·奈杰尔（R. Nigel）提出的，它是指两个或两个以上的企业为了实现某种共同的战略目标而达成的长期合作，其核心思想是在竞争中合作、在合作中竞争，即所谓“竞合”思想。

企业实行战略联盟的内在驱动力在于，企业之间的战略联盟至少可以带来如下好处：实现优势互补，减少重复投资，优化资源配置，扩大市场份额，迅速获取技术，降低经营风险，增强企业实力。联盟的双方完全是平等互利的关系，“合则聚，不合则散”是联盟行动的基本原则。

第六章　管理决策

学习目标

知识目标

- 了解决策的概念及类型
- 理解决策的基本过程
- 掌握定性和定量决策方法及适用范围

技能目标

- 运用理性的决策过程来解决问题
- 学会避免一些决策偏见
- 正确运用决策方法解决实际问题

学习导航

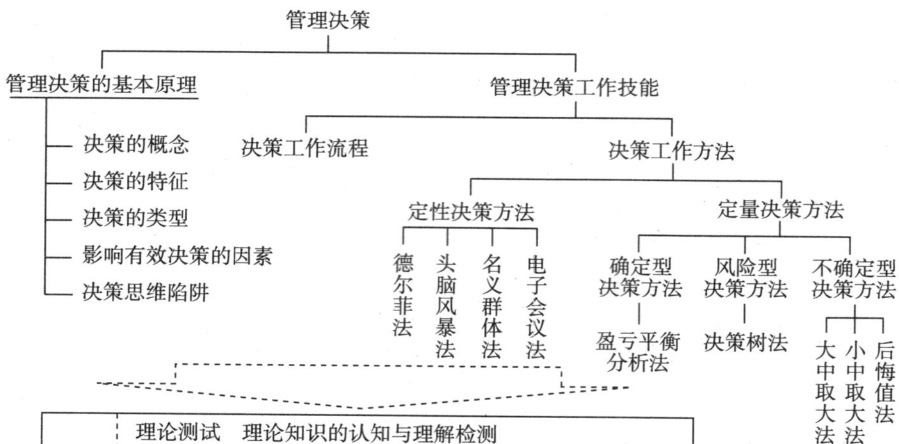

决策工作技能训练

- 理论测试　理论知识的认知与理解检测
- 技能训练　技能运用与强化训练
  - 训练一　案例分析（纸上谈兵）
  - 训练二　头脑风暴法训练（动手试试）
  - 训练三　决策能力评估（社会实践）
  - 训练四　模拟决策活动（综合应用）
- 思政探索　管理决策与价值观
- 拓展学习　赫伯特·西蒙的决策理论

案例导入

阿斯旺水坝的灾难

规模位于世界排名前列的埃及阿斯旺水坝竣工于20世纪70年代初。表面上看，这座水坝给埃及人民带来了廉价的电力，控制了水旱灾害，灌溉了农田，然而，该水坝实际上破坏了尼罗河流域的生态平衡，造成了一系列灾难：尼罗河的泥沙和有机质沉积到水库底部，使尼罗河两岸的绿洲失去肥源，生成了几亿吨淤泥，土壤日益盐渍化；尼罗河河口供沙不足，河口三角洲平原向内陆收缩，使工厂、港口、国防工事有跌入地中海的危险；由于缺乏来自陆地的盐分和有机物，沙丁鱼的年产量减少1.8万吨；由于大坝阻隔，尼罗河下游的活水变成相对静止的"湖泊"，为血吸虫和疟蚊的繁殖提供了条件，致使水库一带血吸虫病流行。埃及造此大坝所带来的灾难性后果，使人们深深地感叹：一失足成千古恨！

请思考：

1. 埃及建造阿斯旺水坝的决策失误，最可能发生在决策的哪一环节？
2. 建造阿斯旺水坝的决策属于哪种类型？
3. 你认为，为了避免像建造阿斯旺水坝一样的决策失误，决策者在决策过程中一定要注意哪几条？

第一节　管理决策的基本原理

在管理活动中处处存在着决策，决策是管理者工作的主旋律，是管理者重要的职责之一。管理者需要把决策放到一个优先的位置，集中时间、精力来研究和解决问题，尝试不同方案，促进方案的贯彻落实。卓有成效的管理者不仅要做好每一次决策，而且要使组织形成好的思维习惯、心智模式，以便能够持续做出正确的决策。好的决策能够让企业起死回生，而错误的决策可能会让企业破产。如何做出科学合理的决策？如何提高决策的质量？决策可以遵循什么程序？如何避免一些决策偏见？

一、决策的概念

狭义的决策就是人们对行动目标和手段的一种选择。例如，决定购买哪一款手机，决定选择什么样的工作等。这个定义抓住了决策最直接的含义，即需要拿主意、作出选择，而不能模棱两可，但它对决策的认识仍不够全面。

广义的决策不仅指在某一瞬间作出明确、果断的选择，还指人们在行动前后对行动目标与手段进行分析判断的过程。例如，要决定购买哪一款手机，首先必须弄清楚自己的喜好、支付能力，同时还要收集市场上不同手机品牌的信息，然后进行各个方案的分析比较，才能作出决定，从中选择一个方案，形成相应的购买计划，付诸实施，并根据实施情况进行调整完善，最终保证购买到自己满意的手机。选择什么样的工作，也要充分考虑自己的人生价值取向、能力和爱好，同时还要了解求职成功应该具备的条件，然后再分析比较，这样才能科学地选择合理的工作。广义的决策认为作出决定是决策的重要组成部分，但不是全部，表面上看决定似乎是“一拍脑门”，实际上它涉及决策者的一系列分析判断过程。本书采用广义的决策定义。

二、决策的特征

为了把握决策的概念，需要认识决策的以下特征。

1. 目标性

任何决策都是为了实现一定的目标而进行的方案选择，如果决策的目标是模糊不清的，那么就无法以目标为标准评价方案，也就无从选择方案，因此也就谈不上决策。

2. 可行性

一个合理的决策是以充分了解和掌握各种信息为前提的，即通过对组织外部环境和组织内部条件的调查分析，选择切实可行的方案。如果缺乏必要的人力、物力和财力，理论上再完善的方案也只能是空中楼阁。

3. 选择性

决策时必须具备两个或两个以上的备选方案，通过比较评定进行选择。如果无法制订方案或只有一个方案，那么就失去了决策的意义。

4. 满意性

所谓满意决策，是指在现实条件下，决策者的决策使得目标的实现在总体上已达到预期的效果。决策过程是一个研究复杂的、多变的和多约束条件问题的过程，同时人们对客观事物的认识也是一个不断深化的过程，对于任何目标，都很难找出全部的可行方案。因此，决策者只能得到一个适宜和满意的方案，不可能得到最优的方案。

5. 过程性

决策既非单纯的“出谋划策”，又非简单的“拍板定案”，而是一个多阶段、多步骤的分析判断过程。决策的重要程度、过程的繁简及所花时间长短固然有别，但都必然有一个过程。

三、决策的类型

由于企业活动非常复杂，因此管理者的决策也多种多样。依据各种不同的标准，决策可以分成许多类型，了解各种类型决策的特点，有助于管理者进行决策。

（一）按决策的重要程度分

可分为经营决策、管理决策和业务决策。

1. 经营决策

经营决策是指直接关系到组织全局长期发展的重大政策方针的决策，如企业方针、目标与计划的制订、产品转向、组织结构的变革等。经营决策主要是为了解决组织与外部环境问题，影响的时间长、范围广，风险较高，多由组织的高层负责制定。

2. 管理决策

管理决策也称策略决策，如企业销售计划的制订、产品开发方案的制订、职工招收与工资水平、更新设备的选择等。管理决策主要是为保证战略决策的实现所作的决策，它具有局部性、中期性的特点，大多由中层管理人员作出。

3. 业务决策

业务决策又叫日常管理决策，是指在日常业务活动中为了提高效率所作的决策，如基层组织中任务的日常分配、劳动力调配、个别工作程序和方法的变动等。业务决策具有日常性、短期性、琐碎性的特点，多由基层管理者进行。

经营决策又称战略决策，管理决策和业务决策合称为战术决策，战略决策和战术决策具有密切联系。战略决策为战术决策规划了远景，战术决策则是战略决策的具体化，是实现战略的保证。企业管理层与决策类型的关系如图 6－1 所示。

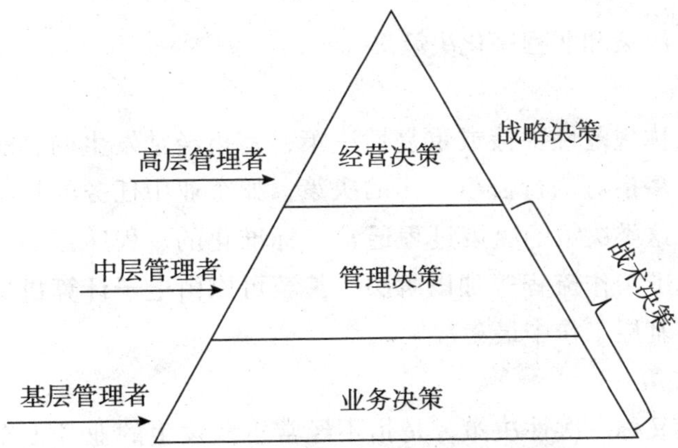

图 6－1 企业管理层与决策类型的关系

（二）按可控程度分

可分为确定型决策、风险型决策和不确定型决策。

根据决策者面临的决策环境以及决策环境的可控程度，可以将决策分为确定型决策、风险型决策和不确定型决策，决策者面临的决策环境和决策类型如图 6－2 所示。

1. 确定型决策

确定型决策是指各种备选方案实施后只有一种结果且结果比较易于分析、比较和抉择的决策。

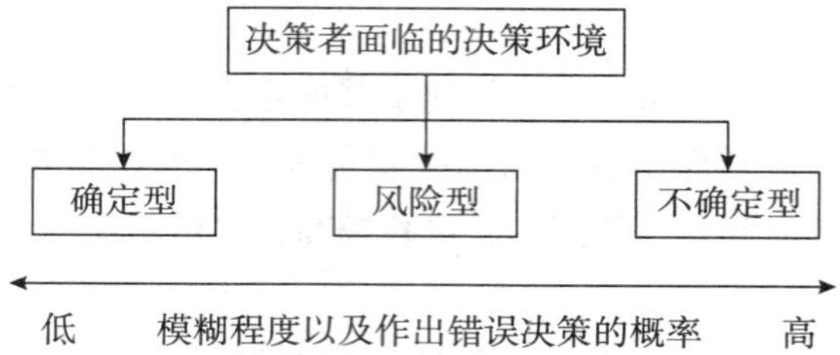

图6－2　决策者面临的决策环境和决策类型

2. 风险型决策

风险型决策是指各种备选方案都存在两种以上结果且每种结果发生的概率是可以测定的一种决策。无论选择哪个方案都有一定的风险。

3. 不确定型决策

不确定型决策是各种备选方案都存在两种以上结果且每种结果发生的概率不能确定的一种决策。因为已知的条件太少且无概率可言，所以这类决策的结果更多地取决于决策者的个人经验、直觉和性格等。

（三）按决策的重复程度分

可分为程序化决策和非程序化决策。

1. 程序化决策

程序化决策又称规范性决策或重复性决策，是指经常发生的、能按规定的程序和标准作出的决策，多指对例行公事所作的决策，如企业中任务的日常安排、常用物资的订货与采购等。这类决策的决策过程通常是标准化的、程序化的，可通过惯例、已有的规章制度、标准工作流程等加以解决，甚至可以由电子计算机处理。程序化决策比较简单，一般在基层工作中最为常见。

2. 非程序化决策

非程序化决策又称一次性决策，是指不经常重复发生的业务工作和管理工作中的决策，如企业经营方向和目标决策、新产品开发决策、新市场开拓决策等。这类决策的决策过程难以标准化、程序化，决策者没有先例可循，在很大程度上依赖决策者的知识、信念、洞察力和判断力。一般来说，高层管理者所作的决策多属于非程序化决策。

（四）根据决策主体分

可分为个人决策和群体决策。

1. 个人决策

个人决策是指决策过程中，最终方案的选择仅仅由一人决定，即决策的主体是一个人。

2. 群体决策

群体决策是指决策过程由两个人以上的群体完成的情况。

优秀的管理者不会局限于一种方式，他们能在个人决策和群体决策之间进退自如，选择与问题最匹配的解决方式。个人决策与群体决策的比较见表6－1。

表6－1　　个人决策与群体决策的比较

方式	个人决策	群体决策
速度	快	慢
准确性	较差	较好
创造性	较高 适于工作结构不明确，需要创新的工作	较低 适于工作结构明确，有固定程序的工作
方式	一个人	两人以上
效率	由任务复杂程序决定，通常费时少，但代价高	从长远看费时多，但代价低，效率高于个人决策
风险性	视个人气质、经历而定	视群体性格（尤其是领导）而定

（五）根据时间长短分

决策还可以根据时间的长短分为长期决策、中期决策和短期决策。长期决策和中期决策是指在较长时间内，一般是三年或更长时间内才能实现的决策，多属于战略决策。

短期决策是指在短时间内，一般是一年以内实现的决策，多属于战术决策。

四、影响有效决策的因素

决策受到多种因素的影响，这些影响因素主要有以下几个，如图6－3所示。

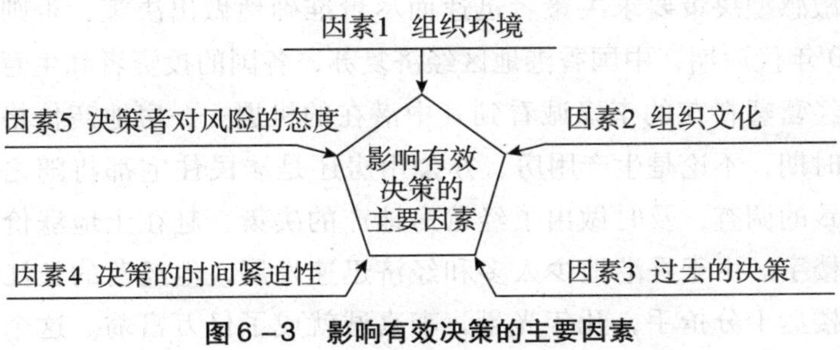

图6－3　影响有效决策的主要因素

（一）组织环境

环境对决策的影响是显而易见的，每当组织所处的外部环境发生变化时，为适应新的变化，组织往往都要做出新的决策。

（二）组织文化

组织文化是构成组织内部环境的主要因素，通过影响人们对变化、变革的态度，从而对决策产生影响和限制作用。而任何决策的制定，都会在某种程度上否定过去；任何决策的实施，都会在某种程度上给组织带来变化。因此，决策受组织文化的影响是不可否认的。

（三）过去的决策

在实际的管理工作中，目前的决策大多是建立在过去决策的基础上的，是对初始决策的完善、调整或改革，是非零起点的，过去的决策是目前决策的起点。过去决策的实施，不仅伴随着人力、物力、财力等资源的消耗，而且伴随着内部状况的改变，带来了对外部环境的影响，因此决策者必须考虑过去的决策对现在的延续影响。过去的决策对现在的决策的制约程度，取决于它们与决策者的关系，这种关系越紧密，现在的决策受到的影响就越大。如果过去的决策是由现在的决策者制定的，那么决策者通常对自己的选择及其后果负管理上的责任，因此不愿意对组织活动进行重大的调整，而且仍把大部分的资源投入过去决策的执行中，以证明自己一贯正确。相反，如果现在的主要决策者与组织过去的重要决策没有很深的渊源，则现在的决策者通常容易接受重大改变。

（四）决策的时间紧迫性

美国学者威廉·R. 金和大卫·I. 克里兰把决策划分为时间敏感型决策和知识敏感型决策。时间敏感型决策要求决策者迅速而尽量准确地做出决策，否则就会失败。例如，20 世纪 50 年代后期，中国香港地区经济复苏，各国的投资者和生意人纷纷涌入香港地区，当时经营塑料花的李嘉诚看到其中潜在的机遇——房地产价格将大涨，他认为，经济复苏时期，不论是生产用房、办公用房还是居民住宅都将随之兴旺。他为此进行了深入细致的调查，及时做出了经营房地产的决策，赶在土地涨价之前买下了大片土地，兴建楼宇。由于香港地少人多和经济迅速发展，他经营的长江实业集团有限公司所开发的楼盘十分抢手，几年光景，李嘉诚就成了亿万富翁。这个例子说明了决策往往受时间的影响很大。当然，并非所有的决策都受时间的影响。

（五）决策者对风险的态度

组织及其决策者对待风险的不同态度会影响决策者对决策方案的选择，愿意承担风险的决策者会未雨绸缪，在被迫对环境做出选择之前就采取进攻性的行动，并且会经常进行新的探索。不愿意承担风险的决策者通常只会对环境做出被动的反应，事后再进行应变，他们对变革或变动表现得谨小慎微，会受到过去决策的限制。例如，企业招聘总经理以年龄为参考条件，可能考虑的是年龄对决策者风险态度的影响。

拓展阅读

索尼公司创办人之一井深大的一系列风险决策

井深大是日本著名企业家、日本索尼公司名誉董事长。在第二次世界大战后动荡不安的年代，井深大募集一批优秀技术人才创立了索尼公司。索尼公司仅用20年的时间就从街道小工厂发展成为闻名世界的企业，这同井深大不怕风险、果断决策有很大关系。

从20世纪50年代初开始，井深大作出了一系列风险决策。第一次风险决策是研制磁带式录音机。当时，在没有录音带原材料和精通此项技术专家的情况下，试制是要冒着大亏本的风险的，但井深大没有退缩，经过反复实验终于研制成了较理想的录音带。第二次是研制晶体管收音机。当时鉴于美国电子工业厂家在这项研究中接连失败，不少同行都劝他放弃计划，然而井深大没有动摇，而是组织最优秀的技术人员成立半导体部门，新产品一进入国际市场就大受欢迎。第三次是研制晶体管微型电视机。在极为保密的情况下，经过比前两次更为艰苦的努力，索尼公司在世界上率先研制成功晶体管微型电视机，该产品在美国市场上供不应求。因此，经过研究独创性新产品的几次风险决策，索尼公司迅速发展壮大起来。

五、决策思维陷阱

选择越多越好，这是人们通常的看法，但是，美国哥伦比亚大学、斯坦福大学共同进行的研究表明：选项过多可能会造成负面结果。科学家们曾经做了一系列实验，其中一个实验让一组被测试者在6种巧克力中选择自己想买的，另一组被测试者则在30种巧克力中选择。结果，后一组中有更多的人感到所选择的巧克力不太好吃，对自己的选择有点后悔。另一个实验是在加州斯坦福大学附近的一个以食品种类繁多而闻名的超市里进行的。工作人员在超市里设置了两个食品摊，一个摊位有6种口味，而另一个有24种口味。结果显示，有24种口味的摊位吸引的顾客较多，在242位经过的顾客中，60%会停下试吃，而260名经过6种口味的摊位的顾客中停下来试吃的只有40%。不过最终的结果令人出乎意料：在有6种口味的摊位试吃的顾客中有30%的人买了东西，而在有 24 种口味的摊位试吃的顾客中只有 3% 的人买了东西。

决策失误的原因何在？许多情况下是由于决策方式不正确，如事先没有找到其他更好的选择，没有收集到准确的信息，成本和收益的计算有严重失误等，但有时决策失误的原因并不在于决策过程本身，而在于决策者本人的主观想法。人的理性是有限的，有时会做出非理性的和不合逻辑的决定。下面就介绍几种常见的决策思维陷阱和规避方法：

（一）“沉锚”陷阱

当我们要做一个决定时，我们的大脑会对得到的第一个信息给予特别的重视。第一印象或数据就像沉入海底的锚一样，把我们的思维固定在了某一处。“沉锚”陷阱的表现方式多种多样，它可能是同事无意中的一句话、报纸上的一个小事件、网络上的一个小数字或者是某个专家的预测等。它们可能深深地印在你的脑海里，甚至左右你的思考和决策。

如何走出“沉锚”陷阱？建议从不同角度来看问题。一方面，看看有没有其他的选择，不要一味依赖第一个想法；另一方面，集思广益，寻求不同的意见、方法，以开拓你的思维，打破原有的条框束缚。

（二）“有利证据”陷阱

“有利证据”陷阱在我们日常生活中随处可见，比如别人一次成功和失败的经历都可能成为束缚我们决策的证据。这种“有利证据”陷阱会诱使我们寻找那些支持自己意见的证据，躲避同自己意见相矛盾的信息。

如何走出“有利证据”陷阱？审查自己对各种信息是否给予了相同的重视，避免只接受“有利证据”的倾向；尽量使用逆向思维，朝与自己意见相反的方向去想，或者找一个你所信赖的意见分歧者，进行一次彻底的辩论；审视自己的动机。你是在收集信息做出正确合理的决策呢还是只是在为自己的决策找借口？

（三）“框架”陷阱

趋利避害是人的本能，为了确保安全，人们倾向于接受事物最初的框架，而不愿意冒险突破框架，尝试新的可能性。比如，车轮一定是圆的，乌鸦一定是黑的等，这些都是典型的框架思维模式。无论是你自己还是别人创造了问题的最初框架，都千万不要自动地接受它，要对一切所谓的经验、模式、规律、习惯、习俗等敢于怀疑，敢于说“不”。

如何走出“框架”陷阱？要从不同方面考察问题或者机会，预见不同的结果；采取中立的态度，也就是对决策的得失都要加以考虑，或者兼顾不同的参照点。

（四）“霍布森选择”陷阱

1631 年，英国剑桥商人霍布森在贩马时承诺：顾客要买或是租我的马，每一匹马都是相同的低价，顾客可以随意选马，只要马能够通过马圈的门。其实这是一个圈套。他把马圈只留一个小门，大马、肥马、好马根本就出不去，出去的都是些小马、瘦马、赖马。霍布森允许人们在马圈里自由选择，可是大家挑来选去，自以为做出了满意的选择，到最后却仍然得到一个很差的结果。

可以看出，这种选择是在有限的空间里进行着有限的选择，无论你如何思考、评估与甄别，最终得到的还是一匹劣马。我们的思维有时也是如此，常常受到自己“一亩三分地”的局限和影响，导致思维的自我僵化，当然不会有创新，所以它是一个“陷阱”。

如何走出“霍布森选择”陷阱？读万卷书，行万里路，开阔视野，丰富阅历，打开思维空间；广交“智友”，定期与智者会晤，借脑生智；关注相关产业、同业、同行和竞争对手的变化，关注最好的，问“他们为什么这么好”，关注最差的，问“他们为什么这么差？”

（五）“布里丹选择”陷阱

有一个叫布里丹的外国人，他的驴饿得直叫，他就牵着驴到野外去找草吃。看到左边的草很茂盛，他便带驴到了左边，又觉得右边的草颜色更绿，他就带他的驴跑到右边，但又觉得远处的草更好，他便牵着驴到了远处。布里丹带着他的驴一会儿左一会儿右，一会儿远一会儿近，始终拿不定主意。结果，驴被饿死在寻找更好的草的路途中。

如何走出“布里丹选择”陷阱？既要善于选择，还要学会放弃。当我们选择了 51% 的价值时，就要毫不犹豫地放弃 49% 的机会成本，全力把 51% 变成 100%。善于决断是良好的思维品质。管理者要学会务实，必要的时候要降低目标，赢得时间。

（六）“群体思维”陷阱

集体决策是科学决策的基本方式，但不等于科学决策。在集体决策时，即使经验再丰富的管理者组成的团队也有可能犯下幼稚的错误，共同选择一个失败方案，并带来灾难性的后果，这就是所谓的“群体思维”陷阱。

如何走出“群体思维”陷阱？参与决策的人要端正态度，坚持公正的立场，明确决策原则，特别是组织者和领导者，更要审视自我的局限性，避免先入为主、自以为是、刚愎自用；提倡决策过程中的合理冲突，促进思想碰撞，引入科学的决策方法和工具，如“头脑风暴法”“德尔菲法”“六顶思考帽法”以及其他决策技术；优化决策程序并借用“外脑”。

第二节　管理决策工作技能

一、决策工作流程

决策是一项复杂的活动，有其自身的规律性。为了提高决策的有效性，需要遵循一定的科学程序。一般情况下，决策工作流程包括以下七个步骤，如图6－4所示。

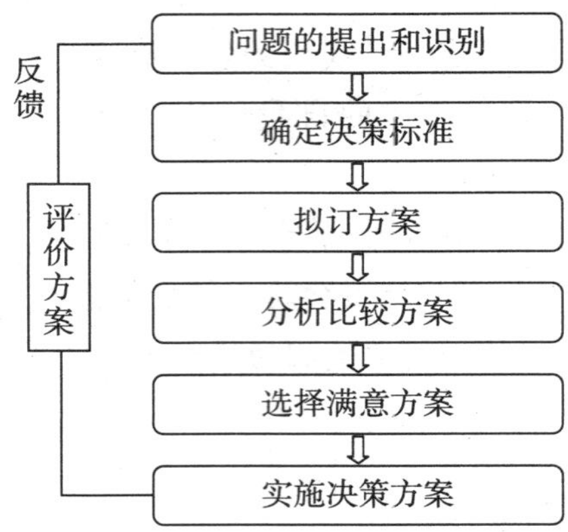

图6－4　决策工作流程

（一）问题的提出和识别

问题是决策的起点。没有问题，就无须决策；问题不明，也难以做出正确的决策。这里的问题主要来自两个方面：一是现实与期望状态之间的差距；二是随着环境变化出现了新的情况，组织面临新的机遇或风险。识别问题后，还要深入分析产生问题的原因，了解问题的重要性和复杂性，从而有助于判断是否将它作为重点问题进行研究和寻找对策。

（二）确定决策标准

决策标准是对方案进行取舍的依据，对于每一位决策者来说，都有指引他进行决策的标准，不管他有没有明确地表达出来。有些因素也许对决策问题很重要，但如果它不在决策者考虑的范围之内，那么它对决策将不起作用。指引决策者进行方案选择的标准往往不止一个，而是一套标准体系，但这些标准对决策者而言并不是同等重要的，对它们一视同仁是不符合实际情况也是不科学的，因此必须确定标准后再给标准分配权重，合理地分配各标准的权重，以表明其重要程度。

（三）拟订方案

目标确定之后，决策者就可以通过分析组织的内外部条件拟订解决问题的可行方案了。一般来说，解决问题、实现目标的途径有多种，为了能选择出最满意的方案，决策者需要拟订多个可行的、互斥的方案，这是有效决策的重要步骤。

（四）分析比较方案

拟订方案之后，决策者需要对各种方案进行总体分析和全面比较，从中选择一个最满意的方案。在分析和评估过程中，要尽可能使用定量分析方法，提高选择过程的科学性，防止主观，同时，为了防备环境的变化和方案执行中可能出现的新问题，还可选择若干备选方案，以备急用。

（五）选择满意方案

对各种备选方案进行总体权衡之后，组织决策者要选择一个满意方案，而不是一味追求最佳方案，由于管理环境的不断变化以及决策者预测能力的局限性等因素，最佳方案往往可遇而不可求。

（六）实施决策方案

实施是指将决策传递给有关人员并得到他们关于行动的承诺。如果选出的满意方案得不到实施，那么前面所做的一系列工作都等于零。在实施过程中，要让所有执行方案和受方案影响的人了解方案的内容和实施程序，最大限度地保证决策实施成功。如果有条件，应尽量让执行决策的人参与决策的制定过程，这样他们就更可能热情、积极地支持和执行决策，从而有助于提高决策实施的效率和效益。

（七）评价方案

决策方案的实施是以达到决策目的，产生理想绩效为结果的，然而，由于方案本身及实施上的原因，有时结果并不理想，这就需要决策者对决策方案进行系统的评估，以利于总结经验，改善决策。如果方案实施后，原来的问题并没有解决，管理者便要进一步分析出现问题的环节，找出产生问题的原因，拟订新的方案加以补救。如果决策方案实施顺利、绩效突出，也应在全面评价的基础上发现新的问题，以便在下一轮决策中进一步解决。在组织决策中，决策效果的评价应由管理决策者、决策实施者、组织的有关成员、组织聘请的专家等方面的人员参与，以利于结果评价的全面、合理和客观。

决策工作流程的实际运用如表6－2所示。

表 6－2　　决策工作流程的实际运用

步　骤	案　例
1. 问题的提出和识别	某工厂经理发现员工更换频繁，影响生产
2. 确定决策标准	超过了员工正常流失率的 5%，应提高员工待遇
3. 拟订方案	提高工资、增加福利或改变招聘标准
4. 分析比较方案	增加福利不太现实，提高工资或改变招聘标准符合要求
5. 选择满意方案	改变招聘标准需要很长的时间，应当提高工资
6. 实施决策方案	工厂经理需要取得公司总部的批准，人力资源部要建立新的工资结构
7. 评价方案	6 个月后，员工流失率恢复到以前的水平

二、决策工作方法

工欲善其事，必先利其器。这句名言强调了工具对完成任务的重要性。在信息时代，信息技术就是做好管理决策的重要工具。然而，只有工具还不够，还要学会使用工具的方法。为了保证影响组织未来生存发展的管理决策尽可能正确，必须利用科学的方法。由于决策对象和决策内容不同，相应地会产生各种不同的决策方法，归纳起来可以分为两类：一类是定性决策方法，另一类是定量决策方法。前者注重决策者本人的直觉，后者则注重决策问题各因素之间客观的数量关系。把决策方法分为两大类只是相对而言的。在具体使用过程中，两者不能截然分开。这两种方法密切配合、相辅相成，已成为现代决策方法的一个发展趋势。

常用的决策方法如图 6－5 所示。

- 常用的决策方法
  - 定性决策方法
    - 德尔菲法
    - 头脑风暴法
    - 名义群体法
    - 电子会议法
  - 定量决策方法
    - 确定型决策方法
    - 风险型决策方法
    - 不确定型决策方法

图 6－5　常用的决策方法

（一）定性决策方法

定性决策方法又称决策的“软”方法，是指决策者在系统调查研究分析的基础上，根据所掌握的信息，通过对事物运动规律的分析，在把握事物内在本质联系的基础上进行决策的方法。

1. 德尔菲法

德尔菲法是在20世纪40年代由赫尔姆和达尔克首创，经过T.J. 戈尔登和兰德公司进一步发展而成的。1946年，兰德公司首次使用这种方法来进行预测，后来这种方法被迅速地广泛采用。兰德公司提出的方法被用来听取有关专家对某一问题或机会的意见。如管理者面临着一个有关用煤发电的重大技术问题时，运用这种技术的第一步是要设法取得有关专家的合作（专家包括大学教授、研究人员以及能源方面有经验的管理者）。第二步是把要解决的关键问题（如把煤变成电能的重大技术问题）分别告诉专家，请他们单独发表意见并对实现新技术突破所需的时间作出估计。在此基础上，管理者收集并综合各位专家的意见，再把综合后的意见反馈给各位专家，让他们再次进行分析并发表意见。在此过程中，如遇到差别很大的意见，则把提供这些意见的专家集中起来进行讨论并综合他们的意见。如此反复多次，最终形成代表专家组的意见方案。

运用该技术的关键是：

（1）选择好专家，这主要取决于决策所涉及的问题或机会的性质。

（2）决定适当的专家人数，一般10~50人较好。

（3）拟定好意见征询表，因为它的质量直接关系到决策的有效性。

这种方法的优点主要是简便易行，具有一定的科学性和实用性，可以避免进行会议讨论时产生的人们因害怕权威而随声附和，或固执己见，或因顾虑情面不愿与他人意见冲突等弊端；同时也可以较快地收集大家发表的意见，参加者也易于接受结论，具有一定程度上综合意见的客观性。但缺点是由于专家一般时间较紧，最终的结论往往仍属专家们的集体主观判断。咨询意见的时间较长，对于需要快速判断的预测，较难得出结论，但它仍不失为人们常用的一种定性决测方法。

某书刊经销商采用德尔菲法对某专著的销售量进行预测。该经销商首先选择若干书店的经理、书评家、读者、编审、销售代表和海外公司经理组成专家小组。将该专著和一些相应的背景材料发给各位专家，要求大家给出该专著最低销售量、最高销售量和最可能销售量的三个数据，同时说明自己作出判断的主要理由。将专家们的意见收集起来，归纳整理后反馈给各位专家，然后要求专家们参考他人的意见对自己的预测进行重新考虑。专家们完成第一次预测并得到第一次预测的汇总结果以后，除书店经理外，其他专家在第二次预测中都做了不同程度的修正。在第三次预测中，大多数专家又一次修改了自己的看法。第四次测试，所有专家都不再修改自己的意见。因此，专家意见收集过程在第四次以后停止，最终预测结果为最低销售量20万册，最高销售量60万册，最可能销售量42万册。

2. 头脑风暴法

头脑风暴法是比较常用的集体决策方法，便于人们发表创造性意见，因此主要用于收集新设想，通常是将对解决某一问题有兴趣的人集合在一起，让他们在完全不受约束的条件下，敞开思路，畅所欲言。头脑风暴法的创始人英国心理学家奥斯本（Osborn）为该决策方法的实施提出了四项原则：

（1）对别人的建议不作任何评价，将相互讨论限制在最低限度内。

（2）建议越多越好，在这个阶段，参与者不要考虑自己建议的质量，想到什么就应该说什么。

（3）鼓励每个人独立思考，广开思路，想法越新颖、越奇异越好。

（4）可以补充和完善已有的建议，以使它更具说服力。

头脑风暴法的目的在于创造一种畅所欲言、自由思考的氛围，诱发创造性思维的共振和连锁反应，产生更多的创造性思维。下面是运用头脑风暴法解决问题的一个有趣的事例。

有一年，美国北方格外寒冷，大雪纷飞，电线上积满冰雪，大跨度的电线常被积雪压断，严重影响通信。过去，许多人曾试图解决这一问题，但都未能如愿以偿。后来，电信公司经理应用奥斯本发明的头脑风暴法，尝试解决这一难题。他召开了一场能让头脑卷起风暴的座谈会，参加会议的是不同专业的技术人员，经理要求他们必须遵守以下原则。

第一，自由思考。与会者应尽可能解放思想，无拘无束地思考问题并畅所欲言。

第二，延迟评判。与会者在会上不要对他人的设想评头论足，不要发表“这主意好极了”“这种想法太离谱了”之类的“吹捧句”和“扼杀句”。至于对设想的评判，留在会后组织专人讨论。

第三，以量求质。鼓励与会者尽可能多而广地提出设想，以大量的设想来保证质量较高的设想的存在。

第四，结合改善。鼓励与会者积极进行智力互补，在自己提出设想的同时，注意思考如何把两个或更多的设想结合成另一个更完善的设想。

会后，公司组织专家对设想进行分类论证。专家们认为可以设计专用清雪机，采用电热或电磁振荡等方法清除电线上的积雪，这在技术上虽然可行，但研制费用大、周期长，一时难以见效。那种因“坐飞机扫雪”激发出来的几种设想，倒是一种大胆的新方案，如果可行，将是一种既简单又高效的好办法。经过现场实验，人们发现用直升机清除积雪真能奏效，一个久悬未决的难题，终于在头脑风暴会中得到了巧妙解决。

3. 名义群体法

在集体决策中，成员们如对问题的性质不完全了解且意见分歧严重，则可采用名义群体法。名义群体法要求群体成员全部参加，但各成员间互不通气，也不在一起讨论、协商，所以群体只是名义上的。这种名义上的群体可以有效地激发个人的创造力和想象力。采用名义群体法，管理者召集群体成员，把要解决的问题的关键内容告诉他们，并请他们独立思考，要求每个人尽可能地把自己的方案和意见写下来，然后按次序让他们一个接一个地陈述自己的方案和意见，再由各成员对提出的全部备选方案进行投票，根据投票结果，赞成人数最多的备选方案即最后的方案。当然，管理者最后仍有权决定是接受还是拒绝这一方案。

4. 电子会议法

电子会议法是一种最新的定性决策方法，是将名义群体法与尖端的计算机技术相结合的方法。电子会议上，多达 50 人坐在一张马蹄形的桌子旁，这张桌子上除一系列的计算机终端外别无他物。通过计算机屏幕将问题显示给决策参与者，决策参与者再把自己的回答输入计算机，显示在屏幕上，最后个人评论和票数统计都会投放在会议室的屏幕上。电子会议法的主要优点是匿名、诚实和快速。决策参与者能不透露姓名地传达自己所要表达的任何信息，一敲键盘即显示在屏幕上，所有人都能看到。它还使人们可以充分地表达他们的想法而不会受到惩罚，消除了闲聊和讨论偏题的弊端。但电子会议法也有缺点，那些打字快的人使得那些口才好但打字慢的人相形见绌，而且这一过程缺乏参与者相互间对丰富信息的交流。

拓展阅读

英特尔公司的参与式决策

不同公司的决策流程各不相同。英特尔公司内部，采用自己独特的决策过程，既非独断，也非一致通过，而是参与式决策。

典型的参与式决策包括以下几个流程：

第一步，要清楚地定义问题和列出解决问题的时间表。

第二步，要确定决策者与核准者。

第三步，为决策小组找一个领导人，这个人汇集所有相关人员的意见，包括赞成、反对以及变通方案等，并提出建议方案。

第四步，召开正式的决策会议，由决策者为其决策做简报，而决策小组的领导人代表的是种种赞成和反对意见以及其他可能的替代方案。很多时候，决策会议上被提出来的替代方案也会完全替代讨论好的方案，只要它是优秀的、合适的方案。

英特尔公司的参与式决策克服了独断与协商一致的缺点，不但可以广泛吸收众人的建议，还可以使决策更有效。

（二）定量决策方法

定量决策方法又称决策的“硬”方法，它建立在数学模型基础上，运用统计学、运筹学和电子计算机技术来对决策对象进行计算和量化研究，以解决决策问题。以下将主要介绍“确定型”“风险型”和“不确定型”三类管理决策中常见的决策方法。

1. 确定型决策方法

对于确定型决策，由于决策的条件或自然状态是明确的，一个方案只有一种结果，因此易于决策者凭结果判断方案的优劣而进行决策。例如，要加工某产品，可安排甲、乙、丙3个车间，但3个车间设备不同，效率各异。甲车间需7小时，乙车间需7.5小时，丙车间需6.5小时，如果单纯考虑效率，显然选择丙车间为较优方案。

确定型决策根据已知条件和影响因素的不同，分别有不同的定量决策方法，如线性规划、排队法和盈亏分析法等。这里着重介绍确定型决策中最常用的一种方法——盈亏平衡分析法。

盈亏平衡分析法又称保本分析法或量本利分析法，是研究一种产品达到不亏不盈时的产量或收入的一种分析模型，如图6－6所示。这个不亏也不盈的平衡点即盈亏平衡点。显然，当生产量低于盈亏平衡点的产量时则发生亏损，超过这个产量时则盈利。

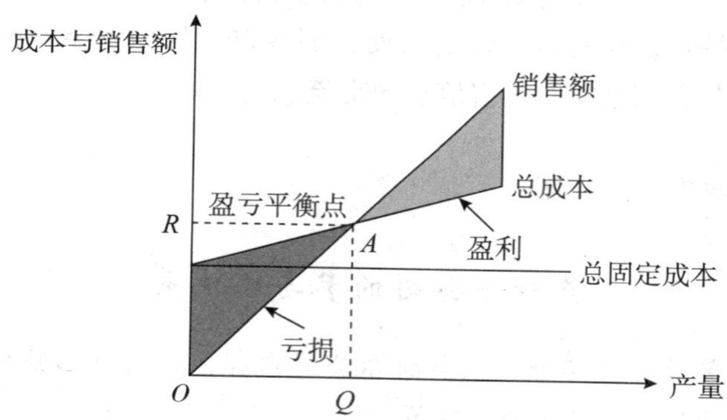

图6－6　盈亏平衡分析法

如图6－6所示，随着产量的提高，总成本和销售量随之增加。当到达平衡点 A 时，总成本等于销售额，此时不亏不盈，正对应此点的产量 Q 即平衡点产量，销售额 R 即平衡点销售额。此模型中的总成本由总固定成本和变动成本两部分构成。按照是以平衡产量 Q 还是以平衡点销售额 R 为分析依据，可将盈亏平衡分析法划分为盈亏平衡点产量（销量）法和盈亏平衡点销售额法。

（1）盈亏平衡点产量（销量）法

这是以盈亏平衡点产量或销量作为依据进行分析的方法，其基本公式如下：

$$Q = C/(P - V)$$

其中，Q 为盈亏平衡点产量（销量），C 为总固定成本，P 为产品单价，V 为单位变动成本。

当要获得一定目标利润时，其公式为：$Q=(C+B)/(P-V)$

其中，B 为预期的利润额，Q 为实现目标利润 B 时的产量或销量。

例：某企业生产某产品的总固定成本为 60000 元，单位产品变动成本为每件 1.8 元，产品价格为每件 3 元。

求：（1）该厂的盈亏平衡点产量应该为多少？

（2）如果要实现利润 30000 元，其产量应该为多少？

解：（1）$Q=C/(P-V)=60000/(3-1.8)=50000$（件）

即当生产量为 50000 件时，处于盈亏平衡点。

（2）$Q=(C+B)/(P-V)=(60000+30000)/(3-1.8)=75000$（件）

即当生产量为 75000 件时，该企业能获得 30000 元利润。

（2）盈亏平衡点销售额法

这是以盈亏平衡点销售额作为依据进行分析的方法，其基本公式如下：

$$R=C/(1-V/P)$$

其中，R 为盈亏平衡点销售额，其余变量同前式。

当要获得一定目标利润时，其公式为：$R=(C+B)/(1-V/P)$

其中，B 为预期的利润额，Q 为实现目标利润 B 时的销售额，其余变量同前式。

2. 风险型决策方法（决策树）

有时我们会碰到这样的情况，一个决策方案对应几个相互排斥的可能状态，每一种状态都以一定的可能性（概率）出现，并对应特定的结果，这时的决策就被称为风险型决策。我们常用决策树来说明风险型决策方法（见图 6－7）。

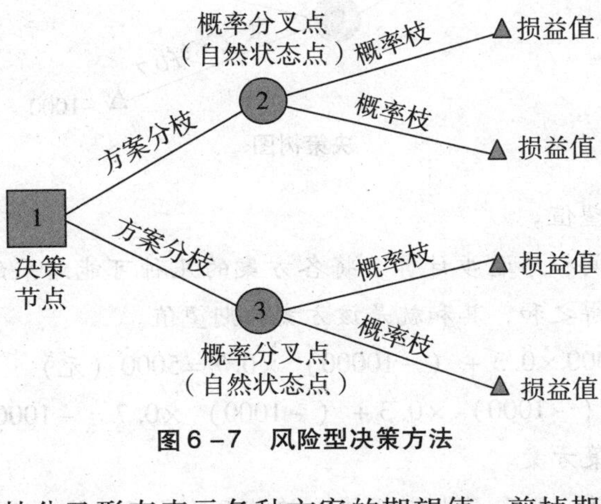

图 6－7　风险型决策方法

决策树就是用树枝分叉形态表示各种方案的期望值，剪掉期望值小的方案枝，剩下的最后方案即最佳方案。决策树由决策节点、方案分枝、自然状态点、概率枝四个要素组成。方块节点代表决策节点，由决策节点引出的若干条树枝称为方案分枝。圆圈节点代表自然状态点，由自然状态点引出的若干条树枝称为概率枝，概率枝上标明状态的情况和可能的概率。

例： 假设有一项工程，施工管理人员需要决定下月是否开工。如果开工后天气好，则可为国家创收40000元，若开工后天气不好，将给国家造成10000元损失，不开工则损失1000元。根据过去的统计资料，下月天气好的概率是0.3，天气不好的概率是0.7。请采用决策树方法进行决策。

解： 第一步：将题意表格化。

行动方案的损益值

自然状态	概率	行动方案	
		开工	不开工
天气好	0.3	40000	-1000
天气不好	0.7	-10000	-1000

第二步：画决策树图。

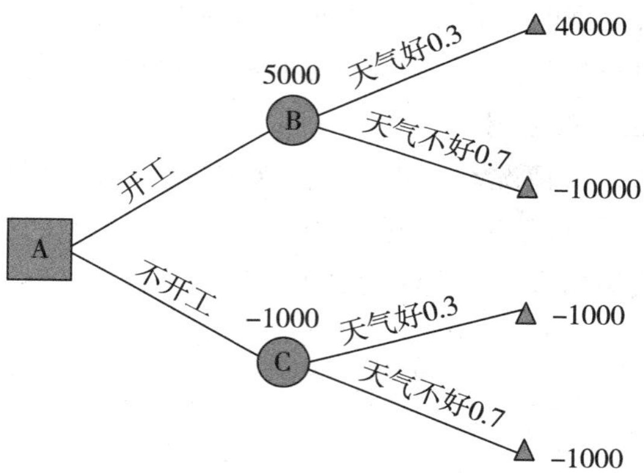

决策树图

第三步：计算期望值。

一般按反向的时间程序逐步计算，将各方案的几种可能结果的数值和它们各自的概率相乘，并汇总所得之和，其和就是该方案的期望值。

开工期望值 = 40000 × 0.3 + （-10000） × 0.7 = 5000（元）

不开工期望值 = （-1000） × 0.3 + （-1000） × 0.7 = -1000（元）

第四步：确定决策方案。

若考虑的是收益值，则取最大期望值；若考虑的是损益值，则取最小期望值。

根据计算出的期望值分析，本题采取开工方案较好。

第五步：剪枝决策。

开工方案的期望值大于不开工方案的期望值，将不开工方案枝剪去，选择开工方案。

3. 不确定型决策方法

不确定型决策，是指各种可行方案发生的后果是未知的，决策时无统计概率可依的决策。常用的不确定型决策方法有大中取大法、小中取大法和后悔值法等。下面通过举例来介绍这些方法。

（1）大中取大法

这是一种乐观的方法，它基于对未来前景的乐观估计，不放弃任何一个获得最好结果的机会，愿意承担风险以争取最大收益。在方案取舍时，首先，取各方案在各种状态下的最大收益值（即最有利的状态发生），然后，在各方案的最大收益值中取最大者对应的方案。

例：当投资者准备购买某公司的股票，且该公司经营状况分为好、中、差三种时，相应的有大批量、中批量和小批量三种购买方法，这三种购买方法的不同最大收益值如下表所示：

最大收益值比较

方案 \ 自然状态 / 收益	好	中	差	最大收益值
大批量	150	100	10	150
中批量	130	50	20	130
小批量	90	40	30	90
最大收益值中的最大值				150
拟订方案				大批量

在上述三种方案中，大、中、小三种方案的最大收益值分别为150、130和90，由此可见，最大收益值中的最大值为150，故而选取最大收益值为150所对应的大批量购买方案。

（2）小中取大法（保守法）

这是一种悲观的方法，在方案取舍时，首先，取各方案在各种状态下的最小收益值（即最不利的状态发生），然后，在各方案的最小收益值中取最大者对应的方案。

例：同样的事例，用小中取大法决策如下表所示：

最小收益值比较

方案 \ 自然状态 / 收益	好	中	差	最小收益值
大批量	150	100	10	10
中批量	130	50	20	20
小批量	90	40	30	30
最小收益值中的最大值				30
拟订方案				小批量

由表可见，应选取最小收益值中的最大者为30所对应小批量的购买方案。

（3）后悔值法（最小机会损失决策准则）

管理者在选择了某方案后，如果实际发生的自然状态表明其他方案的收益更高，那么管理者将会为自己的选择后悔。后悔值法就是使后悔值（又称机会损失）最小的方法。采用这种方法进行决策时，首先计算各方案在各自然状态下的后悔值（某方案在某自然状态下的后悔值＝某自然状态下的最大收益值－该方案在相应自然状态下的最大收益值），并找出各方案的最大后悔值，然后进行比较，把最大后悔值最小的方案作为最终的选择。

例：同样的事例，用后悔值法决策如下表所示：

最大后悔值比较

方案 \ 自然状态 / 收益	好	中	差	最大后悔值
大批量	0（150－150）	0（100－100）	20（30－10）	20
中批量	20（150－130）	50（100－50）	10（30－20）	50
小批量	60（150－90）	60（100－40）	0（30－30）	60
最大后悔值中的最小值				20
拟订方案				大批量

经比较，大批量购买的方案最大后悔值最小，因此选择大批量购买方案。

第三节　决策工作技能训练

理论测试

一、选择题

1. 决策是人们在日常工作中经常要进行的活动，但人们对其含义的理解不尽相同，你认为哪种理解比较完整？决策是（　　）。

A. 出主意　　B. 拿主意　　C. 既出主意又拿主意　　D. 评价各种主意

2. 在管理中，决策是（　　）。

A. 高层管理人员所承担的任务　　B. 高层和中层管理人员所承担的任务

C. 高层主管和参谋人员所承担的任务　　D. 每一个管理人员都可能要从事的活动

3. 相对于个人决策，群体决策既有其优点，也存在着比较明显的缺点。因此，必须根据所做决策的具体情况决定采用相应的决策方式。以下几种情况哪一种通常不采取群体决策方式？（　　）

A. 确定长期投资哪一种股票　　B. 决定一个重要副手的工作安排

C. 选择某种新产品的上市时机　　D. 签署一项产品销售合同

4. 你正面临着是否购买某种奖券的决策，你知道每张奖券的售价及该期共发行奖券的总数、奖项和相应的奖金额。在这样的情况下，该决策的类型是什么？加入何种信息以后该决策将变成一个风险型决策？（　　）

A. 确定型决策和各类奖项的数量

B. 风险型决策和不需要加其他信息

C. 不确定型决策和各类奖项的数量

D. 不确定型决策和可能购买该奖券的人数

二、简答题

1. 什么是决策？决策与管理之间究竟是一种什么样的关系？

2. 比较风险型决策和不确定型决策的异同。

三、计算题

某企业为了增强某种产品的生产能力，提出甲、乙、丙三个方案。甲方案是从国外引进一条生产线，投资700万元；乙方案是改造原有生产车间，需投资250万元；丙方案是通过将一些次要零件扩散给其他企业生产，实现横向联合，不需要投资。根据市场预测，该产品的生产有效期是5年，未来5年的销售预测销路好的概率为0.7、销路不好的概率为0.3，各种自然状态下的年度销售利润如下表所示：

各种自然状态下的年度销售利润

方案 \ 自然状态 / 概率	销路好	销路不好
概率	0.7	0.3
甲（引进国外生产线）	460 万元	-80 万元
乙（改造原有车间）	200 万元	30 万元
丙（横向联合）	100 万元	20 万元

请画出决策树并计算各方案的期望值，回答该企业应如何决策。

技能训练

训练一　案例分析（纸上谈兵）

◆ **案例分析示范**

王涛的“现学现用”

某机器厂金属加工车间主任王涛，不久前去某财经大学参加一个管理培训班，给他印象最深的是一位张教授关于群体决策的演讲。张教授强调，大量国内外研究结果及实践表明，只要给广大员工以机会，他们就会集体想出高明的主意，领导也乐于采纳。也就是说，应当充分发扬民主，让各班组自己做主，制定有关他们工作的决策。

王涛觉得这很有道理，短训班结束回到车间后，王涛决定要在实践中试一试他所学的某些原理。于是，他把某车间第二工段的 25 名员工全部召集起来，对他们说，因为他们工段新添置了高效率的、自动化程度相当高的设备，几年前制定的生产定额现在看来已过时，显然已不适应新情况，现在想让他们自己来讨论一下，集体决定他们的定额该是多少。布置完讨论任务，王涛就回车间办公室了。他觉得自己不该参加讨论，领导在场，大家不方便畅所欲言，而且显得对大家不够信任。但他坚信，群众总会定出连他本人都不敢提出的先进标准来。

一个小时之后，王涛又回到该工段。工人们说，他们都觉得原来的定额不够合理，定得过高，现在既然授权他们自己来设置定额，经集体讨论决定，新定额应比原来降低 100%。这使王涛大吃一惊，跟他本来的如意算盘截然相反，完全出乎他的意料，使他一时不知所措。

该怎么办呢？接受大家的决定吧，定额又实在太低，肯定要赔钱，对厂里怎么交代？拒绝吧，会失信于民，下次谁还听他的？王涛进退两难，只好登门去拜访张教授。

1. 思考与讨论

王涛是否按照科学的程序来进行决策？为什么王涛的这次决策会失败？

2. 分析要点（供参考）

(1) 王涛是否按照科学的程序来进行决策?

按照决策的基本程序，王涛在做出上述决定之前应该做的第一件事情是收集信息，而不是急于做出决定。

(2) 为什么王涛的这次决策会失败?

并不是什么问题都适合采用集体决策，集体决策有它适用和不适用的情形；采用集体决策时要讲究方法，顺应规律；在决定是否采用以及如何采用集体决策时，王涛可能没有意识到自己是在作一项决策，因而没有选择合理的决策方法，也没有严格按照决策的基本程序来进行。

(3) 案例启示:

本案例表明如下几点：①科学的决策过程有助于管理者做出更正确的判断；②要了解不同类型的决策的特点，才能根据不同的管理情境进行选择，每一种决策方式都有其优缺点，需要管理者合理利用。

◆ **案例分析练习**

【目的】

1. 掌握决策方法。
2. 了解决策的基本程序。

【资料】

B市的发展决策

B市为了能够为今后城市的发展提供决策参考，进行了一次小规模的决策咨询，调查对象为有关专家和政府机关的领导，调查人数为45人，调查的内容是预测本市未来几年内亟须解决的十大问题，要求被调查者按照问题轻重急缓的顺序进行填写。第一轮结果出来了，但问题提得很分散，归纳整理后有107个。调查小组从中选择了20个意见比较集中的问题进行了第二轮咨询，要求被调查者从这20个问题中选出10个。经过第二轮的选择后，大家的意见就比较统一了，其中有10个问题选择的人超过了半数。这次对于未来问题的咨询为今后该市的发展提供了重要的参考。

【要求】

1. B市的发展决策方法是什么?
2. 这种决策方法的基本程序及适用范围是什么?

训练二　头脑风暴法训练（动手试试）

【目的】

运用头脑风暴法进行决策，培养学生的创新思维能力。

【资料】

你和你的同学决定在商业区开设一家饭店，困扰你们的问题是这个城市已有很多饭店，这些饭店能够提供各种价位的不同种类的餐饮服务。假设你们拥有开设任何一种类型饭店的足够资源，而你们所面对的问题是开设什么样的饭店是最容易成功的。

【要求】

（1）各小组也可以自选讨论题目。小组会议时间：18 分钟。

（2）组长要注意控制讨论进程：①每位同学都要各抒己见；②承认每个人做出的贡献；③确保没有人贬低或评价其他参与者；④声明没有一个答案是错误的；⑤记录每一个答案，除非它是重复的；⑥注意时间限制。

（3）小组代表汇报本小组的讨论情况和结果，汇报小组活动是如何体现头脑风暴原则的，发言时间为 2 ~ 3 分钟。

训练三　决策能力评估（社会实践）

【目的】

决策思维与能力评估训练。

【资料】

决策思维与能力评估问卷

每一次都做出正确的决策实际上是不可能的。然而，采取正确的方法、技术以及正确的工具可以增大你做出正确决策的概率。下面的自测题可以帮助你评估自己的决策思维与能力。答题时应尽可能客观：如果你回答“从不”则选择 1，回答“总是”则选择 4，等等。将你的得分加起来，并根据最后的分析来判断你的决策能力。用这些自答题来确定你需要改进的方面。

选项：1——从不；2——有时；3——经常；4——总是。

1. 我及时做出决策，并及时地实施它。　1 2 3 4
2. 决策前我仔细而全面地分析了情况。　1 2 3 4
3. 我把不必亲自做出的决策授权给下属。　1 2 3 4
4. 我将理智和创新结合起来做出决策。　1 2 3 4
5. 我在开始具体的决策前会分析决策的类型。　1 2 3 4
6. 我根据自己对企业文化的理解来获得同事对决策的支持。　1 2 3 4
7. 我根据 80/20 规则来确定优先因素。　1 2 3 4
8. 对战略性决策我会花大力气。　1 2 3 4
9. 决策过程中我最大限度地寻求别人的参与。　1 2 3 4
10. 在完成一个正确决策的过程中，我向合适的人选咨询以获得他们的帮助。　1 2 3 4
11. 我对自己以及竞争对手的 SWOT 各个方面进行全面分析。　1 2 3 4

12. 我用具有挑战性的、创新性的方法来剔除陈旧的观点。 1 2 3 4
13. 我鼓励大家团结协作而不是各自为战。 1 2 3 4
14. 我在会议前认真地准备方案，也鼓励其他人这样做。 1 2 3 4
15. 我根据最终的目标客观地分析和评估所有可选方案。 1 2 3 4
16. 我尽可能地从公司内部和外部收集各种有用的信息。 1 2 3 4
17. 我考虑实施决策的计划及决策的效果。 1 2 3 4
18. 在分析结果时，我客观地判断每种方案成功的可能性。 1 2 3 4
19. 在合适的时候，我利用计算机帮助我进行决策。 1 2 3 4
20. 我努力降低风险，但是在有把握的时候冒点风险也是必要的。 1 2 3 4
21. 我采用不同的情景设计来完善预测，并测试计划的可行性。 1 2 3 4
22. 我实事求是地决策，而不考虑决策提出者与自己的利害关系。 1 2 3 4
23. 在整个过程中，我积极寻求他人的支持。 1 2 3 4
24. 在制订行动计划时，我要求所有的人都参与进来。 1 2 3 4
25. 我指定一个人选对某个具体的行动负责。 1 2 3 4
26. 我与同事公开地、真诚地并尽可能及时地交换对决策的看法。 1 2 3 4
27. 我努力鼓励他人对决策提出反对意见。 1 2 3 4
28. 我在适当的地方设置监督系统，并利用它们来监测决策的进展情况。 1 2 3 4
29. 在一个项目完成之后，我会回顾行动过程以期发现和吸取经验教训。 1 2 3 4
30. 我将决策解释清楚，并努力使其他人理解它。 1 2 3 4
31. 我对自己招聘的人的行为负全部责任。 1 2 3 4
32. 我努力使每一个会议都有明确的结论和决策。 1 2 3 4

分析：

现在你已经做完了上面的自测题，将各题的得分加起来，根据下面的描述你将了解你的决策能力。不管你获得什么样的分数，你都有获得更高分数的潜力，总是有进一步提高的余地。认清自己的弱点和不足，并找到本书相应的章节，你可以找到实用的建议和技巧来改善和提高你的决策能力。

32～63：你的决策能力差，可以找到你得分最低的部分，并对此采用你以前不曾使用的决策方法。

64～95：你的决策能力不错，继续提高。

96～128：你有很强的决策能力，但是不要自满，仍要不断提高。

【要求】

1. 结合上述评估问卷，采访你身边的一个熟悉的管理人员，分析在过去的6个月内他做出的最重要的三项决策中哪些是程序性决策哪些是非程序性决策，分析其决策思维特点。

2. 你是根据什么做出报考你所在读的大学的决策的？你为什么学习现在的专业？

将此决策过程与本章中描述的决策基本过程相比较，一起分析人们的决策是否按决策基本过程进行，在日常决策中最容易忽视哪些步骤。结合上述评估问卷，对自己的决策能力进行评估并提出改进方案。

训练四　模拟决策活动（综合应用）

【目的】

决策思维训练。

【资料】

甲、乙两家公司，投资注册资金分别为1000万元和500万元，双方经多次谈判，最终达成了一份总金额为400万元的年度交易合同。这一合同包含六笔交易，并规定甲方每两个月在接到乙方汇款通知后向乙方发一次货。

在履行合同的过程中，双方遵循以下的市场规则（以出红黑牌为例，红牌表示诚实履行合同，黑牌表示欺诈）：

（1）六笔交易一笔一笔做，做完一笔再做下一笔。

（2）每一笔交易时，双方同时出牌。若双方均为红牌，则各得利润30万元；若双方均为黑牌，则双方各亏损20万元；若一方为红一方为黑，则红方亏损50万元，黑方得50万元。其中，第3轮和第6轮的损益值加倍。

（3）双方每一次出什么牌由各公司领导层集体决策，同意的人数过半数则该决策有效。

（4）在课堂模拟练习过程中，第一笔交易须在15分钟内完成，整个交易应在45分钟内完成。如果在规定时间内没有做出相应的决策，则作中止处理。若在课外进行，可放松时间要求。

决策模拟记录表

第一笔	第二笔	第三笔	第四笔	第五笔	第六笔	交易双方
红 +30	黑 -20					甲
红 +30	黑 -20					乙

【要求】

1. 组建决策模拟小组。可自由组合，每个小组由3人或5人或7人组成，组数应为偶数；选举小组长负责主持决策讨论，选举一位同学担任秘书负责记录决策过程和决策结果。

2. 在教师（第三方）的协助和公证下，双方做完一笔交易再做下一笔，直到完成六笔交易或交易中止；整个交易结束后，双方计算损益，各自总结经验教训，然后在课堂上进行甲方与乙方的公开交流，也可由双方在课外进行交流，各小组形成一份模拟练习报告上交。

3. 反思决策的过程，总结模拟决策活动中所得到的经验教训和启示。

思政探索

一、思政目标

认识价值观在决策中的引领作用，树立正确的价值观。

二、知识点

决策过程及影响因素。

三、思政元素

中国在国际社会中的大国责任。

四、融入途径

1. 案例导入：阿斯旺水坝的灾难。
2. 小组分享：对比中美两国政府在新冠肺炎疫情大暴发中的决策。
3. 观点讨论：价值观是影响决策的根本因素。
4. 个人练习：我的毕业去向决策影响因素分析。

拓展学习

美国管理学家、诺贝尔经济学奖获得者赫伯特·西蒙（Herbert·Simon，1916—2001），1916 年 6 月 15 日出生于美国威斯康星州密尔沃基市。西蒙的父亲是一位电气工程师、专利法律师，西蒙的母亲是典型的第三代美国人，是一位极有才华的钢琴家。在父母的熏陶下，西蒙从童年起就与书籍和其他智力活动结缘，并显示出极强的独立学习能力，他的博学足以让大家认可，他曾先后获得过 9 个博士头衔。

西蒙提出："管理就是决策。"他强调决策是管理的核心内容，贯穿于管理过程的始终。管理的四项基本职能是计划、组织、领导和控制（见下表），各项管理职能的实现都离不开决策。

决策与管理职能

管理职能	决　策
计划职能	组织的长远目标是什么？ 组织的短期目标是什么？ 制定什么战略能够更好地实现这些目标？ 实现目标的困难程度有多大？

续 表

管理职能	决 策
组织职能	采取什么样的组织结构形式？ 组织的职务如何设计？ 组织中的管理幅度和集中程度是多大？ 组织何时需要改组？
领导职能	管理者如何激发怠工雇员的积极性？ 在特定的环境中什么样的领导风格更有效？ 管理者行为的变化将如何影响员工的生产力？ 激发冲突的最佳时机是什么时候？
控制职能	组织中的哪些活动需要控制？ 采取什么样的措施能有效控制这些活动？ 组织绩效偏差到何种程度才算严重？ 组织应建立什么类型的信息反馈渠道？

在决策准则上，西蒙认为应当用满意性准则代替最优化准则，完全理性是难以做到的，人们在管理中不可能按照最优化准则来进行决策。首先，未来有很大的不确定性，人们不可能对未来无所不知；其次，人们不可能拟定出全部方案，这既不现实也无必要；再次，即使用了最先进的计算机分析手段，也不可能对各种可能结果形成一个完全而一贯的优先顺序。

瑞典皇家科学院认为，西蒙有关组织决策的理论和意见，应用到现代企业和公共管理所采用的规划设计、预算编制和控制等系统及其技术方面，效果良好，现代企业经济学和管理研究大部分建立在西蒙的思想之上。因此，1978 年，由于西蒙“对经济组织内的决策程序所进行的开创性研究”，他获得了诺贝尔经济学奖。

第七章　组织工作能力

学习目标

知识目标

- 理解组织的含义和组织特征
- 熟悉常见的组织结构类型
- 掌握组织设计的过程和方法

技能目标

- 能够运用组织的基本原理进行初步的组织诊断分析
- 具备组织一项活动的组织工作能力

学习导航

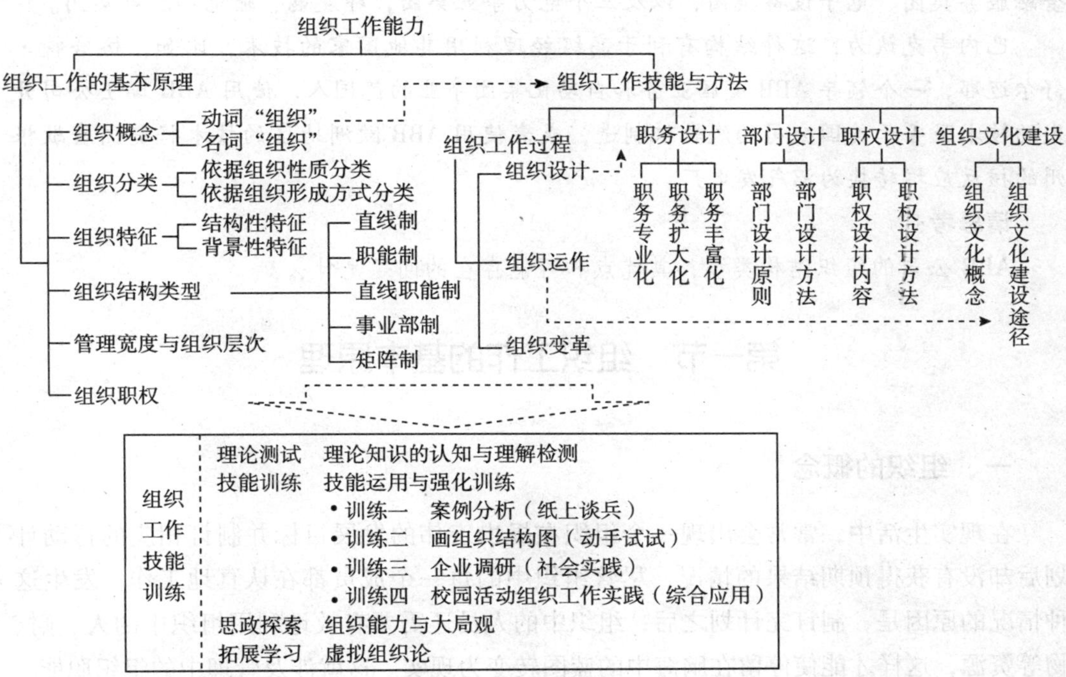

案例导入

ABB 公司的组织结构

ABB 公司是一家国际化的大型设备制造商，产品涉及运输机械、自动化工程设备、发电、输电、配电多个领域，年销售额达到 290 亿美元，其经营规模比著名的美国西屋电器公司（Westinghouse）还大。ABB 公司是瑞典工程集团 ASEA 与其瑞士的竞争者布朗—博韦里公司（Brown Boveri）于 1988 年合并后成立的，后来又增加了 70 多家公司，形成现在的 ABB“巨人”，在高速火车、机器人和环境控制方面，这家公司都是世界的领先者。

作为国际化的大公司，ABB 公司的管理当局面临着一个新的挑战：一家遍布世界各地、拥有 21 万名员工的公司，该如何进行组织工作？这家公司需要经常性地将经营业务从一个国家转换到另一个国家，而它又试图使其各项经营内容都能共享技术和产品。ABB 公司的董事长珀西·巴内韦克（Percy Barnevic）认为他已经找到了答案。他在公司内大幅度地精减了公司总部的职员，同时大力推行一种两条指挥链的结构，使所有的员工同时接受所在国经理和所属业务经理的双重领导。

ABB 公司大约有 100 个不同国家的经理，在其董事长的领导下，经营着其所在国的公司，这些经理大部分是其所工作国度的公民。另外，公司配备了 65 名全球经理人员，将他们安排到 8 个集团中：运输集团、过程自动化与工程集团、环境装置集团、金融服务集团、电子设备集团，以及三个电力事业集团，即发电、输电和配电集团。

巴内韦克认为，这种结构有利于高级经理利用其他国家的技术，比如，格哈特·舒尔迈耶，一个领导 ABB 美国业务和自动化集团事业的德国人，使用 ABB 瑞士公司开发的技术服务于美国公司的汽轮机制造，或者使用 ABB 欧洲地区的技术将美国密歇根州的核反应堆转换为沼气发电厂。

请思考：

ABB 公司的组织结构类型，其优点和可能存在的问题是什么？

第一节　组织工作的基本原理

一、组织的概念

在现实生活中，常常会出现一个组织在提出宏伟的发展目标并制订相应的行动计划后却没有获得预期结果的情况，尽管组织中的每一个成员都在认真地工作。发生这种情况的原因是，制订完计划之后，组织中的人员还需要有效地利用组织中的人、财、物等资源，这样才能使停留在脑海中的蓝图转变为现实。这就涉及管理中的组织职能。

从管理的角度看，组织包含两层含义：一是作为名词的组织（organization）；二是作为动词的组织（organizing），又称组织工作。

作为名词的组织，代表某一实体本身，从实体角度看，组织是两个以上的人在一起为实现某个共同目标而协同行动的集合体。实体组织具有如下四个特征：①一定数量的成员；②相对明确的目标；③相对固定的分工；④相对稳定的规则。

作为动词的组织，是指无形的组织活动，指在特定环境中为了有效地实现共同目标和任务，确定组织成员、任务及各项活动之间关系，对资源进行合理配置的过程。从逻辑上看，组织工作首先必须明确实现目标所必需的各种活动并加以分类，这关系到组织中的职位或岗位的设计问题；其次，将这些活动进行组合，以形成可以管理的部门和单位，对组织活动的分类和组合方式的不同，就形成了各种不同的组织结构类型；最后，还必须从纵横两个方面对组织结构进行协调和整合，在组织职权配置完成的基础上，明确和协调组织结构中上下左右的相互配合关系，使组织形成一个精干高效的有机整体。

正是借助组织活动、过程和文化等所具有的协同或协调作用，各类组织机构内部才有可能形成一个“力量协作系统”，使个体的力量得以汇聚、融合和放大，从而体现组织的作用。

二、组织的分类

（一）依据组织性质分类

1. 经济组织

经济组织是人类社会最基本、最普遍的社会组织。在现代社会中，经济组织已形成庞大复杂的体系，其中包括市场组织、商业组织、金融组织、交通运输组织和其他服务性组织等。

2. 政治组织

政治组织出现于人类社会划分阶级之后，包括政党组织和国家政权组织。

3. 文化组织

文化组织是以满足人们各种文化需求为目标，以文化活动为基本单位的社会团体，如学校、图书馆、影剧院、艺术团体、科研单位等。

4. 群众组织

这类组织是社会各阶层、各领域的人士为开展各种有益活动而形成的社会团体，如工会、共青团、妇联、科学技术协会等。

5. 宗教组织

宗教组织是以某种宗教信仰为宗旨而形成的组织，代表宗教界的合法利益，组织正常的宗教活动。

（二）依据组织形成方式分类

可分为正式组织、非正式组织。

我们在企业、学校或是在政府行政机关，总能发现这样的现象：一方面存在着等级严明的组织结构，人员按照一定的程序被安排到各个科室，这部分人未经批准同意，一般不能随意调换科室；另一方面也存在着并非依据一定程序而由一定人数组成的或是紧密或是松散的群体。也就是说，组织在组织体内一般存在两种形式：前一种被称为正式组织，后一种被称为非正式组织。在此，借用两位美国管理学家所描绘的示意图（见图7－1），可以清楚地看到正式组织与非正式组织的区别与联系。

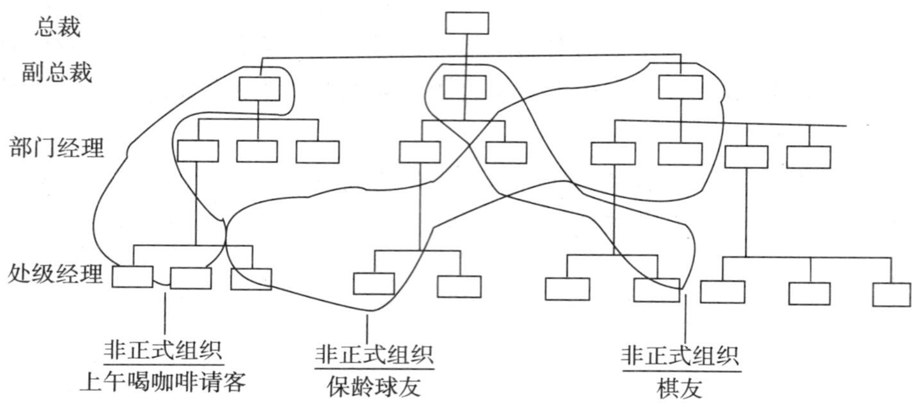

图7－1　组织中的正式组织与非正式组织

正式组织是为了有效地实现组织目标而明确规定组织成员之间职责范围和相互关系的一种结构，其制度和规范对成员具有正式约束力。非正式组织是人们在共同的工作或活动中，基于共同的兴趣和爱好，以共同的利益和需要为基础自发形成的群体。不管我们承认、允许、愿意与否，非正式组织总是存在着。因此，在正式组织的管理活动中，应特别注意非正式组织的影响。

正式组织与非正式组织的区别突出表现在是否程序化上：是否程序化设立、是否程序化解散、是否程序化运作等。显然，正式组织更多地体现出程序化特征，非正式组织更多地体现出非程序化特征。

三、组织的两类基本特征

我们可以从各种不同的角度来认识一个具体的组织。根据应用结构性特征（structural dimensions）和背景性特征（contextual dimensions）这两类基本特征或基本维度（dimensions）来描述一个组织的做法颇具代表性。

结构性特征描述了一个组织的内部特征，这类特征使得我们能够对不同的组织加以衡量和比较；背景性特征是对组织的整体性描述，这类特征是形成和影响结构性特征的组织框架，背景性特征可以看作支撑组织结构和过程的一套彼此重叠的要素的集合。

（一）结构性特征

结构性特征包括正规化、专门化、标准化、职权构造、复杂性、集权化、专业化和人员构成这八个方面。

（1）正规化（formalization）反映了一个组织中的规章制度、程序等正式的书面文件的多寡程度，这些书面文件规定了组织的各种行为和活动。一个组织正规化程度的高低可以从其拥有的正式文件的数目判断出来。

（2）专门化（specialization）反映了一个组织专业化分工的程度。专门化程度越低，员工工作范围便越窄。

（3）标准化（standardization）指的是相似的活动以统一的方式实施的程度。

（4）职权构造（hierarchy of authority）描述了人们之间的报告指挥关系，以及每一位管理者的控制幅度。这一构造的形状与控制幅度之间存在着反向变化的关系。控制幅度越大，则职权结构就越扁平，反之则会越高。

（5）复杂性（complexity）反映了组织中存在的活动或子系统的多少。复杂性可以从横向、纵向和区域三个方面来加以考察。横向复杂性，指的是组织水平方向上的职位或部门的数目；纵向的复杂性，反映了组织构造中的层次数目；区域复杂性，反映了组织在地理区域上的分布情况。

（6）集权化（centralization）反映了决策权在组织职权层级上的分布情况。当决策权保持在最高层级时，组织就是集权的；若决策权授予了较低的组织层次，则可以认为该组织是分权化的。

（7）专业化（professionalism）反映了组织的成员所具有的正式的教育和训练程度。若雇员为了胜任组织中的职位必须接受较长时间的训练，我们就可以认为该组织的专业化程度较高。专业化程度一般可以用成员的平均受教育年限来衡量。

（8）人员构成（personnel ratios）反映了组织中的人员在不同的职能和部门间的配置情况，如管理人员的比例、行政人员的比例、专业人员的比例等。

（二）背景性特征

背景性特征包括组织的规模、组织技术、环境、目标与战略以及组织文化五个方面。

（1）规模（size）是以组织中的人数来衡量组织的大小的。这一指标既可以用来衡量一个组织，也可以用来衡量组织的一个构成部分，如一个分厂或一个事业部等。之所以用人数来衡量一个组织的规模，主要是从组织是一个社会系统这一角度来考虑的。尽管其他一些指标如销售额、资产等一定程度上也能反映组织的规模，却看不出组织作为一个社会系统的主要构成要素的人的情况。

（2）组织技术（organizational technology）指的是组织的生产子系统的性质，它包括组织将输入转化为输出所采取的措施和手段。

（3）环境（environment）包括组织的边界之外的所有要素。行业、政府、客户、供应商等是环境中一些主要要素。对一个组织影响最大的环境要素常常是其他组织。

（4）目标与战略（goals and strategy）规定了一个组织区别于其他组织的宗旨和竞争的目标。目标反映了一个组织要达到的终点，战略则是为了实现组织的目标和应环境变化而就资源分配和所需活动而拟定的行动计划。组织的目标与战略规定了组织的活动范围，以及与成员、顾客和供应商之间的关系。

（5）组织文化（culture）是组织成员共同拥有的基本价值观、信念、观点和信条等的集合。这些东西影响着人们的伦理行为，影响着组织对成员的态度、组织的效率以及对顾客的服务。它是使组织中的成员结合为一体的黏合剂。

这 13 个特征彼此之间存在着紧密的关联。例如，在稳定环境下，采用常规技术经营的大型组织，通常会表现出较高的正规化、专门化和集权化特征。有了这些特征指标，我们便能够对一个组织进行相当详尽和深入的分析。组织进行的任何变革，都必然会从这些特征指标中反映出来。

四、组织结构类型

组织结构描述的是组织的框架体系，就像人是由骨骼确定体形一样，组织也是由结构来决定其形态的。组织结构是表明组织内各部分的排列顺序、空间位置、聚散状态、联系方式以及各要素之间相互关系的一种模式。

常见的组织结构的类型有直线制、职能制、直线职能制、事业部制、矩阵制等。

（一）直线制组织结构

直线制组织结构是人们最早使用也是最为简单的一种结构，又称单线制结构或军队式结构。其主要特点是组织中各种职位是按垂直系统直线排列的，各级主管负责人执行统一指挥和管理职能，不设专门的职能机构。其结构如图 7－2 所示。

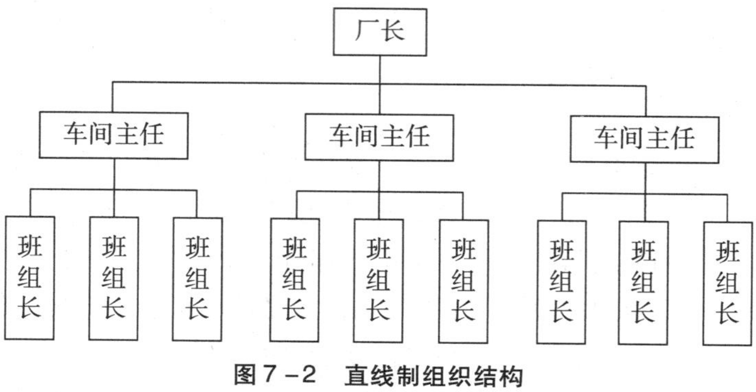

图 7－2　直线制组织结构

直线制组织结构设置简单、权责分明，便于统一指挥、集中管理，缺点是没有职能机构当领导的助手，易于忙乱。所以，一旦企业规模扩大，管理工作复杂化，领导者势必因经验、精力不及而顾此失彼，难以进行有效的管理。这种组织结构只有在企业规模不大，职工人数不多，生产和管理工作都比较简单的情况下才适用。

（二）职能制组织结构

职能制组织结构又称多线制组织结构，其特点是在各级主管负责人之下，按专业分工设置相应的职能机构，这些职能机构在各自的业务范围内有权向下级下达命令和指示，如图 7－3 所示。

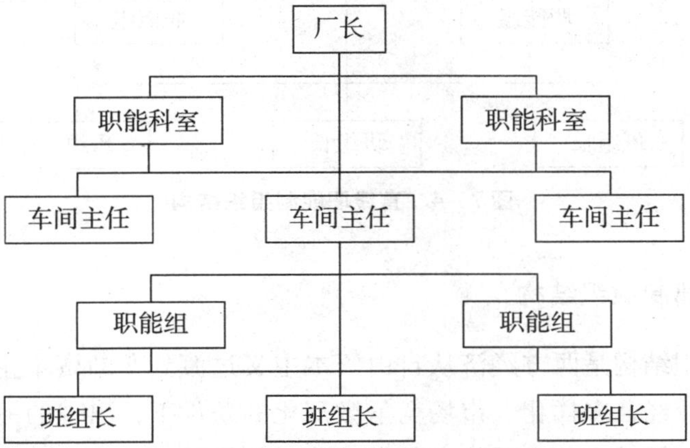

图 7－3　职能制组织结构

职能制组织结构适应了现代生产技术比较复杂和管理分工较细的特点，提高了管理的专业化程度，减轻了各级主管负责人的工作负担。但其缺点也非常明显，由于每个职能人员都有指挥权，多头领导容易造成管理上的混乱。这种组织结构最早是由泰勒提出来的，但由于上述缺点，事实上不存在纯粹的职能制组织结构。

（三）直线职能制组织结构

直线职能制组织结构是把军队式的直线制和泰勒的职能制结合起来形成的。其特点是以直线制为基础，在各级主要负责人之下设置相应的职能部门，分别从事专业管理，作为该级领导者的参谋。职能部门拟定的计划、方案统一由直线领导批准下达，职能部门无权直接进行指挥，只起业务指导作用，实行主管人统一指挥与职能部门参谋、指导相结合的方式。直线职能制组织结构如图 7－4 所示。

直线职能制组织结构综合了直线制和职能制的优点，是在摒弃二者缺点的基础上形成的。因此，它既保持了直线制集中统一指挥的优点，又吸收了职能制发挥专业管理的长处，从而提高了管理工作的效率。但直线职能制组织结构在管理实践中也有不足：权力集中于最高管理层，下级部门主动性和积极性的发挥受到限制；信息传递路线较长，反馈较慢，适应环境变化较难，实际上是典型的“集权式”管理组织结构。

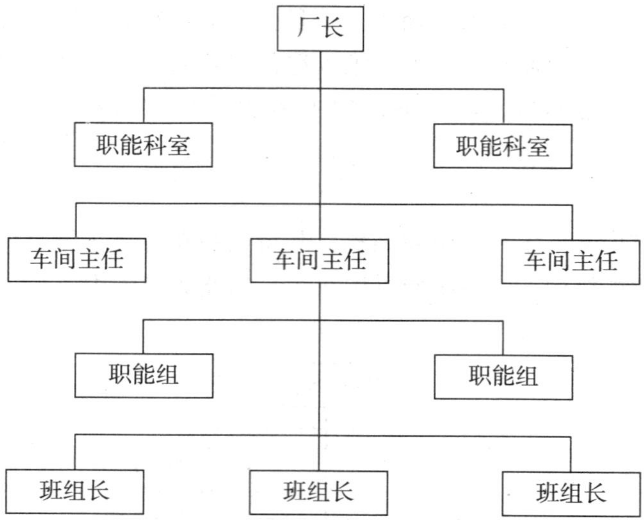

图7－4　直线职能制组织结构

（四）事业部制组织结构

事业部制组织结构是西方经济从自由资本主义过渡到垄断资本主义以后，在企业规模大型化、企业经营多样化、市场竞争激烈化的条件下，出现的一种分权式的组织形式。事业部制组织结构的主要特点是在总公司的领导下，按产品或地区分别设立若干事业部，每个事业部在经营管理上拥有很大的自主权，总公司只保留预算、人事任免和重大问题的决策等权力，并运用利润等指标对事业部进行控制。事业部制组织结构如图7－5所示。

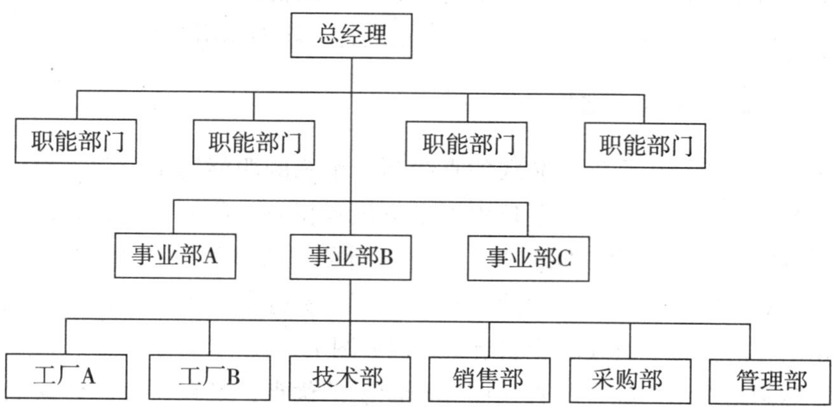

图7－5　事业部制组织结构

事业部制组织结构的管理原则是“集中政策，分散经营”，即在集权领导下实行分权管理。各事业部具有独立经营的自主权，这样既有利于调动各事业部的积极性和主动性，又提高了管理的灵活性和适应性，还能为管理人才的成长创造良好的机会。因此，它成为欧美、日本等国家和地区各大企业所采用的典型的组织形式。但是，事业部制组织结构也加大了高层管理者对各事业部管理的难度，容易产生以各自为中心，不顾全局的本位主义。

（五）矩阵制组织结构

矩阵制组织结构是为了适应在一个组织内同时有几个项目需要完成，每一个项目又需要具有不同专长的人在一起工作才能完成这一特殊需要而形成的组织形式。其特点是：既有按管理职能设置的纵向组织系统，又有按产品、项目、任务等划分的横向组织系统。横向系统的项目组所需的人员，一般是由不同背景、不同技能、不同知识、分别选自不同部门的人员所组成的，他们既接受本职能部门的领导，又接受项目组的领导，一旦某一项目完成，该项目组即行撤销，人员回到原部门工作。矩阵制组织结构如图7－6所示。

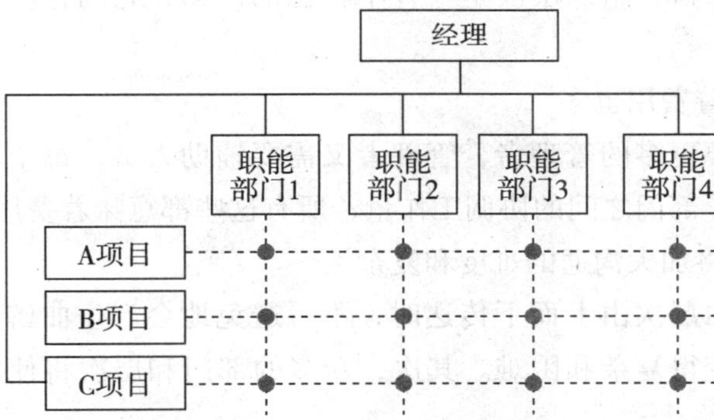

图7－6 矩阵制组织结构

矩阵制组织结构有利于加强各部门间的配合和信息交流，便于集中各种专门的知识和技能，加速完成某一特定项目；可避免各部门的重复劳动，加强组织的整体性；可随项目的开始与结束进行组织或解散，增加了组织的机动性和灵活性。这种组织形式的缺点是：由于各成员隶属于不同的部门，容易产生临时变化，使成员不安心工作，因而组织的稳定性较差；矩阵制实行纵向和横向双重领导，由于每个成员都要接受两个以上的上级领导，可能产生权责不清，互相扯皮的情况，造成管理秩序混乱。矩阵制组织结构一般适用于创新性任务较多、生产经营复杂多变的组织。

五、管理宽度与组织层次

我们周围的各种各样的组织，通常表现为由各种部门和若干层次所构成的结构，如政府机构的部、司、处、科，工厂里的车间、工段、班组等，但是，这种部门和层次安排并非理所当然。

（一）管理宽度的由来

如果组织的最高领导者是万能的，我们是否需要有这种部门和层次的安排？答案是否定的。因为人类存在身体的、生理的、心理的和社会的种种限制，每一个管理者所能直接指挥和监督的下属人数总是有限的。一个管理人员直接指挥和监督的下属人数就被称为管理宽度或管理幅度、管理跨度。

当组织规模越来越大时，为保证组织的正常运转，管理者就必须委托他人来分担自己的一部分管理工作，随着组织规模进一步扩大，受托者又不得不委托他人来分担自己的工作，以此类推，便形成了组织的等级制或层次性的管理结构。

由以上分析可知，只是因为存在着管理宽度的限制，或者说因为管理所能有效监督的下属人数是有限的，才形成了这种层次性的管理结构。

（二）组织层次的副作用

从一定意义上来讲，组织层次是一种不得已的产物，它的存在本身是带有一定副作用的。

1. 层次多意味着费用也多

层次的增加需要更多的管理者，管理者又需要辅助人员，每个人都需要一定的设施支持，同时加大了部门之间的协调工作量，所有这些都意味着费用的增加。

2. 层次的增加将加大沟通的难度和复杂性

首先，信息经由层次由上而下传达时，不可避免地会产生曲解和遗漏，由下而上的信息流动同样会变得复杂和困难。其次，众多的部门和层次将使得计划和控制活动更为复杂。

（三）管理宽度和管理层次的关系

当组织规模一定时，管理宽度和管理层次之间存在反向变化的关系。管理宽度越小，管理层次越多；反之，管理宽度越大，管理层次就越少。这两种情况对应着两种类型的组织结构形态，前者称为高耸型或锥形组织结构，后者则称为扁平型组织结构，如图 7 –7 所示。

高耸型组织结构就是管理层次多而管理宽度小的结构。高耸型组织结构具有管理严密、分工细致明确、上下级易于协调的特点。但层次增多，需要的管理人员就多，协调性工作急剧增加，互相扯皮的事层出不穷；由于管理严密，影响了下级人员的积极性与创造性。因此，为了达到有效管理，应尽可能地减少管理层次。

扁平型组织结构是指管理宽度大而管理层次少的结构。扁平型组织结构有利于缩短上下级距离，密切上下级之间的关系，信息纵向流通速度快；由于管理宽度大，被管理者有较大的自主性和创造性，也有利于选择和培训下属人员。但由于不能严密地

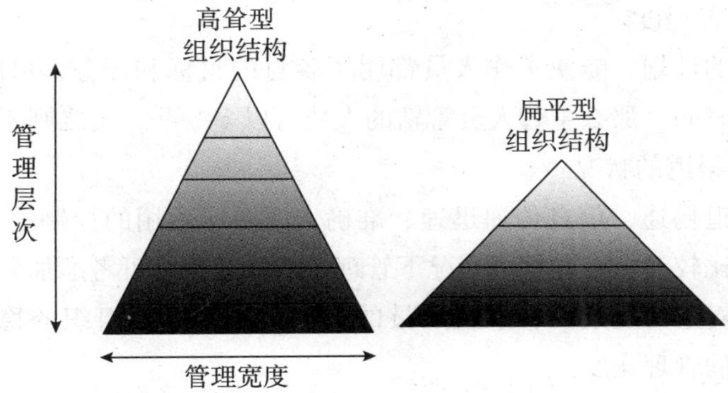

图 7－7 高耸型组织结构与扁平型组织结构

监督下级，因此上下级的协调性较差；管理宽度的加大，也增加了同级之间沟通联络的困难程度。

（四）影响管理宽度的因素

一个管理者能够有效管理的下级人数受多种因素的影响，在这些因素中，有些因素是个人方面的，比如有的人理解问题较快，有的人善于与人相处，有的人很容易受到人们的尊敬等，除这些个人因素外，影响管理者管理宽度的还有一些共同的因素：

1. 主管人员与其下属的素质和能力

凡受过良好训练的下属，不但所需的监督比较少，而且不必时时事事都向上级请示汇报，这样就可减少与其主管接触的次数，从而增大管理宽度。同样的道理，素质和能力均较强的主管人员，能够在不降低效率的前提下，比在相同层次担负类似工作的其他主管人员管辖更多的人员而不会感到过分紧张。

2. 面对问题的种类

主管人员若经常面临的是较复杂、困难的问题或涉及方向性、战略性的问题，则直接管辖的人数不宜过多。反之，若主管人员经常面临的是日常事务，已有规定的程序和解决方法，则管理者的管辖的人数宜较多一些。

3. 工作任务的协调

如果工作任务相似及工作中需协调的频次较少，则管理者的管理宽度可加大，组织层次也可减少。

4. 授权

适当的和充分的授权可以减少主管人员与下属之间的接触次数和密度，节省主管人员的时间和精力，以及锻炼下属的工作能力和提高其积极性。所以，在这种情况下，主管人员管辖的人数可适当增加。如果不授权、授权不足、授权不当或授权不明确，则下属的很多工作都需主管人员进行大量的指导和监督，而合理地进行授权，则下属的工作效率会变高，且主管人员的管理宽度也不会变大。

5. 计划的完善程度

事前有良好的计划，能使工作人员都明了各自的目标和任务，可减少主管人员指导及纠正偏差的时间，那么主管人员管辖的人数可以多一些，反之则不然。

6. 组织沟通渠道的状况

组织沟通渠道畅通，信息传递迅速、准确，说明所运用的控制技术比较有效，对下属的考核制度比较健全，在这种情况下管理者的管理宽度可考虑加大一些。

此外，工作对象的复杂性、下属人员的空间分布，以及组织的稳定程度等因素，也影响着管理者的管理宽度。

六、组织职权

（一）职位、职责与职权

所谓职权（authority），指的是管理职位所固有的发布命令和希望命令得到执行的这样一种权力。

每个管理职位都具有某种特定的、内在的权力，任职者可以从该职位的等级或头衔中获得这种权力。因此，职权与组织内的一定职位相关，而与担任该职位管理者的个人特征无关，它与任职者没有任何直接的关系。当某人从享有某权力的职位上退下来，他就不再享有该职位的任何权力，职权仍保留在该职位中，并会被给予新的任职者。

职责与职权具有对等的重要性，应区别两种不同形式的职责：最终职责和执行职责。

（1）最终职责是指管理者应对他授权执行职责的下属人员的行动最终负责，所以最终职责永远不能下授。

（2）执行职责是指管理者应当下授与所授职权相等的执行责任。

（二）职权的分化——直线与参谋

在组织理论中，关于直线与参谋的概念，经常存在许多模糊和混乱之处，以致因处理不当引起许多麻烦。那么，究竟什么是直线什么是参谋呢？

1. 职权的分类

学者对职权的形式做了如下区分：

（1）直线职权

所谓直线职权，是指直线人员所拥有的做出决策、发布命令以及执行决策的权力。

直线职权是掌握在直线人员手中的，从公司的总经理到最基层的班组长，他们都拥有各自相应的直线职权，这是由于他们所处的管理层次不同，因此其职权大小及职权范围也有所不同。

正是这种从上级到下级的职权关系从组织内的最高层贯穿到最底层，从而形成所谓的指挥链（chain of command），在指挥链中，拥有直线职权的管理者均有权指导下属人员的工作，并无须征求他人意见。

（2）参谋职权

随着组织规模的扩大和环境的日益复杂，管理决策工作越来越艰巨和复杂，仅仅依靠个人能力进行决策便显得力不从心。在这种情况下，管理者进行决策时就必须依靠各个领域的专业人员或专家来出主意、想办法，提供咨询和建议。这些专业人员或专家便是组织中的参谋。

所谓参谋职权，是指参谋人员所拥有的提出咨询、建议，或提供服务与便利，协助直线机构或直线人员工作的权力，是一种辅助性职权。

（3）职能职权

在参谋人员拥有纯粹参谋职权的情况下，一个组织的最高管理者，拥有管理和指挥组织所有活动的完全职权。有关人事、采购、研发等专门职能领域的参谋人员或部门只是提出建议，不具有指挥和命令的直线权力。但当最高主管认为自己没有必要亲自处理这些领域的事务时，他就可以授权参谋人员，允许他们在各自的专门领域直接向直线部门发布指示。这样，参谋人员便有了在这些特定领域行使直线职权的权力，这样就产生了职能职权。

所谓职能职权，是指参谋人员或部门被授予的原属于直线主管人员的那部分权力。

所以，职能职权是一种赋予个人或部门的，对某些特定的业务、活动和资源等进行控制的权力。一般场合下，职能职权是由职能或参谋部门的主管行使的，这是因为这些部门通常是由某一领域的专业人员构成的。正是这些专业人员所具有的特殊的知识和技能，构成了职能管理的基础。

三种组织职权的关系如图 7－8 所示。

2. 处理三种职权的关系

要正确处理好三种职权的关系。首先，要确保直线职权的有效运用，这需要注意两点：一是直线主管必须保持独立的思考和决断能力，不能为参谋所左右，参谋应多谋划，直线主管应善于决断；二是直线主管必须对计划的实施负主要责任，参谋部门只是提出计划或建议，直线部门必须做出是否采纳的决定，并对实施的结果负主要责任。

其次，要注意发挥参谋职权的作用。参谋是为直线主管提供信息、出谋划策，配合主管工作的，参谋应独立提出建议。

最后，要适当限制职能职权。在此过程中要注意以下两点：一要限制职能职权的使用范围。职能职权的使用常限于解决“如何做”“何时做”等方面的问题，如果扩大到“在哪做”“谁来做”“做什么”等问题，就会削弱直线主管的工作。二要限制级别，即职能职权不能越过上级的下属的第一级。

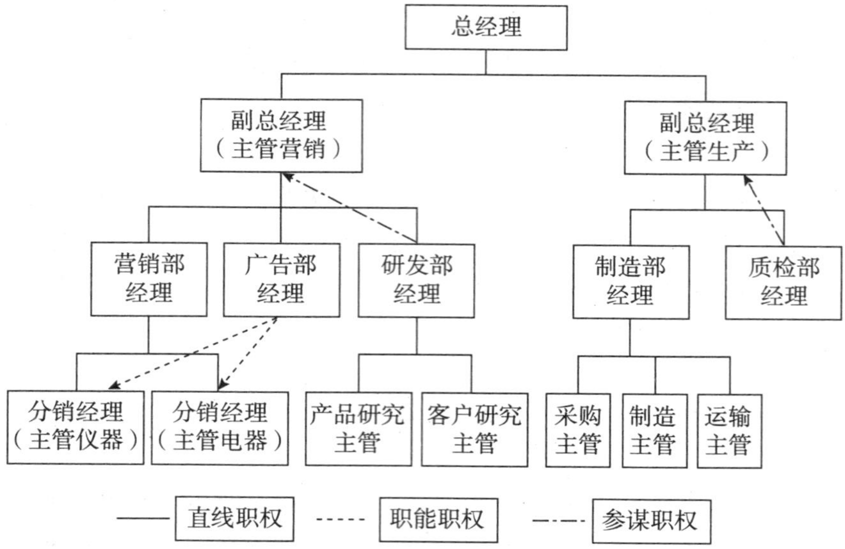

图 7－8　三种组织职权的关系

第二节　组织工作技能与方法

一、组织工作过程

组织工作是管理的第二项职能。每个组织都要把总体工作任务分配给各个成员、各个部门去承担，建立起它们之间相互分工而又相互合作的关系，这种关系就形成了一种框架或结构。组织工作的目的，就是要建立这样一种能产生有效的分工合作关系的结构。

组织工作与其他管理工作一样，有其特定的活动过程。组织工作过程具体包括组织设计、组织运作、组织变革三大阶段的各项工作步骤，如图 7－9 所示。

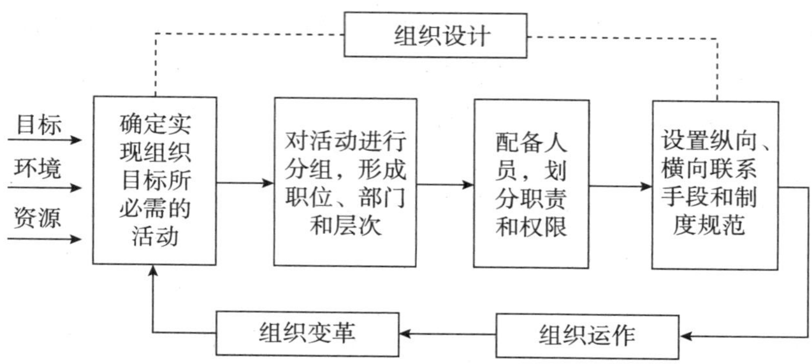

图 7－9　组织工作过程

（一）组织设计

1. 组织设计的原则

组织设计是以组织结构安排为核心的组织系统的整体设计工作。

早在20世纪初，管理学家韦伯、法约尔等就为管理者从事组织设计提供了可供遵循的一套原则，如表7－1所示。现在，这些原则中的大部分仍能够为设计一个既有效率又有效果的组织提供有价值的参考。

表7－1　组织设计的原则

基本原则	内容表述	功能评述
统一指挥原则	组织中每位员工只需服从一名上级的命令并只对一个上级负责，不能出现“一仆二主”的情况。在指挥与命令上，严格实行“一元化”，命令逐级下达，工作逐级上报，不得越级	形成“指挥链”，避免因多头指挥而导致下属无所适从的窘境。 在执行中可能造成缺乏横向联系的问题
分工明晰原则	在组织结构设计中，应使各岗位人员明确了解自己所承担的工作任务、工作职责、权力以及由此得到的相应的利益，从而便于员工自我管理	分工明确，员工可依据相应的责权利关系来从事企业中程序化工作，而不会处于盲目状态，不必事事都要向上级请示，提高了组织的效率
权责对等原则	一定职位上的管理者必须拥有一定的、法定范围内的权力，也必须负有相应的责任	责任就是在接受职位、职务时所应尽的义务。如果有责无权，就会束缚人的积极性和主动性，让其不能承担起应有的责任；反之，有权无责，长此以往就必然造成滥用权力的问题，助长“瞎指挥”和官僚主义行为
集权与分权相结合原则	处理好集权与分权的关系才能保证组织的有效运行。企业在进行组织设计时，既要有必要的权力集中，又要有必要的权力分散，两者不可偏废。没有绝对的集权，也没有绝对的分权	集权有利于保证企业的统一领导和指挥，但具有弹性差、适应性弱的致命弱点，分权是调动下级积极性、主动性的必要组织条件，两者是相辅相成的。这一原则要求对组织中的重大决策及全局性的管理问题实行集权，对局部的日常管理问题实行分权
控制管理宽度原则	应根据不同管理者的具体情况，结合工作的性质以及被管理者的能力素质来确定适合的管理宽度，才能做到既保证统一指挥又维持组织内信息的沟通顺畅	管理宽度过大会使管理产生困难，有可能导致失控；管理宽度过小，则会使管理层次增多，管理成本上升，降低管理效率

续 表

基本原则	内容表述	功能评述
稳定性和适应性相结合原则	组织设计时，既要保证组织在外部环境和企业任务发生变化时能够继续有序地正常运转，同时又要保证组织在运转过程中能够根据变化的情况做出现行的变更，组织应具有一定的弹性和适应性	需要在组织中建立明确的指挥系统、责权关系及规章制度；同时要有一些具有较好适应性的组织形式和措施，使组织在变动的环境中具有一种内在的自动调节机制
人职结合原则	“人”是指管理者，“职”是指组织结构中的职位，具体讲就是要处理好因职设人和因人设职的关系	无论是因人设职还是因职设人，目的都是提高组织的绩效，不能将二者对立起来，要尽可能做到人尽其才和职尽其效

2. 组织设计的程序

组织的设计是一项复杂的系统工程，必须依照科学的程序，这个程序一般包括以下几个步骤：

（1）确定组织目标和实现目标所必需的活动

组织目标是进行组织设计的基本出发点。任何组织都是实现一定目标的工具，没有明确的目标，组织就失去了存在的意义。严格地说，确定目标属于计划工作的内容，组织工作通常是从确定实现目标所必需的活动开始的。以企业为例，可以通过回答如下两个问题来确定实现企业目标需要开展哪些活动：为了达到企业的目标，企业必须在什么领域有出色的表现？什么领域的表现不佳将会影响企业的成绩甚至影响企业的存在？这两个问题的回答可以帮助我们确定对实现企业目标贡献最大的关键性活动。

对企业生存和发展影响重大的关键性活动，应该成为组织设计工作时关注的焦点。其他各种次要活动，应该围绕关键性活动来配置，使次要活动服从、服务和配合于关键性活动，以确保企业目标的实现。

（2）根据组织资源和环境条件对实现目标所必需的活动进行分组

所谓分组，指的是组织单位的划分和组合。对活动进行分组，就是要考虑企业中哪些活动应该合并在一起哪些活动应该分开。

①分组原则。分组原则如下。

贡献相似性原则：贡献相同或相似的活动应该归并在一起，由一个部门来承担。例如，库存控制和采购职能、质量检验和质量管理工作可以结合在一起。

关系相近性原则：在进行部门分合时还应该尽可能地使一项活动与其他活动的联系距离保持最短。例如，企业中各项计划工作通常是归并在计划部门进行，但其中的生产计划可能是个例外，它不是放在计划部门，而是归入制造部门，目的是使生产计划同生产组织和控制活动距离更近些，将生产计划置于制造现场有利于减少不必要的跨系统联系。

②分组方法。不论按照什么原则进行活动分组，都可以采取两种方法：

一种是由小而大的组合法，即先将实现企业目标所必需的活动细分为各项工作，然后将若干工作项目归类形成各种工作岗位或职位，再按一定的方式将某些工作岗位或职位组合成相对独立的部门，并根据惯例幅度的要求设置各个管理层次。

一种是由大而小的划分法，即先确定管理的各个层次，再确定每个层次上应设置哪些部门，然后将每个部门所承担的工作任务分解为各个职位的工作。

以上两种方法在实践中通常是结合起来使用的。

（3）配备人员，划分职责与权限

工作和人员相匹配，职位和能力相适应，也即“人与事相结合”，是组织设计和人员配备工作中必须考虑的一个重要原则。为此，在职务设计时必须保持工作适当的广度和深度，以满足人的内在需要和发挥人的潜在能力；同时，配备人员必须考虑其现有或经过培训后可能具备的素质、能力是否适合所设定的职务要求。此外，组织设计还必须设法使职务和职责权限保持一致。

（4）设置各层次、各部门之间纵向和横向联系手段

如果说组织设计的前几个步骤重点在于把整个企业的活动分解成各个组成部门，那么这一步就是要把各组成部门联结成一个整体，以使整个组织能够协调一致地实现企业的总体目标。可以说，分化与整合，或者说分工与协调，是组织工作的两个核心内容。组织分化到什么程度，相应的整合手段也应该达到同等程度的协调功能。

（5）业务流程和运行规范的设计

业务流程是指一组共同为顾客创造价值而又相互关联的活动。对业务流程进行合理设计，能够促进企业各方面工作走向规范化、标准化和正常化，同时，可以使新员工更快地适应工作，并促进组织的分权化管理。其设计内容通常包括流程步骤的确定、各步骤工作开展的先后顺序、各步骤的输入和输出信息以及负责的岗位或部门等。

运行规范是指指导组织运行的人员招聘和选拔制度、人员培训与激励制度、工作命令与报告制度、绩效考核与评价制度等其他各项规章制度，它的作用是使各方面工作有“法”可依，达到有序、规范的运行状态。

组织设计的工作结果主要表现为组织结构图、职位说明书及业务流程和运行规范等。

（二）组织运作

组织运作指的是使设计好的组织运行和运转起来。一个组织在其运作过程中可能遵循正式组织所规定的轨迹，但也可能渗入和出现各种非正式的关系。非正式组织存在于正式组织中，是一种客观、平常的现象。为了使组织在各种正式和非正式关系交叉的动态运作过程中取得各方面力量的协调配合，首先要合理选聘人员，鼓励妥当授权，同时积极有效地进行上下左右的信息沟通。除此之外，组织还要将已制定出来的

各类规章制度落到实处，使之成为规范和约束员工行为的有效标准，以实现组织运行的正常化、规范化和制度化。

（三）组织变革

组织变革就是对组织的调整、改革与再设计，属于组织工作过程中的反馈与修正步骤。当组织在运行中发现不完善之处，或者组织内外部环境发生变化时，原来的组织设计就要进行修改，以提高组织的效能，增进组织的适应性。

二、职务设计

职务设计是指将若干工作任务组合起来构成一项完整的职务。具体的职务设计形式有以下几种。

（一）职务专业化

职务专业化最早是由亚当·斯密提出的，在泰勒的科学管理方法中又得到强调，职务设计基本上是按职务专业化的模式进行的，即把职务简化为细小的、专业化的任务。在20世纪上半叶，职务设计与劳动分工或职务专门化是同一意义的。职务专业化意味着将职务划分为细小的、专业化的任务，管理者要尽可能地将职务设计得简单。

职务专业化的优点：有利于提高人员的工作熟练程度，有利于减少因工作变换而损失的时间，有利于员工使用专用设备和减少员工培训要求，降低劳动成本等。

职务专业化的弊端：工作之间的协调成本上升，枯燥、单调、乏味的工作导致员工的厌烦和不满情绪，影响工作的质量和总体效率。

如果说专业化分工在经济发展的早期有利于形成规模经济和高效率，那么到了后期就容易产生工作协调和人员激励方面的不经济。

（二）职务扩大化

职务扩大化是与职业专业化相对立的一种设计思想，它将若干活动合并为一项工作，扩大工作的广度和范围。

职务扩大化是指同水平地扩展工作的范围，让员工从事同一层次上的多项工作，使工作多样化，避免职务内容专业化、单一化，最终通过工作再设计达到激励员工的目的。职务扩大化是让员工同时从事更多的工作，这样，如果一个装配工同时从事两项而不是一项工作，那他的工作内容就扩大了。以邮件分类职务为例，它不局限于按单位分发收到的邮件，而是可以扩大到包括将邮件运到各个单位以及用邮资总付计数器在寄出邮件上打戳等。职务扩大化这一方式于20世纪50年代在IBM的埃迪考特厂首先试行。实践证明，这种方式能提高员工情绪，降低生产成本，改善产品质量，并减少管理层次。行为科学家阿吉里斯对这一劳动组织形式予以积极支持，认为赋予员工更多的责任，可以鼓励他们自我控制、自我发挥，从而得到个性的健康成长，改善管理者与员工的关系。

职务扩大化的优点：①分配更多职责。它给员工增加同一责任水平上的工作内容，当员工对某项职务更加熟悉时，提高他们的工作质量（也相应地提高待遇）会让员工感到更加充实。②授予更多职权。如果增加职权满足了员工对权力和控制力的需求，就能对他们起到激励作用。

职务扩大化的缺点：职务扩大化并没有给工人的活动带来多少挑战性和意义。一位经历过这样一种职务再设计的员工评论说："以前，我只有一份烦人的工作；现在，因为职务扩大化，我有了三份烦人的工作。"

（三）职务丰富化

如果说职务扩大化是指在同一级别上的工作横向扩展，那么职务丰富化则是在纵向上充实和丰富工作内容，也即从增加员工对工作的自主性和提高责任心的角度，使其体验工作的内在意义、挑战性和成就感。对职务进行丰富化设计，就是要将部分管理权限下放给下级人员，使其在完成任务过程中也有参与决策的权力。

三、部门设计

活动分组就是将性质相同或相近的工作归类合并，在组织内部建立职能各异的部门。

（一）部门设计原则

1. 最少部门原则

组织结构中的部门应力求精简，这是以有效地实现组织目标为前提的。

2. 弹性原则

划分部门应随业务的需要而增减。在一定时期内划分的部门，没有永久性的概念，其增设和撤销应随业务工作而定。组织也可以设立临时部门或工作组来解决临时出现的问题。

3. 目标实现原则

必要的职能均应具备，以确保目标的实现。当某一职能与两个以上部门有关联时，应对每一部门所负责的部分作出明确规定。

4. 指标均衡原则

各部门职务的指标分派应平衡，避免忙闲不均、工作量分摊不均。

5. 检查职务与业务部门分设原则

考核和检查业务部门的人员，不应隶属于受其检查和评价的部门，这样就可以避免检查人员"偏心"，从而真正发挥检查职务的作用。

（二）部门设计方法

以工作归类为基础设计部门的基本方法有以下几种：

1. 人数部门化

人数部门化是完全按人数的多少来划分部门，如军队中的师、团、营、连、排即此种划分方法。这是最原始、最简单的划分方法，它仅仅考虑的是人的数量。在高度专业化的现代社会，这种划分方法越来越少，因为随着人们文化水平和科学水平的提高，每个人都可能掌握某种专业技术，把具备某种专业技术的人组织起来去做某项工作，比单靠数量组织起来的人们有更高的效率，特别是现代企业逐渐从劳动集约化向技术集约化转变，单纯按人数多少划分部门的方法有逐渐被淘汰的趋势。

2. 时间部门化

时间部门化是在正常的工作日不能满足工作需要时所采用的一种划分部门的方法，如企业按早、午、晚三班编制进行生产。按时间划分部门主要基于以下考虑：人的生理需要决定了人必须吃饭、睡觉、休息和娱乐；有些工作需要很长的时间，而且不能间断，如炼钢厂炼一炉钢只有在钢材全部出炉以后才能停止；有时出于经济和技术的需要等，正常的工作日无法满足这种需要。这种划分适用于最基层的组织。

3. 职能部门化

按职能划分部门是最常见的一种方法，它是以组织的主要经营职能为基础设立部门，凡属同一性质的工作都置于同一部门，由该部门全权负责该项职能的执行，某公司的职能部门化如图 7－10 所示。

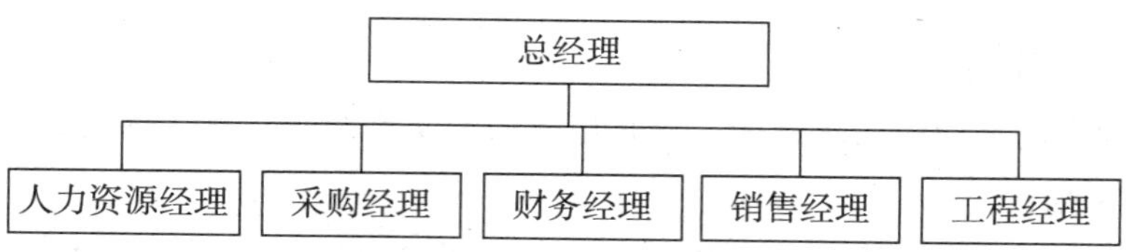

图 7－10　某公司的职能部门化

职能部门化有利于提高管理的专业化程度，有利于提高管理人员的技术水平和管理水平。但是，各部门长期只从事某种专业业务的管理，易导致工作面过于狭窄，不利于高级管理人才的培养。

4. 工艺部门化

工艺部门化是以工作程序为基础组合各项活动，从而划分部门的一种方法。例如，在机械制造企业，通常按照毛坯、机械加工、装配的工艺顺序分别设立部门。这种划分方式，在生产工艺复杂且要求严格的情况下是必要的，它有利于加强专业工艺管理，提高工艺水平。

5. 产品部门化

按产品划分部门，就是把某种产品或某种系列产品的设计、制造、销售等管理工作划归一个部门负责，如图 7 – 11 所示。

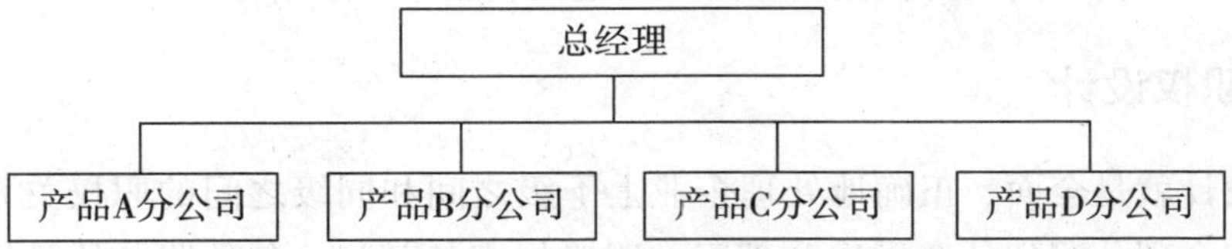

图 7 – 11　按产品划分部门

这种划分在多品种生产经营的大中型企业是十分必要的，它有利于充分利用管理者的专业知识和技能，有利于组织专业化生产和经营，有利于扩大销售和改善售后服务工作。国外大中型企业中的产品事业部，就是按产品划分部门的典型。

6. 区域部门化

区域部门化是根据地理因素来设立管理部门，把不同地区的经营业务和职责划归不同部门全权负责。对于一个地域分布较广或经营业务涉及区域较广的组织来说，按地区划分部门是必要的，如图 7 – 12 所示。

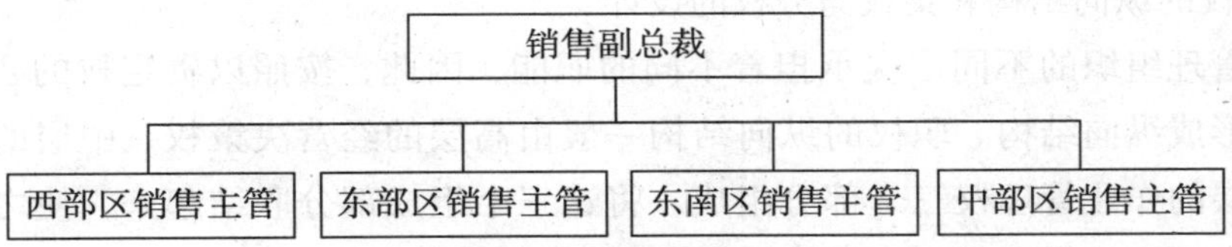

图 7 – 12　按地区划分部门

不同地区的政治经济形势、文化科学技术水平、用户对产品的要求、购买习惯等都有很大差别，按地区划分部门，有利于各部门因地制宜地制定政策、进行决策，提高管理的适应性和有效性，还有利于培养独当一面的管理人才。我国管理组织中的地区性分公司、办事处，国外企业组织中的地区事业部等，都是按地区划分的部门。

7. 顾客部门化

顾客部门化是以服务对象为基础来划分部门的，如图 7 – 13 所示。

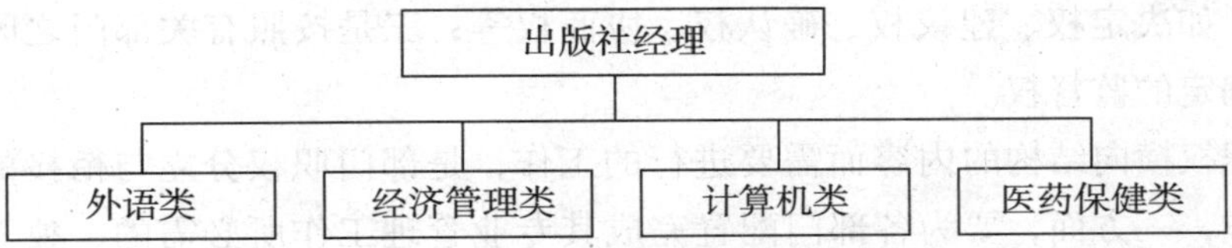

图 7 – 13　按服务对象划分部门

这种划分主要适用于销售部门。不同的顾客对产品及其服务的要求往往有比较明显的差别，为了更好地为顾客服务，促进商品销售，在顾客面较广的企业，可以按顾客的类型不同分别设立不同的销售部门。

总体来说，一个组织究竟采用何种方式划分部门，应视具体情况而定，而且这些划分方式往往是结合采用的，如职能或参谋机构一般按职能划分；生产部门可按工艺或产品划分；销售部门则可根据实际需要按地区或服务对象划分。

四、职权设计

职权设计就是全面、正确地处理企业上下级之间和同级之间的职权关系，将不同类型的职权合理分配到各个层次和部门，明确规定各部门、各种职务的具体职权，建立起集中统一、上下左右协调配合的职权结构。它是旨在保证各部门真正履行职责的一项重要的组织设计工作。

（一）职权设计内容

企业各层次、各部门、各种职务所享有的内容各异、大小不同的各种职权及其相互联系，即企业的职权结构。遵循一定的指导原则，为企业建立一个科学合理的职权结构，是职权设计的任务。因此，职权设计的工作内容取决于职权结构的基本内容，企业职权结构及其相应的职权设计工作一般包括以下两个方面的内容：

1. 职权的纵向结构和集权与分权的设计

企业管理组织的不同层次承担着不同的职能，因此，按照以责定权的要求，职权就会相应形成纵向结构。职权的纵向结构一般由高层的经营决策权、中层的专业管理权以及基层的作业管理权三个部分组成。将这三个组成部分联结起来，使之成为上下衔接、贯穿到底的纵向系统，靠的是决策权在各个层次的合理配置。

由于决策权贯穿职权的纵向结构，这就需要正确处理决策权的集中与分散的关系，包括从总体上确定企业决策权集中化或分散化的关系，以及决策权的具体配置，完成这一任务的工作，就是集权与分权的设计工作，它是职权设计的一项基本内容。

2. 职权的横向结构和部门职权分立与衔接的设计

职权的横向结构，指的是同一管理层次各个部门的职权配置及相互关系。它与职能结构和部门结构相适应，包括相互联系的三个方面内容：一是按照专业分工，各部门所享有的相应职权；二是按照在各项工作中同级部门之间的协作关系，各自享有的相应职权，如决定权、建议权、确认权、协商权等；三是按照有关部门之间的横向制约关系所确定的监督权。

根据职权横向结构的内容而需要进行的工作，是部门职权分立与衔接的设计。通过这项工作，一方面，要为各部门配置完成其专业管理工作所必需的、独立行使的职权，保证实现合理的横向分工与有效的横向制约；另一方面，要为部门之间的专业搭接规定相应的职权，以加强协作，促进良好的横向协调。

（二）职权设计方法

职权设计的方法主要有授权和控制两种，并由此产生出相应的集权和分权。

1. 授权

授权也是一种行使职权的艺术。授权的范围很广，有用人之权、做事之权等，对于管理者来讲，如果授权过多，就等于放弃权力；如果授权不足，管理者仍会被杂乱的事务所困扰，下级就会事事谨慎，样样请示，事事报告。因此管理者要掌握和运用一些基本的授权技巧。

授权的过程见图 7－14。

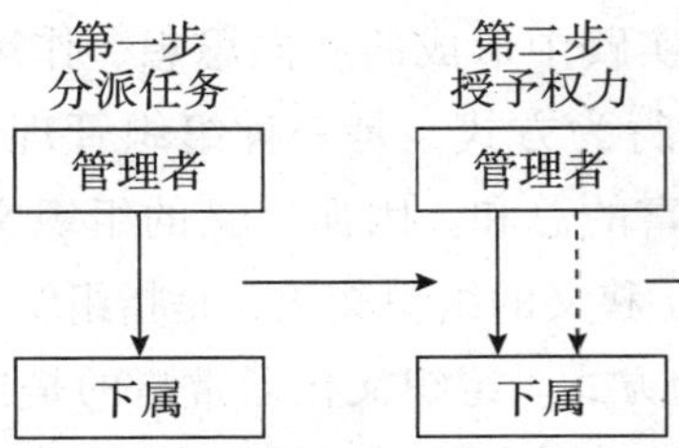

图 7－14　授权的过程

（1）分派任务

分派任务就是向被托付人交代任务。任务是指授权者希望被授权者去做的工作，它可能是要求被授权者写一个报告或计划，也可能是要其担任某一职务。不管是单一的任务还是某一固定的职务，都是由组织目标分解出来的工作或一系列工作的集合。

（2）授予权力

在明确了任务之后，就要授予被托付人相应的权力，如有权调配有关人员或相应资源，使授权者有权履行原本无权处理的工作等。

（3）明确责任

当被授权者接受了任务并拥有了所必需的权力后，就有义务去完成所分派的工作。被授权者的责任主要表现为向授权者承诺保证完成指派的任务，包括向上级汇报任务的执行情况和成果，并根据任务完成情况和权力使用情况接受授权者的奖励或惩处。值得指出的是，被授权者所负的责任只是工作责任，而不是最终责任，授权者对于被授权者的行为负有最终责任。

授权并不是职权的放弃或让渡。管理者授权和教师传授知识相类似，教师将知识传授给学生，学生获得了这些知识，但教师并没有因此而失去这些知识。同样，授权者也不会由于将职权授予别人而丧失它，授出的一切职权都可由授权者收回和重新授出。

2. 控制

企业组织的职权通过合理的授权与分权就进入了运作阶段，权力运作最经常的结果是服从，但不可避免地还会有冲突或不和谐，致使职权的运作发生偏差。它们可能发生在个人身上、个人之间或互相竞争的群体和联盟之间，也可能存在于组织的结构或具体的工作程序中。它产生的根源一定是与现实利益的矛盾或分歧有关。就管理层而言，必然要考虑企业的职权分配之后应如何进行监督并做到有效控制。

五、组织文化建设

（一）组织文化概念

组织文化是指组织在长期的经营实践中形成的共同思想、作风、价值观念和行为准则，是一种具有组织个性的信念和行为方式，是一种组织管理哲学。广义的文化，是指人类所创造的物质财富与精神财富的总和。因而广义的组织文化，也就是指企业所创造的物质财富与精神财富的总和；狭义的组织文化，是指组织在经营管理中所形成的独具特色的思想意识、价值观和行为方式。组织文化通常指的是狭义的组织文化。从其内部结构来看，组织文化包括物质层、制度层和精神层三个层面，如图7－15所示。

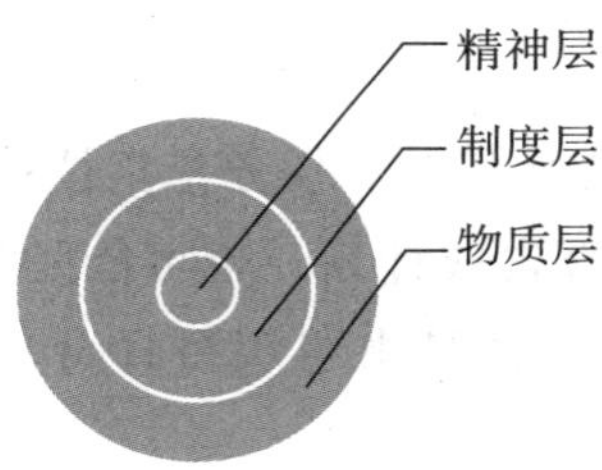

图7－15　组织文化的三个层面

1. 物质层

物质层是凝聚着组织精神文化的生产经营过程和产品的总和，包括实体性的文化、管理学设施，如带有组织文化色彩的生产环境、工作场所、办公设备、建筑设计、造型布局、社区环境、图书馆、俱乐部等。物质层是组织文化中最表层的部分，是人们可以直接感受到的，是从直观上把握不同组织文化的依据。

2. 制度层

制度层是具有组织文化特色的各种规章制度、道德规范和职工行为准则的总和，包括企业的规章制度、企业的纪律条款、企业服装、企业标识，以及生产经营过程中的交往方式、行为准则等。制度层是组织文化的中介层，它构成了各个组织在管理上的文化个性特征。

3. 精神层

精神层是组织成员共同的意识活动，包括组织目标、组织宗旨、组织精神、价值标准、组织道德、团体意识、管理思维方式等。它是组织文化最深层的结构，是组织文化的源泉，是组织文化的核心。

物质层、制度层、精神层由外到内的分布就形成了组织文化的结构，这种结构不是静止的，它们之间存在着相互联系，共同构成一个完整的体系。其中，组织的精神层是最根本的，它决定着组织文化的其他两个层次，有什么样的精神层就会有什么样的制度层和物质层；同时，制度层和物质层也反映着精神层。

（二）组织文化建设途径（见图7－16）

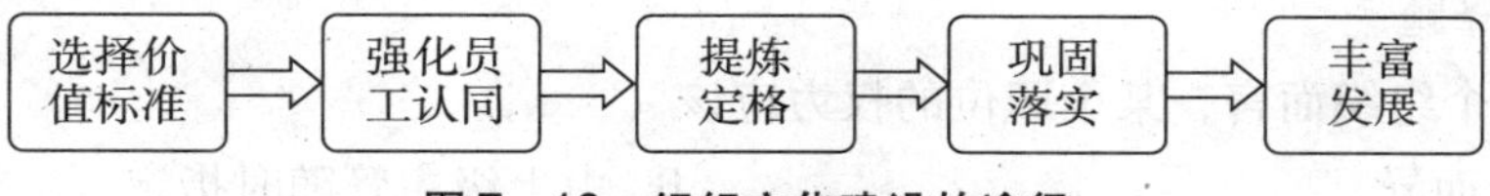

图7－16　组织文化建设的途径

1. 选择价值标准

由于组织价值观是整个组织文化的核心和灵魂，因此选择正确的组织价值观是塑造组织文化的首要战略问题。选择组织价值观要立足于本组织的具体特点，不同的组织有不同的目的、环境、习惯和组成方式，由此构成千差万别的组织类型，因此必须准确地把握本组织的特点，选择适合自身发展的组织文化模式，否则就不会得到广大员工和社会公众的认同与理解。

2. 强化员工认同

充分利用一切宣传工具和手段，深入、广泛地宣传组织文化的内容和要求，使之家喻户晓、人人皆知，以创造浓厚的环境氛围。比如通过树立英雄人物为组织成员提供可以仿效的具体榜样；通过培训教育使组织成员系统接受和强化认同组织所倡导的组织精神和组织文化。

3. 提炼定格

通过精心分析、全面归纳，把经过科学论证和实践检验的组织精神、组织价值观、组织文化予以条理化、完善化、格式化，再加以必要的理论加工和文字处理，用精练的文字表达出来。构建完善的组织文化需要一定的时间和过程，因此，充分的时间、广泛的发动、认真的提炼、严肃的定格是创造优秀的组织文化所不可缺少的。

4. 巩固落实

要建立必要的制度保证。在组织文化演变成全体员工的习惯行为之前，要使每个成员都能自觉、主动地按照组织文化和组织精神的标准去行事几乎是不可能的，即使在组织文化业已成熟的组织中，个别成员背离组织宗旨的行为也时常发生，因此，建立某种奖优罚劣的规章制度是有一定的必要性的。

5. 丰富发展

任何一种组织文化都是特定历史环境的产物，当组织的内外条件发生变化时，不失时机地更新、丰富和发展组织文化的内容和形式会经常地摆上议事日程。这既是一个不断淘汰旧文化和不断生成新文化的过程，也是一个认识与实践不断深化的过程，组织文化由此经过循环往复达到更高的层次。

第三节　组织工作技能训练

理论测试

一、选择题

1. 对一个组织而言，某个职位的权力应该（　　）。

A. 因人而异　　B. 由上级主管随时指定

C. 由正式程序赋予　　D. 由支持者赋予

2. 组织规模一定时，管理宽度和组织层次成（　　）。

A. 正比关系　　B. 指数关系

C. 相关关系　　D. 反比关系

3. 职能职权是某项职位或某部门所拥有的（　　）。

A. 辅助性职权　　B. 决策权

C. 建议、咨询权　　D. 原属于直线主管的那部分权力

4. 中国古代名相管仲治理齐国时，指令30户为一邑，每一邑设一司官；10邑为一卒，每卒设一卒师；10卒为一乡，每乡设一乡师；10乡为一县，每县设一县师；10县为一属，每属设一大夫；全国共5属，直接归中央指挥。这种组织设计为何种形式？其管理层次为多少？（　　）

A. 直线制，管理层次为7　　B. 直线制，管理层次为8

C. 直线职能制，管理层次为7　　D. 直线职能制，管理层次为8

二、判断题

1. 事业部制是一种分权式的组织机构，集中政策，分散经营。（　　）

2. 直线制组织结构形式最能体现管理劳动专业化分工的思想。（　　）

3. 组织文化应当以不变应万变，保持组织文化的稳定性、传承性。（　　）

4. 组织的结构性特征描述的是一个组织的内部特征，背景性特征是对组织外部环境的描述。（　　）

三、简答题

1. 组织工作包括哪些内容？

2. 组织授权应考虑哪些原则？举例说明为什么。

技能训练

训练一 案例分析（纸上谈兵）

◆ 案例分析示范

×公司的组织变革

×公司原来主要生产复印机，一直都是按照职能制来设计组织结构，由几位副总经理分管财务、销售、生产、人事、采购、工程以及研究和开发。随着公司把它的产品系列扩大到打印机、传真机、个人电脑、手机等以后，公司职能制结构出现了一系列的问题：总经理办公室以下的人员及机构都无法对公司的利润负责，也无法适应市场拓展以后所带来的业务广泛性，而且那些阻碍销售、生产和研究开发各职能部门之间有效协调的“壁垒”正在不断加固；更糟糕的是，有许多决策，似乎除了总经理办公室，其他任何低于这一级的机构都不能做出。

面对这些问题，×公司的高层管理者决定，将公司分为12个在不同产业和市场中各自独立经营的分公司，每个分公司都对自己的利润负有全部责任。然而，公司重组后，×公司的高层管理者明显感觉到自己对分公司不能实行充分控制了。分公司在采购和人事等职能方面出现了大量的问题，各分公司经理无视总公司的方针和策略，各自经营自己的业务，正在逐步演变成一些互不相关的独立部门。

这些新问题的出现，使×公司认识到，可能在分权的路上走得太远了。于是，×公司撤回了分公司经理的某些职权，并要求他们在下述重要事项的决策方面必须征得公司最高管理部门的批准，即：①超过10万元的资本支出；②新产品的推行；③制定销售价格的策略及政策；④扩大工厂；⑤人事政策的变动。

由于某些自主权被收回，分公司的经理们开始抱怨，有的甚至以辞职相威胁，×公司的高层为此忧心忡忡。

1. 思考与讨论

×公司的组织变革是否合理？组织变革为什么会受到抵制？可以采取怎样的管理策略来减小变革阻力？×公司总部从分公司经理处收回某些职权是否合理？应该如何在组织的集权和分权之间保持恰当的平衡？

2. 分析要点（供参考）

（1）×公司组织变革是否合理？

组织结构的变革要与战略、规模、技术、环境等因素相适应。当公司由单一产品、单一市场发展到多元产品和多元市场之后，组织结构必须随之做出调整。职能型结构虽然具有专门化带来的成本节约的好处，但追求职能目标会导致组织内部职能沟通壁垒，特别是当公司实现多元化之后，此时采用结果导向的事业部型结构非常必要。但是，事业部型结构也会因为过度分权而造成活动和资源重复配置，从而增加成本、降低效率，所以必须在总部与事业部之间进行合理的分权。

（2）组织变革为什么会受到抵制？可以采取怎样的管理策略来减少变革阻力？

组织变革受到抵制的原因：不确定性、担心个人损失、顾虑变革不符合组织利益等，减小阻力的管理策略包括教育与沟通、吸引参与、促进与支持、谈判、操作收买和强制。

（3）案例启示：

本案例表明如下几点：①组织和任何有机体一样，都有其生命周期。每一个阶段的组织结构都有其特点，每一个阶段最后都面临某种危机和管理问题，都要采用一定的管理策略解决这些危机，从而达到成长的目的。②组织改革遇到阻力是很正常的，没有任何阻力的话，组织行为反而会变得随意而混乱，克服阻力可采取教育沟通、参与等多种方式。

◆ **案例分析练习**

【目的】

1. 理解组织设计原则。
2. 职务设计的合理性。

【资料】

一封辞职信

尊敬的钟院长：

您好！

我叫李玲，是医院内科的护士长，我当护士长已经有半年了，但我再也无法忍受这种工作了，我实在干不下去了。我有两个上司，他们都有不同的要求，都要求优先处理自己布置的任务。然而，我只是一个凡人，没有分身术，我已经尽了自己最大的努力来适应这样的工作要求，但看来我还是失败了，让我给您举个例子吧。昨天早上8：00，我刚到办公室，医院的主任护士叫住我，告诉我她下午要在董事会上做汇报，现急需一份床位利用情况报告，让我10：00前务必完成，而这样一份报告至少要花一个半小时才能写出来。30分钟以后，我的直接主管，基层护士监督员王华走进来，突然质问我为什么不见我的两位下属护士上班。我告诉她外科李主任因急诊外科手术缺人手从我这儿要走了她们两位，借用一下，尽管我表示反对，但李主任坚持说只能这么办。王华听完我的解释，叫我立即让这些护士回到内科来，并告诉我一个小时以后她会来检查我是否把这事办好了！像这样的事情不胜枚举，每天都要发生好几次。

这样的工作我实在无法胜任，特向您辞职，请批准！

李玲

2019年5月20日

【要求】

1. 案例中李玲所在的这家医院在组织结构设计上合理吗？为什么？

2. 若要避免案例中的这种情况，请谈谈你的建议。

训练二　画组织结构图（动手试试）

【目的】

1. 掌握组织结构图的基本构成。

2. 理解组织内部职位之间的相互沟通关系。

【资料】

下面是某制造公司设置的部分职位名称：

①财务副总裁　②财务主管　③董事会　④总裁　⑤安全主管　⑥销售经理　⑦人事副总裁　⑧研发副总裁　⑨生产副总裁　⑩总裁助理　⑪采购副总裁　⑫采购主任　⑬采购员　⑭设计工程师　⑮研发主任　⑯技术主任　⑰ 信用贷款经理　⑱工厂厂长　⑲质量管理主任　⑳预算主任　㉑工厂安全总监　㉒广告经理　㉓工长　㉔招聘专家　㉕主任会计　㉖生产计划专家　㉗顾客服务代表　㉘设备维修主管　㉙车间主任

【要求】

请根据资料画出一张组织结构图，分析此结构类型及特征。

训练三　企业调研（社会实践）

【目的】

组织诊断训练。

【要求】

以小组为单位，选择一个企业，对该企业的 1 ~ 2 个职位的员工进行“职位丰富化”实地调查，并对调查结果进行分析，写出分析报告。以下问卷调查表供参考。

工作丰富化诊断问卷调查表

一、基本信息	
姓　　名：	填写日期：　年　月　日
职务名称：	职务编号：
所属部门：	部门经理姓名：
二、工作内容调查	
1. 请准确、简洁地列举你的主要工作内容（若多于 8 条可以附纸填写，下同）： （1）________　（2）________　（3）________ （4）________　（5）________　（6）________ （7）________　（8）________	

续 表

上述内容，与职务描述中的内容是否有差异？如果有，有哪些？产生的原因是什么？
2. 请列举你有决策权的工作项目。 （1）__________ （2）__________ （3）__________ （4）__________ （5）__________ （6）__________ （7）__________ （8）__________ 上述内容，与职务描述中的内容是否有差异？如果有，有哪些？产生的原因是什么？
3. 请列举你没有决策权的工作项目。 （1）__________ （2）__________ （3）__________ （4）__________ （5）__________ （6）__________ （7）__________ （8）__________ 上述内容，与职务描述中的内容是否有差异？如果有，有哪些？产生的原因是什么？
三、职业发展调查
1. 请描述你为自己设定的职业发展目标。 2. 你认为这个目标和企业为你制订的发展目标一致吗？如果不一致，差别在什么地方？ 3. 为了达成你个人的职业发展目标，你认为企业应该为你做些什么？ 4. 在当前的职务情况下，你是如何向你的职业发展目标迈进的？
四、适应性调查
1. 你是否还具有工作的热情？如果没有，原因是什么？ 2. 你是否对自己现在的状态感到满意？如果不满意，你希望自己是什么样的状态？ 3. 你是否能在没有工作热情时同样做好自己的工作？ 4. 你是否认为工作和状态相结合很重要？
五、相关问题调查
1. 你自己在工作中最大的困难和苦恼是什么？ 2. 你是否喜欢为自己的工作做计划？ 3. 你认为直接上级应该授予你哪方面的权力？ 4. 你对目前的职务描述和职务资格要求有什么看法？ 5. 你希望对职务描述和职务资格的哪些内容进行修改？如何进行修改？ 6. 你对职务资格要求有哪些建议和意见？

训练四　校园活动组织工作实践（综合应用）

【目的】

组织工作能力训练。

【要求】

首先，以小组为单位讨论，选择一个即将举办的校园活动，比如即将举办的校园歌曲大奖赛，请你按以下步骤对该活动进行组织设计：

（1）确定本次活动的宗旨和目标；

（2）列出比赛从开始到结束的全部工作清单，越详细越好；

（3）对步骤（2）的工作清单进行分析，然后按有关原则进行工作归类；

（4）为每类工作配备负责人及配合人员；

（5）明确每个负责人及其他参与人员的工作职责、权限，写出职务说明书；

（6）制定相关制度及沟通流程。

其次，请认真参与该活动或了解本次活动的每一个细节，对照你的设计方案，分析活动的实际组织者的成功或不足之处，进一步完善你的设计方案。

最后，请本次活动的每个参与者对组织工作能力进行点评。

思政探索

一、思政目标

培养学生的大局意识和全局观念。

二、知识点

组织结构设计。

三、思政元素

中国共产党独特而强大的组织优势。

四、融入途径

1. 案例导入：ABB 公司组织结构——组织的重大意义。

2. 小组讨论：“坚决打赢疫情防控的人民战争、总体战、阻击战”“各级党委和政府必须坚决服从党中央统一指挥、统一协调、统一调度”“各项工作都要为打赢疫情防控阻击战提供支持”……自疫情发生以来，习近平总书记多次强调“各地区各部门必须增强大局意识和全局观念”。

3. 观点思考：不同的组织结构是不同的战斗阵型，有进攻型的阵型，有防守型阵型，有集权型阵型、有分权型阵型。组织的战斗力不仅来自组织成员的大局意识和全局观，更来自合理的组织结构。

4. 个人练习：有哪些因素可能会阻碍自己快速融入一个组织？

拓展学习

虚拟组织是区别于传统组织的一种以信息技术为支撑的人机一体化组织。其特征是以现代通信技术、信息存储技术、机器智能产品为依托，实现传统组织结构、职能及目标。在形式上，没有固定的地理空间，也没有时间限制。组织成员通过高度自律和高度的价值取向共同实现团队的共同目标。

20 世纪 90 年代以来，随着科技进步和社会发展，世界经济发生了重大变化。人们根据自己生产、工作和生活的需要，对产品的品种与规格、花色式样等提出了多样化和个性化的要求，企业面对不断变化的市场，为求得生存与发展，必须具有高度的柔性和快速的反应能力。为此，现代企业向组织结构简单化、扁平化方向发展，于是就产生了能将知识、技术、资金、原材料、市场和管理等资源联合起来的虚拟企业。

1991 年，美国艾科卡（Iacocca）研究所为美国国会提交了一份题为《21 世纪制造企业战略》的研究报告，在报告中其富有创造性地提出了“虚拟企业”的构想，即在企业之间以市场为导向建立动态联盟，以便能够充分利用整个社会的制造资源，在激烈的竞争中取胜。

1992 年，威廉·达维多和迈克尔·马隆给出了虚拟企业的定义：“虚拟企业是由一些独立的厂商、顾客甚至同行的竞争对手，通过信息技术联成临时的网络组织，以达到共享技术、分摊费用以及满足市场需求的目的的。虚拟企业没有中央办公室，也没有正式的组织图，更不像传统组织那样具有多层次的组织结构。”由此可见，虚拟企业是由几个有共同目标和合作协议的企业组成的，成员之间可以是合作伙伴，也可以是竞争对手。这就改变了过去企业之间完全你死我活的输赢（Win - Lose）关系，而形成一种共赢（Win - Win）的关系。虚拟企业集合各成员的核心能力和资源，在管理、技术、资源等方面拥有得天独厚的竞争优势，通过分享市场机会和顾客，实现共赢的目的。

虚拟企业是工业经济时代的全球化协作生产的延续，是信息时代的企业组织创新形式。目前人们对它的认识仍然处在不断探索的阶段，在相关文献中有虚拟企业、虚拟公司、虚拟团队、虚拟组织等称谓。

第八章　领导工作能力

学习目标

知识目标

- 理解有关领导的概念及实质
- 掌握领导者的影响力构成及领导方式理论
- 熟悉沟通的方法与艺术

技能目标

- 培养有效领导的能力
- 提升人际交往与沟通的能力
- 培养团队管理能力

学习导航

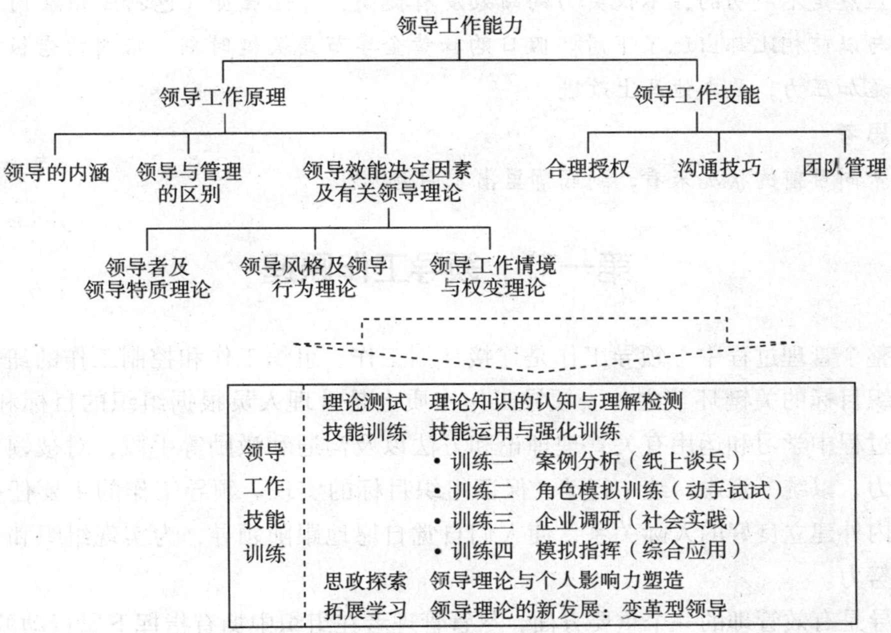

案例导入

"富有人情味"的张同

张同在某大型家电产品公司工作，前几年因为工作特别突出，他被从基层职员提拔为西区的大区经理，现在管理着10个人。

张同认为自己是"富有人情味"的人，但他的手下工作效率并不高。张同的手下出现了分化，一部分人有能力而且积极地完成工作，而另一些人则显得对工作漠不关心且难以完成工作，有两个典型：王强和吴力。王强已经工作四年，是个靠得住的人，平时关心顾客，工作有效率。张同与王强处得很好，而且他相信王强能在没有监督的情况下完成工作。

吴力的情况则完全不同，他在这个岗位上工作的时间还不到一年。在张同看来，吴力在与同事的交往上花了太多的时间。每天吴力都是第一个下班的人，他几乎没有完成过规定标准75%的工作量。张同经常找吴力谈话，明确地告诉他应该达到的目标和标准，但没有什么效果。

在一次沟通技巧培训课程结束后，张同觉得对每个人要更加友善和坦诚，尤其是对吴力和其他表现差的人，他要更关心他们的生活、理解他们的感受，因为他从前给了他们太多的压力，要求他们取得更高的绩效并建立有纪律的工作习惯，他希望吴力（还有其他人）逐渐成长并进入良好的工作状态。

两个星期后，张同坐在自己的办公室里，心情沮丧。他在自己领导风格方面所做的改变显然是不成功的，不仅吴力的绩效没有提高，其他雇员（包括王强在内）的工作业绩与以前相比都出现了下滑。假日购物黄金季节是关键时刻，张同的老板正不断地向他施加压力，要求他马上改进。

请思考：

以张同目前的状况来看，到底哪里出了问题呢？

第一节　领导工作原理

在整个管理过程中，领导工作是连接计划工作、组织工作和控制工作的纽带，是实现组织目标的关键环节之一。领导工作实质上是管理人员根据组织的目标和要求，在管理过程中学习和运用有关管理理论和方法以及沟通和激励等手段，对被领导者施加影响力，以统一意志、统一行动、保证组织目标的实现。领导工作的主要任务就是在组织内外建立良好的人际关系，使人们自觉自愿地跟随领导，为实现组织和个人的目标而努力。

领导是有效管理的一个重要方面，尽管管理者在组织中拥有指挥下属行动的特权，但出于组织中个人目标、需求、偏好、性格、素质、价值观的不同，加之工作的职责和掌握信息等方面存在着很大的差异，在相互合作中必然会产生各种矛盾和冲突，因此，如何有效地进行领导是现代管理者必须掌握的一项基本技能。不同的领导风格、领导行为和领导方式，往往成为影响企业经营成败的关键因素。

一、领导的内涵

（一）领导的含义

所谓领导，就是影响个人或群体在某种特定条件下向目标迈进的行为或力量，即领导是一种行为或影响。这是目前较为普遍的一种定义。但也有其他一些定义很有影响，如领导是一种引导和促使下属为目标努力的艺术；领导是一种程序，这种程序包括了指挥和激励；领导是一种说服力；等等。

从领导的定义可以看出，领导也是一个系统，这个系统由以下要素构成：

1. 领导行为的主体

这也就是我们常讲的领导者，它是一个人或一个集团，是实施领导的人或集团。领导主体在领导行为中起着关键的作用。

2. 领导对象

即领导者的部下、追随者或者说领导行为的影响者，它也是人或由人组成的群体。

3. 领导目的及实现目的的手段

目的就是领导目标的预期，其手段主要有指挥、激励、沟通以及领导艺术等。

4. 领导力量

领导者拥有影响下属或追随者的能力，主要包括职权和个人影响力。

（二）领导的实质

卡茨和卡恩（Katz & kahn）曾提出这样的观点："我们认为在组织中，领导的实质是除了对组织日常指示机械服从之外的影响的扩大。"领导的实质是一种对他人的影响力。

领导工作作为管理的一项职能，主要表现为对人的管理，即研究人与人的关系。领导的工作就是让人们正确地认识自己与他人、自己与组织的关系，并使这些关系完整地表现出来，还要协调好各种人与人之间的关系，并使被领导者义无反顾地追随他前进，自觉自愿而又充满信心地把自己的力量奉献给组织，促进组织目标的有效实现。可见，领导工作的实质就是对个体和群体施加影响力和处理好人际关系。

既然领导工作的实质是对他人施加影响力，那么影响力来源于哪里呢？可以分为两类：一类是所谓的正式的权力或职位的权力（position power），又分为奖赏权力（reward power）、强制权力（coercive power）和法定权力（legitimate power）；另一类称为个人的权力（personal power）或非职位的权力，又分为专家权力（expert power）和参考权力（referent power）。

1. 奖赏权力

通过给予别人期望得到的东西来影响他们行为的能力。比如，上级承诺如果下属工作表现好便可以获得额外奖金等。

2. 强制权力

通过惩罚来影响别人行为的能力，许多职位都授予管理人员处罚下属的权力。

3. 法定权力

管理者由于占据某职位，有了组织授权而拥有的影响力。被管理者会认为理所当然地要接受管理者的领导。

4. 专家权力

通过别人需要的知识、经验或消息来影响别人行为的能力，例如，他人往往会听取拥有专业知识和丰富经验的人的建议等。

5. 参考权力

利用别人对自己的认同而影响他人行为的能力。

二、领导与管理的区别

领导是管理的一个职能，组织中的领导行为仍属于管理活动的范畴。当然，在一般意义上，领导的范围相对小些，而管理的范围则较大。

目前已有许多学者把领导工作从管理过程中独立出来，专门予以探讨和研究，并逐渐形成了管理科学一个新的分支——领导科学（science of leadership）。领导是为组织的活动指出方向、创造态势、开拓局面的行为；管理则是为组织的活动选择方法、建立秩序、维持运动的行为。表 8 – 1 列举了领导者和管理者的特征区别，当然，一名管理者可以集管理者和领导者两种身份于一身，只不过有些人倾向于领导者的特征，而有些人倾向于管理者的特征。

表 8 – 1　　领导者和管理者特征区别

领导者特征	管理者特征
个人的影响力	职位的影响力
灵魂（soul）	想法（mind）
远见的（visionary）	理性的（rational）
积极的（positive）	折中的（compromise）
创造性的（creative）	保守的（persistent）
灵活性的（flexible）	问题解决型（problem solving）
鼓舞的（inspiring）	固执己见（tough – minded）

续　表

领导者特征	管理者特征
创新的（innovative）	分析式的（analytical）
大胆的（courageous）	条款的（structured）
富有想象力的（imaginative）	顾虑重重的（deliberate）
勇于试验的（experimental）	权威的（authoritative）
引起变化（initiates change）	稳定的（stabilizing）

随着组织面临的环境或是市场急剧变化，只对组织进行管理已经不能保证组织的生存和健康发展了，组织也需要变化，而变化的组织需要被领导。也就是说，稳定环境下的稳定组织需要管理者，而变化环境中变化的组织更需要领导者。

三、领导效能决定因素及有关领导理论

如前所述，领导就是管理者运用权力或影响力来对他人施加影响的过程。领导的行为、行动能否产生预期的效能或效果，取决于三方面因素，即领导者、领导风格及领导工作情境与权变理论。

（一）领导者及领导特质理论

领导者所拥有的职位权力和个人权力的大小，对领导效能起着十分重要的作用。领导者的职位权力是由组织制度客观规定的，它与组织的健全程度有关。而领导者个人权力的大小，则与领导者的素质、品质或个性特征密切相关。从古至今一直有人在尝试说明，领导者的个人特质是决定领导效能的关键因素。这种理论被统称为领导特质理论。

领导特质理论（Trait Theory），也称伟人论（Greatman Theory），是研究领导者的心理特质与其影响力及其领导效能关系的理论。这种理论阐述的重点是领导者与非领导者的个人品质差别。

一直以来，人们就对“伟人”理论产生争议。历史是否是由像恺撒大帝、拿破仑、丘吉尔这样的人创造的？或者这样的人是否是历史造就的？这些人是否具有某些品质，足以对人类事件的进程产生重大影响？或者，这些人成为领导仅仅是由于碰上合适的地点和合适的时间？这些问题都诱发了学者对领导心理特质的研究，他们试图找出领导者与非领导者特质的区别。比如，有的研究者将有效领导者的特质归纳为身体特质（如外貌、身高、精力）、背景特质（如教育、经历、社会地位、社会关系）、智力特质（如判断能力、语言能力）、性格特质（如热情、开朗、自信、机敏）、工作相关特质（如进取心、忍耐性、创造性）以及社交特质（如合作性、人际技巧、声望、老练程度）等。中国传统中也有这样的一种认知，即领导者必须大智（有谋略）、大勇

（有魄力、敢干）、大度（气量大、宽以待人）。对有效领导者特质的归纳，不同的国家、不同的学者各不相同，但都有这样的共同认知：领导者的特质是先天赋予的，而不是后天培养的，即便某些特质可以通过“学习”而来，但人们学习能力的差异也是与生俱来的。

领导特质理论对领导行为和现象的解释显然是不完善的，这表现在以下三个方面：

一是对有效领导者所应具备特质的内容及相对重要性的认识很不一致甚至相互冲突。如美国的马歇尔将军和麦克阿瑟将军都是著名的军事将领，但前者性格内向，后者的个性正好相反。

二是认为领导者的特质是先天赋予的，这具有片面性。现代的领导行为学家普遍认识到，领导行为的有效性是一种后天的习惯，是一系列实践的综合，而实践能力总是后天培养的。

三是忽视了被领导者及其他情境因素对领导效能的影响。

（二）领导风格及领导行为理论

20 世纪 40 ~ 50 年代，学界对领导效能的研究侧重于领导者个人特质方面，但进入 60 年代以后，对领导研究的重点开始从领导者可能具有哪些特质转向领导者应当有哪些行为。与领导特质理论不同，领导行为理论认为，个人可以通过合适的、最优的领导行为的学习和培训而更加有效地开展领导工作。

领导行为可以有不同的方式、形态或作风、风格。人们在现实中常会有这样的感受：有的领导和蔼可亲，充分信任下属；有的领导严厉粗暴，独断专行。领导风格的差异，不仅因为领导者的特质不同，更因为他们对权力的运用方式及对任务和人员之间的关系有不同的理解和态度。不同的人，以及同一个人在不同的时期和场合，都可能表现出不同的领导风格。

1. 基于权力运用的领导风格分类

早期研究领导行为的学者主要是从领导者如何运用其职权的角度来划分领导方式、风格或形式的。领导风格理论的创始人社会心理学家勒温（Lewin），以权力定位为基本变量，把领导者在领导过程中表现出来的极端工作作风分为三种：

第一种，专断型领导方式，又称集权型，权力定位于领导者个人。一切由领导决定，下属只能执行，而且由领导监督执行情况。

第二种，民主型领导方式，权力定位于组织中的群体。成员在很大程度上能参与决策，通过集体讨论，他们在一定范围内可以自己决定工作内容和工作方法。

第三种，放任型领导方式，权力定位于组织内的每个成员。领导只布置任务，既不监督执行，也不检查完成情况，而是放任自流。

三种领导方式的差异十分明显，如表 8 – 2 所示。

表 8-2 三种领导方式比较

	专断型	民主型	放任型
权力分配	集中于领导者个人	权力在团体之中	分散到每个员工手中
决策方式	领导者独断专行	团队参与决策，集体讨论做出决策	团队成员具有完全的决策自由
对待下属的方式	领导者介入具体工作任务，不让下属知道工作的全过程和最终目标	员工可以自由选择与谁共同工作，任务的分工也由员工团队来决定。下属员工了解整体目标	为员工提供必要的信息和材料，回答员工提出的问题
影响力	领导者以权力、地位等因素强制性地影响被领导者	领导者以能力、个性等心理品质影响下属	领导者对被领导者缺乏影响力
对员工评价和反馈方式	采取"个人化"的方式，依据个人情感对员工进行评价	依据客观事实进行评价，将反馈作为员工训练的机会	不对员工的工作进行评价和反馈

比较三种领导方式，大多数人都会更认同民主型领导，但从实际情况来看，无论哪种领导方式，在不同的环境条件下都有成功的事例。例如，危急情况下或发生内部矛盾时，用民主型不能解决，采用专断型领导方式也许会更有效。

勒温认为在实际工作中，三种极端的工作作风并不常见，大量领导人的工作作风往往是两种极端类型的混合型。

2. 基于态度与行为取向的领导风格分类

从领导者态度偏向和行为倾向的角度，可以将领导风格区分为关心任务式的与关心人员式的，或者说以任务为中心的和以人员为中心的两种基本类别。

（1）以任务为中心（或关心任务式）的领导风格

这种类型的领导者最为关心的是工作任务的完成，他们总是把工作任务放在首位，而对人际关系不甚关心，有时为了完成任务甚至不惜损害与上下左右的关系。受这种认识、态度和价值观的影响，这类领导者可能利用自己的法定权力和实施奖惩的权力，命令下属去做某项工作。因此，以任务为中心的领导者往往是专制式的，这种领导风格通常可以带来较高的工作效率，但会降低组织成员的满意度和影响群体团结。

（2）以人员为中心（或关心人员式）的领导风格

这一类型的领导者把主要精力放在下属身上，关注的是他们的感情和相互之间的人际关系，以及员工个人的成长和发展。其领导的权力多是建立在个人的专家特长和模范表率作用基础之上。这类领导者尊重、体谅、关心和支持下属，通过建立良好的人际关系推动工作任务的完成。这种领导风格能够提高组织成员的满意程度，并加强群体的团结，但对工作效率的作用并不总是成正比的。换言之，领导者多关心体谅下属未必就能保证提高下属的工作效率。

（3）关心任务和关心人员结合式的领导风格

以任务为中心和以人员为中心的领导风格反映了两种最基本类型的领导行为。在这两种基本类型之间，也存在着多种中间形式。布莱克和穆顿在 1964 年提出的“管理方格理论”指出，以任务为中心和以人员为中心的这两种方式并不是互相排斥、非此即彼的，它们可以按不同程度结合在一起，如图 8－1 所示。

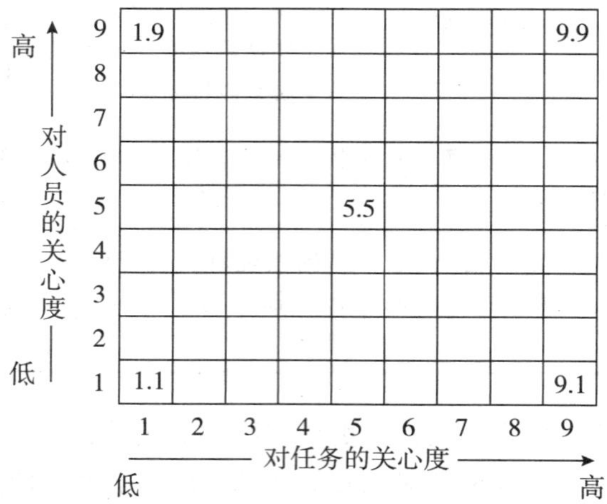

图 8－1　管理方格理论

管理方格理论中有五种最具代表性的领导方式：

1. 1：放任式管理。领导者既不关心任务，也不关心人员。这是比较少见的一种极端情况，这可以叫作“贫乏型管理方式”。

9. 1：任务式管理。领导者高度关心任务，而不关心人员。这种方式有利于短期内生产任务的完成，但容易引起员工的反感，于长期管理不利。

1. 9：俱乐部式的管理。领导者不关心任务，而只关心人员，热衷于融洽的人际关系，这不利于生产任务的完成。

9. 9：团队式的管理。领导者既关心任务，又关心人员，是一种理想状态。

5. 5：中庸式管理。领导者对任务的关心与对人员的关心都处于一个中等水平上。在现实中相当一部分领导者属于这一类。

一个领导者较为理性的选择是：在不低于 5. 5 的水平上，根据生产任务与环境等情况，在一定时期内，在关心任务与关心人员之间作适当的倾斜，实现一种动态平衡，并努力向 9. 9 靠拢。

（三）领导工作情境与权变理论

上述对领导行为的研究提出了各种不同的领导方式、领导风格。究竟哪一种领导方式最好？不同的领导行为研究者有不同的主张。美国俄亥俄州立大学的教授研究发现，对领导行为有效性的评价，实际上并不取决于领导者所采用的某一特定领导方式，而是根据该领导方式所应用的情境而定。由此，研究者提出了领导方式对特定情境的适用性标准：与特定情境相适合的领导方式，通常是有效的；而与特定情境不适合的领导方式，则往往是无效的。研究发现，在一种情境下具有相当效能的领导方式，在另一种情境下可能会失去效能。因此，不存在一种普遍最好的领导方式，有效的领导方式是因情境而权变的。由此，就形成了权变领导理论的各种研究成果。

现实中，到底在什么样的情况下采取何种领导方式最适宜、最有效能？领导工作情境，总的来说包括被领导者素质和环境条件两大方面。

1. 依被领导者素质而权变的领导方式

领导者在选择合适的领导方式之前，必须考虑被领导者的素质特征，这样才能使所采取的领导行为产生应有的效能。领导寿命周期理论就是将被领导者的成熟程度作为一个情境因素，考察能够取得最好效能的领导方式是怎样因不同情境而权变的，领导寿命周期曲线如图 8－2 所示。

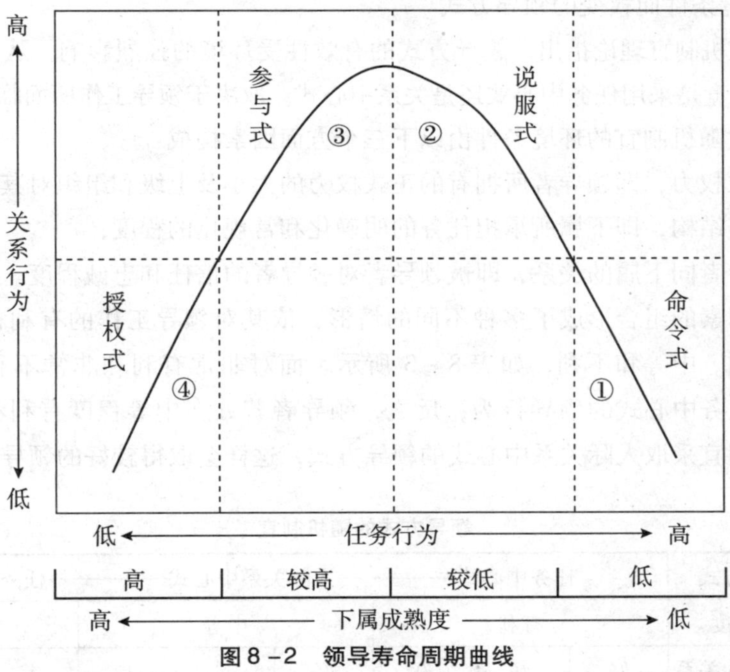

图 8－2　领导寿命周期曲线

图 8－2 中，下属成熟度反映的是被领导者在执行某一特定任务时承担起指导自己行动责任的能力和意愿情况，它可以划分为低、较低、较高、高四种程度，与此相对应，能够取得成功的、合适而有效的领导行为也就表现出不同的方式、风格和形态。

（1）命令式。这是一种高任务—低关系的领导行为，适用于下属成熟度很低的情形，即被领导者既无能力也无意愿承担责任。这时，领导者需要为被领导者确定工作任务，并以下命令的方式告诉他们做什么、怎么做、何时何地做等。

（2）说服式。这是一种高任务—高关系的领导方式，适用于下属成熟度较低的情形。这时，被领导者虽有意愿承担责任但缺乏应有的能力，因此需要领导者对其工作任务做出决策，但在决策下达过程中宜采取说服的方式让被领导者了解决策，并在决策任务执行中给予其大力支持和帮助，使其高度热忱又充满信心地产生预期行为。

（3）参与式。这是一种低任务—高关系的领导方式，适用于被领导者有能力但不愿意承担责任的较高成熟度情形。这时需要让被领导者参与决策，领导者则从中给予支持和帮助。

（4）授权式。这是一种低任务—低关系的领导方式，只适用于被领导者既有能力也有意愿承担责任的高度成熟的情形。这种情况下，领导者既不下达命令，也不给予支持，而是让被领导者自己决定和控制整个工作过程，领导者只起监督作用。

总之，随着下属从不成熟逐渐向成熟过渡，领导行为应当按着命令式、说服式、参与式和授权式的方向逐步推移和权变。因为这种趋势类似于产品生命周期曲线的变化，所以这种权变领导理论被称为领导寿命周期理论。

2. 依环境条件而权变的领导方式

领导的随机制宜理论指出，领导方式的有效性受环境的强烈影响。从领导方式取向的角度看，究竟是采用任务中心式还是关系中心式，取决于领导工作所面临的环境条件。

领导方式随机制宜的环境条件由以下三个方面因素构成：

一是职位权力，即领导者所拥有的正式权力的大小及上级和组织对其的支持程度；

二是任务结构，即下属所承担任务的明确化和常规化的程度；

三是领导者同下属的关系，即被领导者对领导者的信任和忠诚程度。

这三个因素的组合形成了多种不同的情形，依其对领导工作的有利程度可分为三种状态：有利、中等和不利，如表 8－3 所示。面对非常有利和非常不利环境的领导者，宜采用任务中心式的领导行为；反之，领导者若处在中等程度有利和中等程度不利的环境，则宜采取人际关系中心式的领导方式，这样会取得较好的领导效能。

表 8－3　领导方式的随机制宜

<table>
<tr><td>适宜的领导方式</td><td colspan="8">任务中心式←——人际关系中心式——→任务中心式</td></tr>
<tr><td>环境有利程度</td><td colspan="3">有利</td><td colspan="3">中等</td><td colspan="2">不利</td></tr>
<tr><td>领导者同下属的关系</td><td>好</td><td>好</td><td>好</td><td>好</td><td>差</td><td>差</td><td>差</td><td>差</td></tr>
<tr><td>任务结构</td><td>高</td><td>高</td><td>低</td><td>低</td><td>高</td><td>高</td><td>低</td><td>低</td></tr>
<tr><td>职位权力</td><td>强</td><td>弱</td><td>强</td><td>弱</td><td>强</td><td>弱</td><td>强</td><td>弱</td></tr>
</table>

总而言之，领导者的行为方式可以有多种，它们没有绝对的优劣之分，而只有与领导者所面临的特定情境是否合适的问题。下属的个人特点和工作环境特点都可能影

响到领导行为能否取得预期的效果，因此它们都是决定领导行为有效性的权变因素。有效的领导者必须充分认识到情境因素对领导效能的潜在影响，并采取如下两方面措施改进其领导效能：

一是改变自己的领导行为，使之适应特定的领导情境；

二是在可能的条件下设法改变领导工作所面临的情境，以便使领导者所习惯采取的领导方式能更好地发挥效能。

第二节 领导工作技能

一、合理授权

（一）授权类型

授权就是管理者把一部分权力让渡给下属以完成活动的过程。授权既可以减轻管理者的负担，又可以锻炼下属，发挥下属的积极性、主动性和创造性。通用电气公司的原首席执行官杰克·韦尔奇说过：不能有效授权的经理不可能有效完成桌上堆积如山的工作。

授权是领导工作中的一项重要内容。一般而言，职权范围是随着任命而确定的。有岗就有职，有职就有权。比如，一个人一旦被任命为负责生产技术的部门经理，那么他的职权范围就大体确定了。这种任命就是法定权。这里所讲的授权，是指一个人当了管理人员、有了法定权后，向下属合理分权的领导行为。这种领导行为是因时因地制宜的，因而有不同的类型。

1. 口头授权与书面授权

所谓口头授权，是指在领导工作过程中，将某项工作或某一方面的权力和责任口头授予下属的一种方式。口头授权多属临时性授权或随机性授权。这种权力往往随着工作任务的完成而被上级收回或自行失效。

所谓书面授权，是指将权力以书面形式授予下属的一种方式。这种授权比较庄重，使用期也相对长些。

2. 随机授权与计划授权

随机授权是指在领导活动中，根据某些随机性的工作需要和条件，将某一方面职权授予下属的一种方式。这种授权多因机遇和需要而定，往往是临时性的、非计划性的。

计划授权，即按授权的预定程序、步骤和计划，有条不紊进行的授权方式。这种授权常通过会议，以书面行文的方式进行。这种授权的使用期也较长，相对稳定。

3. 个人授权与集体授权

在领导活动中，常有某位管理人员决定将自己所属的一部分权力授予下属，或口头或书面，或临时或长期，这种授权即个人授权，个人授权往往伴随着该领导被调离原岗位而被新领导收回。

在领导实践中，更多见的则是集体授权，即经过集体讨论研究后，将某一方面或某一部分权力授予某人，这种授权多是常规的、行文的，既可以随任命干部同时授权（即明确分工），也可以在任命干部后授权，还可以在非任命（即对一般干部）时授权。集体授权属常规授权的一种。

4. 长期授权与短期授权

任何授权都是有期限的，以授权的时间长短来说，授权可分为长期授权和短期授权。长期授权是指下属对权力的使用期相对长些的授权；短期授权是指下属对权力的使用期相对短些的授权。

授权使用期的长短，均以工作的需要和条件的许可而定。

5. 逐级授权与越级授权

按授权者与被授权者之间的关系划分，授权可分为逐级授权与越级授权。逐级授权是指直接上级对直接下级所进行的授权；越级授权是间接上级对间接下级所进行的授权。

在领导工作中，授权应该是自上而下逐级进行的，越级授权一般来说是应该避免的，因为越级授权往往会引起被授权者直接上级的不满，也容易使被授权者产生顾虑，影响其放手开展工作。然而，事情总是相对的，越级授权并非绝对不好，相反，在某些紧急情况或非常情况下，越级授权往往是不可缺少的，有利于迅速解决某些非常紧迫的问题。

（二）授权的程序

成功的管理人员一般把授权分为三个步骤：细分责任、授予权力和监督检查。

1. 细分责任

细分责任是重要步骤之一，责任是内容和实质，权力是形式和表象，授权就是为了让下级分担责任。责任就是工作任务，管理人员要为下属清晰地解释他们所应从事的任务，任务要细分得比较明确，从而使下属在工作中不能相互推诿扯皮。这就需要管理人员在授权前广泛掌握信息、收集资料、集思广益。细分责任不仅在于此，为下级明确了工作任务后，还要向下级指明完成任务后应取得哪些预期结果，达到什么预期目标（包括长远目标和近期目标、总目标与子目标）。

管理人员在分配责任时必须明确：

- 下属应达到的预期目标；
- 下属应负责从事的活动范围和任务；

- 检验下属工作的标准。

2. 授予权力

授予权力不是简单地放手让下属工作，更不能简单地将职权一放了事，撒手不管，而必须继续履行管理人员的必要权力和义务。因此，在授予职权的过程中，管理人员应注意抓好两个环节：一是帮助下属制定“大政方针”、提出工作战略性规划；二是要把握下属工作进展情况，在给予人力、物力、财力条件支持的同时，及时纠偏改错。

具体来说，制定“大政方针”、提出战略规划过程中，成功的管理人员首先会要求下属制订一个有效完成任务的方案；其次会审议、论证并修改下属的方案，达成共识；最后会指出应注意的问题和隐患，提出预防与处置方法。支持下属工作过程中，要使下属明确管理人员的意图，在给予人力、物力、财力支持的同时，及时予以引导、劝告、指点和协助。

3. 监督检查

正确的授权程序必须包括坚持请示汇报制度、及时监督检查。授权首先要建立健全请示汇报制度，以制度约束下属；其次要体谅下属工作中的困难。因此，对下属工作中出现的问题，管理人员要敢于承担责任，同时给下属必要的支持。

（三）授权的原则

授权是管理人员成事的“分身术”，是一种领导艺术，但如何才能把授权的工作搞好呢？授权必须遵循哪些原则呢？主要有以下几点。

1. 适当原则

授权要适当，首先对下属的授权既不能过轻，也不能过重。过轻，达不到充分激发下属积极性的目的，不利于下属尽职尽责；过重，就会大权旁落，出现难以收拾的局面。因此，应该视组织大小、任务轻重、业务性质授权。

2. 可控原则

授权不仅要适当，还要可控。正确的授权，不是放任、撒手不管，而是保留某种控制权。可控原则表现在两个方面：一方面，管理人员要有主动性、灵活性，授权的范围、时间由管理人员灵活掌握；另一方面，虽然授权一般应相对稳定，但也可根据实际需要随时调整，做到能放能收，能扩大能缩小。

3. 带责原则

授权的同时必须明确下属的责任，这就是带责授权的原则。管理人员若能明确地将权与责同时授予下属，不仅可以促使下属完成工作任务，而且可以堵上有权不负责或滥用权力的漏洞。

4. 信任原则

管理人员对于将要被授权的下属一定要有全面的了解和考察，认真观察了解后再决定是否可以授权，以避免授权不合适而造成不必要的损失，认为可以信任者，则

“疑人不用，用人不疑”，授权后，就不能大事小事都干预，事无巨细都过问了。

5. 整体原则

授权后，管理人员要尽力发挥统帅综合才能，协调各方面力量，使各局部的发展更好地服从于整体目标。为此，成功的管理人员要把最大限度地向下级授权和保证指挥全局的权力高度集中辩证地结合起来，而不能把有关全局的最后决策权、管理全局的集中指挥权、主要部门的人事任免权和财权随意授予下属。

6. 考绩原则

权力授出后，管理人员就要留心对下属进行定期考核，对下属的用权情况做出恰如其分的评价，并与下属的利益结合起来。

（四）授权的心理障碍

虽然领导者都了解授权的必要性，但在实际工作中往往难以授权或不愿意授权，究其根本原因，即领导者通常对于让下属对其行动负责有一种心理障碍，因为领导者原则上要负最终责任。

领导者授权常见的心理障碍包括以下几个方面：

1. 害怕失去控制

当领导者将权力授予下属时，领导者无疑要承担风险，因为下属可能不会尽心尽力地按期按质按量完成工作任务。领导者害怕因授权而失去对下属工作绩效的控制，最后却要承担责任，这是领导者所不愿的。

2. 害怕竞争

很多领导者害怕，如果对下属充分授权，那么下属承担的责任就会加大，所做的工作就会增多，取得的成就就可能超越自己，下属在公司的影响力就会扩大，就可能构成对自己地位的威胁。这样一来，领导者的授权就等于为自己培养了一个竞争对手，而这往往是他们极不愿意看到的结局。

3. 害怕失去权威

有的人有强烈的权力欲，希望下属对他有一种强烈的依附感，一切听从他的指挥。而一旦授权，就意味着有一些人将不再直接围着他的指挥棒转，领导者就会感到这是对他权力和权威的损害。

4. 被奖赏的欲望

很多领导者沉醉于经常能从工作中获得奖赏，如果能亲自动手做出成绩，就更能获得一种高度的自我满足感，因此，有些领导者不愿授权，不愿把工作交给下属去做，因为将工作授权意味着下属将获得该奖赏。

5. 需要工作的感觉

有些领导者感觉每天经过努力工作而获得的一种疲劳感，就是自身工作取得绩效的良好指标，没有疲劳感就觉得没做工作，没作出成绩。

二、沟通技巧

（一）沟通的含义与重要性

沟通简单地说就是信息的交流。如果从管理学的角度特别是从领导工作职能特性的要求出发给沟通下定义，那么沟通就是信息凭借一定符号载体，在个人或群体之间，从发送者到接收者进行传递并获得理解的过程。我们更关注的是人与人之间的信息沟通，即存在于两人或多人之间的信息交流，其对象是人而不是物体。

据研究，管理者 70% 的时间用在沟通上，沟通的方式包括开会、谈判、做报告、接待来访者等。组织中 70% 的问题是由沟通障碍引起的，例如，领导常常指责下属不努力，导致年初目标没完成，下属却抱怨领导事先没有说清楚目的或期望，自己当然无法使上级满意等。无论是领导表达的问题，还是员工倾听的问题，总之都是沟通造成的问题。

美国卡耐基梅隆大学曾进行的一项研究表明：个人的“智慧”“经验”“专业技能”对成功的影响只有 15%，其余 85% 取决于良好的人际关系，而良好的人际关系的建立有赖于高水平的沟通。可见，沟通能力对人的一生影响巨大。

（二）沟通的要素和过程

就过程而言，沟通是双方之间意思的传达和接收，它包含四部分：

- 你的意思是什么？
- 你如何传达你的意思？
- 你的意思如何被接收？
- 当你的意思传达出去或被接收后，会产生什么结果？对你们之间的关系有什么影响？

沟通的过程由发送者、编码、信息、渠道、接收者、解码和反馈七个要素组成。任何一个沟通过程，都存在信息的发送者和接收者。信息经过发送者编码后，通过一定的渠道传递给接收者，接收者将接收到的信息解码，然后反馈给发送者。整个沟通过程如图 8－3 所示。

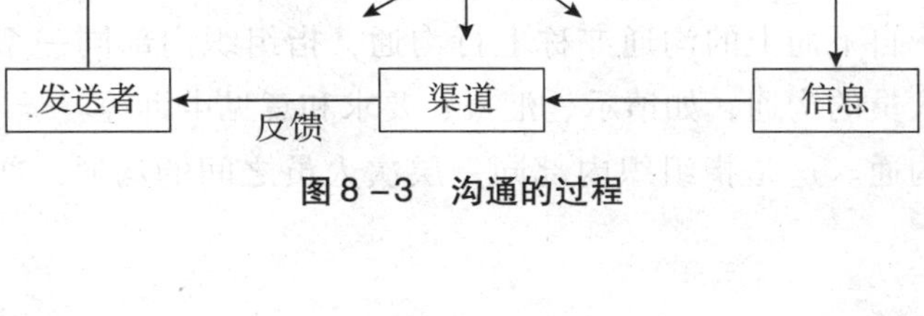

图 8－3　沟通的过程

整个沟通过程可能会受到噪声的影响。所谓噪声，就是对信息的传送、接收和反馈造成干扰的因素。例如，难以辨认的字迹、电话中的静电干扰、接收者接收信息过程中的“走神”，以及生产设备或人群的背景噪声等。

如果要成功沟通，就必须满足如下条件：

- 必须要有一个发送者，即进行信息沟通的人，由他来发送信息。
- 必须要有一个接收者，即发送者希望沟通的对象，由他来接收信息。
- 发送者需要选择一个通道或是媒体来发送信息，可以通过面对面的交流、函件或是电子邮件、电话等方式来进行。
- 发送者必须选定一种“代码”来发送信息，这就是编码过程。编码过程的关键部分是发送者必须选定接收者能够理解的语言和措辞，也可以采用其他诸如身体语言等手段。
- 接收者必须能够对信息进行解码，也就是能够翻译和理解信息的含义。

（三）沟通的形式、渠道和网络形态

就像一个组织可以分为正式组织与非正式组织一样，组织中也存在两种类型的信息沟通：一是正式信息沟通，二是非正式信息沟通。

1. 信息沟通的形式与渠道

（1）正式信息沟通

正式信息沟通是通过正式的组织程序，依照组织结构所进行的信息沟通。这种沟通的媒介和线路都是经过事先安排的，因此被认为是正式而合法的。从信息的流通方向来看，正式信息沟通可以有如下几种渠道，如图 8－4 所示。

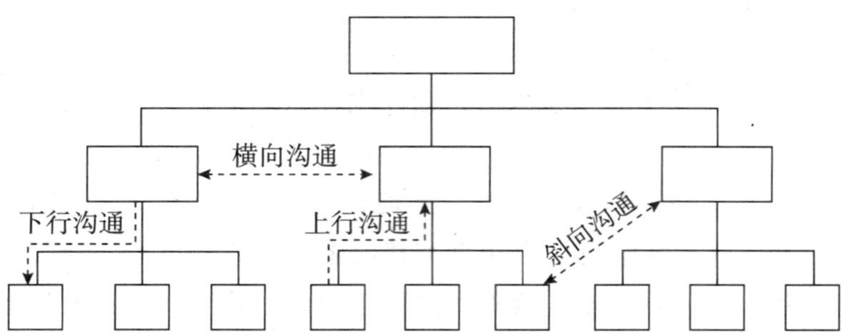

图 8－4　组织的正式信息沟通渠道

①纵向信息沟通。即沿着组织的指挥链在上下级之间进行的信息沟通，它可以区分为自上而下的和自下而上的两种形式。自上而下的沟通亦称下行沟通，指组织内部同一系统内的较高层次人员向较低层次人员的沟通，如命令的发送、计划的下达和程序规则的颁布等。自下而上的沟通亦称上行沟通，指组织内部同一系统内的较低层次人员向较高层次人员的沟通，如请示、汇报、要求和意见申诉等。

②横向信息沟通。这是指组织内部同一层次人员之间的沟通，亦称平行沟通。这

种沟通主要是为了促成不同系统（部门、单位）之间的协调配合和相互了解而产生的。例如，高层管理者之间、中层管理者之间、直线人员和参谋人员之间、生产工人与设备维修工之间所发生的沟通。

③斜向信息沟通。这是发生在组织内部既系统不同又层次不同的人员之间的沟通。斜向沟通对组织中的其他正式沟通渠道会起到一定的补充作用。

（2）非正式信息沟通

非正式信息沟通指的是正式信息沟通渠道以外的信息交流和传达方式。非正式信息沟通是非正式组织的副产品，它一方面满足了员工的需求，另一方面也补充了正式信息沟通系统的不足，是正式信息沟通的有机补充。在许多组织中，决策时利用的情报大部分是由非正式信息沟通系统传递的。

非正式信息沟通有一种可以事先预知的模型。心理学研究表明，非正式信息沟通的内容和形式往往是能够事先被人知道的，它具有以下几个特点：

①消息越新鲜，人们谈论得就越多；

②对人们工作有影响的人或事，最容易引起人们的谈论；

③最为人们所熟悉的，也是人们谈论最多的；

④在工作中有关系的人，往往容易被牵扯到同一传闻中去；

⑤在工作上接触多的人，最可能被牵扯到同一传闻中去。

对于非正式信息沟通这些特点，管理者应该予以充分和全面的考虑，以防止起消极作用的“小道消息”散播。合理利用非正式信息沟通，能为组织的目标服务。

2. 信息沟通的网络形态

领导者除了要在日常工作中选择合适的沟通渠道进行有效的信息沟通，还要善于将其周围相关人员借以沟通信息的渠道妥善地组织起来，形成一个相互关联的网络，以改进和提高整个组织的沟通效果。信息沟通网络实际上是由若干信息沟通渠道按一定的方式集结而成的，具体集结方式有链式、轮式、Y 式、环式和全通道式几种。其中，前三种网络的信息传递需经过某个中心人物，并在此处集中信息，因此称此类的沟通网络为核心网络，如图 8 –5 所示。

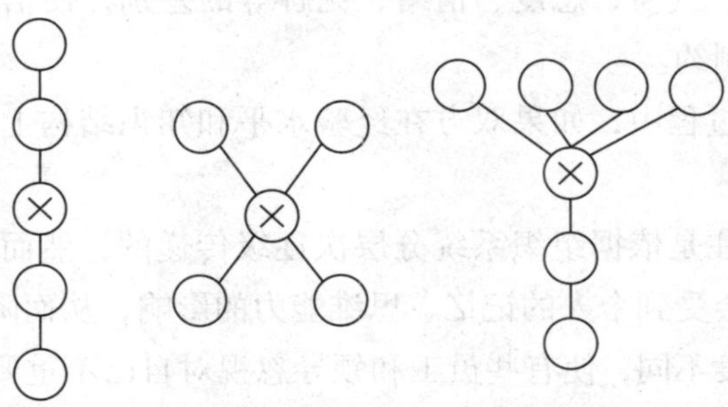

图 8 –5　核心网络示意图

其中，链式网络的信息是单线、顺序传递的，沟通保密性较好。在轮式和 Y 式网络中，信息的传递都需经中心人物而同时向周围多线联系。Y 式网络实际上可以看作轮式和链式混合而成的一种伞状形态。以上沟通网络的基本特征是，组织成员在获得和传递信息方面具有不同的机会，沟通网络在中心人物处容易出现信息超载。

非核心网络不同于核心网络，它在沟通过程中不存在任何中心人物，每个成员都有均等的机会参与沟通，彼此分享信息，因而可以获得较高的满足感。其具体形式有环式和全通道式（又称星式）两种，如图 8－6 所示。

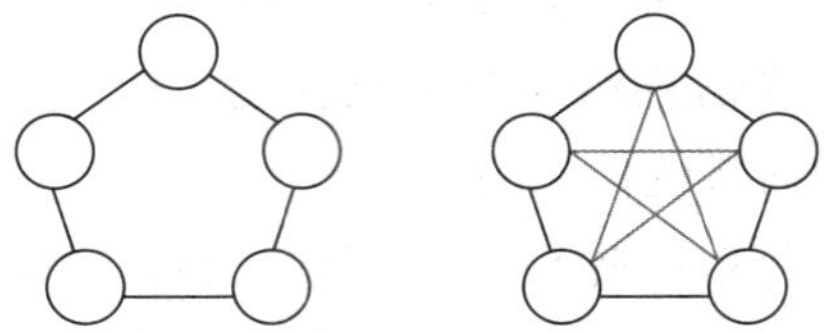

图 8－6　非核心网络示意图

在环式网络中，信息是按圆圈方向依次传递的，因而沟通速度较慢，准确性较低。全通道式网络可以多渠道和全方位地传递信息，成员之间直接、全面沟通的结果会使信息传递速度和准确性提高。与核心网络相比，非核心网络中很难有某个人物成为沟通过程的关键人物，也没有哪个成员会有特别的信息超载的感觉。如果说核心网络适用于解决相对简单的例行性问题，那么需要充分信息的、较为复杂的问题则适宜以非核心网络进行沟通和解决。非核心网络是在民主式的群体决策中经常采用的一种沟通渠道的结构模式。

（四）沟通障碍

一般来讲，沟通中的障碍主要有主观障碍、客观障碍和沟通方式的障碍三个方面。

1. 主观障碍

大致有下述几种情况：

（1）个人的性格、气质、态度、情绪、见解等的差别，使信息在沟通过程中受个人的主观心理因素的制约。

（2）在信息沟通过程中，如果双方在经验水平和知识结构上差距过大，就会产生沟通的障碍。

（3）信息沟通往往是依据组织系统分层次逐级传递的，然而，在按层次传达同一条信息时，人们往往会受到个人的记忆、思维能力的影响，从而降低信息沟通的效率。

（4）对信息的态度不同，使有些员工和领导忽视对自己不重要的信息，不关心组织目标、管理决策等信息，而只重视和关心与他们物质利益有关的信息，使沟通产生障碍。

（5）领导和下级之间相互不信任。这主要是由领导考虑不周，伤害了员工的自尊心，或决策错误造成的，而相互不信任会影响沟通的顺利进行。

（6）下属人员对领导的畏惧感也会造成沟通障碍。这主要是由领导管理严格、咄咄逼人以及下属人员本身的素质情况所决定的。

2. 客观障碍

主要有以下两点：

（1）信息的发送者和接收者如果空间距离太远、接触机会少，就会造成沟通障碍。社会文化背景不同、种族不同而形成的社会距离也会影响信息沟通。

（2）组织机构所造成的障碍。组织机构过于庞大，中间层次太多，信息从最高决策层传递到下级基层单位时会失真，而且还会浪费时间，影响其及时性。

3. 沟通方式的障碍

（1）语言系统所造成的障碍。语言是沟通的工具，人们通过语言、文字及其他符号将信息经过沟通渠道来传递。但是，语言使用不当就会造成沟通障碍。这主要表现在：①误解。这是发送者在提供信息时表达不清楚，或者是接收者接收失误造成的。②歪曲。对语言符号的记忆模糊导致的信息失真。③信息表达方式不当。这主要表现为措辞不当、词不达意、丢字少句、空话连篇、文字松散，句子结构别扭，使用方言、土语，千篇一律等，这些都会增加沟通双方的心理负担，影响沟通的进行。

（2）沟通方式、方法使用不当造成的障碍。沟通的形态和网络多种多样，且它们都有各自的优缺点。如果不根据组织目标及其实现策略进行选择，不灵活使用沟通方法，则沟通就不可能顺畅进行。在管理工作实践中，存在着信息沟通，也就必然存在沟通障碍。领导的任务就在于正视这些障碍，采取一切可能的方法消除这些障碍，为有效的信息沟通创造条件。

（五）有效沟通

1. 运用反馈手段

反馈是沟通的重要保证，没有反馈，管理者无法知道信息是否被传递到了接收者那里以及接收者接收了多少。管理者可以通过直接或间接地询问"测试"下属，以确认他们是否完全了解信息，以便及时调整陈述方式，使接收者更好地理解信息。

管理者可以用下面的一些句式，尽量鼓励接收者反馈，如"你能为我提供更多的有关……的信息吗""我认为……你的看法呢""你已经告诉了我一些值得考虑的事情，你还有其他想法吗"，等等。在这样的鼓励下，接收者一般会乐意把反馈信息表达出来，管理者可以从中得知信息被接收、理解的情况，并可及时调整自己的表达方式。

当然，反馈并不一定完全是语言上的表述，也可以是非语言式的，可以从对方的动作、表情等方面看出，这种反馈有时更可靠，因为它们往往是接收者潜意识的流露。

2. 提高表达能力

这里的表达能力，是指人们通常所说的"说"与"写"的能力。

要有效地“说”，必须先明确我们要表达什么，除非我们在心中已有明确的目的，否则我们是很难组织语言的。有效地“说”的另一个基本原则是口头表达的信息必须是听众感兴趣的，如果我们说的话无法符合听众的要求，那就只是自言自语，就失去了沟通的意义。

要有效地“写”，我们应该简洁地告诉读者写东西的目的，同时，应该明确表示要读者去做什么，去想什么，以及能感受到什么。研究表明，在沟通中，为做到正确运用语言文字，我们需要注意以下几个具体问题：

（1）多使用对方在感情上容易接受的语言文字，多使用陈述性语言，来表明自己的观点，避免评论性、挑战性的语言文字；

（2）语言文字的使用要准确，尽量减少歧义，切忌含混不清、模棱两可，以免使人产生误解；

（3）语言文字要纯朴，切忌滥用辞藻，使人有华而不实之感；

（4）在非专业性交谈中，要尽量避免专业性术语，措辞应恰当、通俗易懂；

（5）尽量使用短句，长句会使人产生累赘之感，不利于沟通；

（6）叙事谈理应力戒逻辑混乱、文理不通的问题，做到言之有理、论之有据、条理清楚；

（7）交谈中人称指代要明确，以免造成接收者的误解。

3. 积极倾听

倾听是指认真地听对方讲话并力图弄懂所听到的内容，这对于沟通双方都很重要。有许多沟通活动进行不下去就是因为参与者不善于倾听。研究表明，管理者每天用于沟通的时间里，“听”占45%，用时很多，但效率并不高。要提高倾听效率，管理者需要由一般被动的听转化为积极主动的听，在倾听时注意以下几点：

（1）少讲多听，多保持沉默和冷静，不轻易打断对方；

（2）设法使交流轻松，使对方感到舒畅，消除紧张感，充分表达自己的观点，说出自己想说的话；

（3）用动作语言表现出你对对方谈话的浓厚兴趣，如目光接触、赞许性地点头和恰当的面部表情能表示你在认真听讲；

（4）尽可能排除外界的干扰，避免做出使对方分心的举动或手势，如在对方讲话时不要轻易走动，做一些无关紧要的事；

（5）站在对方的立场上考虑问题，你也许会觉得对方讲得有道理；

（6）不要立即与对方发生争论或对他人妄加批评；

（7）在必要时提出一些问题，以显示你在倾听并求得理解。

尤其值得注意的是，在倾听过程中要采用“换位思考”的方法，即从移情的角度入手，把自己置于对方的立场来思考问题，避免先入为主，努力去理解别人要表达的含义而不是你想理解的意思。移情需要你脱离出自己的想法与感觉，而从说话者的角度调整自己的所观所感，这样可以进一步保证你对所听到的信息的解释符合说话者的本意。

4. 注重非语言提示

一项研究表明，在面对面的沟通中，有65%的信息是通过非语言形式传递过来的。如果我们能够准确地把握非语言信息并有意识地加以运用，则会在很大程度上跨越语言沟通本身的一些固有障碍，提高沟通效率。

在面对面的沟通中，管理者要给予对方合适的表情、动作和态度等非语言提示，并使之与所要表达的信息内容相配合，如轻松的谈话应面带微笑，严肃的话题应该庄重认真，否则语言信息与非语言信息不一致，就会影响沟通的效果。

三、团队管理

（一）团队的含义

团队，是指一群人，他们在一定的时间内相互配合、相互依赖并相互尊重，在行动上规范一致并为一个目标或多个目标共同努力。团队是现代组织的重要形式，它比一般的组织群体更具凝聚力、亲和力和辐射力。

团队由以下基本要素构成：

（1）有比较明确的、共同的团队奋斗目标；

（2）有具体的团队业绩目标；

（3）成员都被充分赋权；

（4）互补的技能，包括解决问题和决策的技能、技术性或职能性的专业技能、人际关系技能；

（5）相互依靠，共同分担责任。

（二）团队的类型

在组织中，有3种类型的团队比较常见：问题解决型团队、自我管理型团队、多功能型团队。

1. 问题解决型团队

问题解决型团队的核心是提高生产质量，提高生产效率，改善企业工作环境等。在这样的团队中成员就如何改变工作程序和工作方法相互交流，提出一些建议。成员几乎没有什么实际权力来根据建议单方面采取行动。

问题解决型团队一般由来自一个部门的5～12名员工组成，他们每周用几个小时的时间来碰头，讨论如何提高产品质量、生产效率和改善工作环境。在团队里，成员就如何改进工作程序和工作方法互相交换看法或提供建议。但是，这些团队几乎没有权力根据这些建议单方面采取行动。问题解决型团队如图8－7所示。

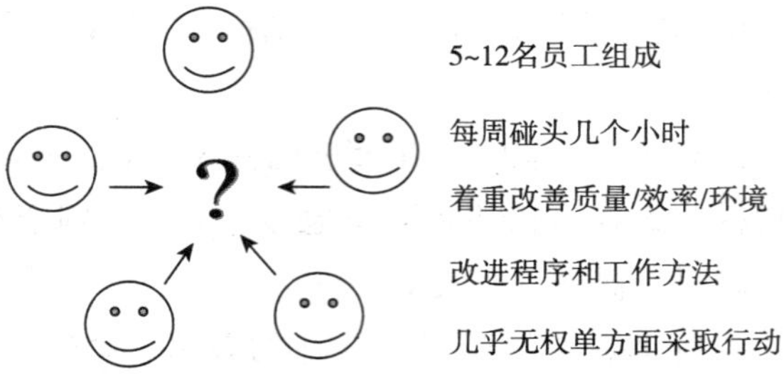

图 8－7　问题解决型团队

2. 自我管理型团队

通常由 10～15 人组成，他们承担着以前自己的上司所承担的一些责任。一般来说，他们的责任范围包括控制工作节奏、决定工作任务的分配、安排工间休息。完善的自我管理型团队甚至可以挑选自己的成员，并让成员相互进行绩效评估。自我管理型团队如图 8－8 所示。

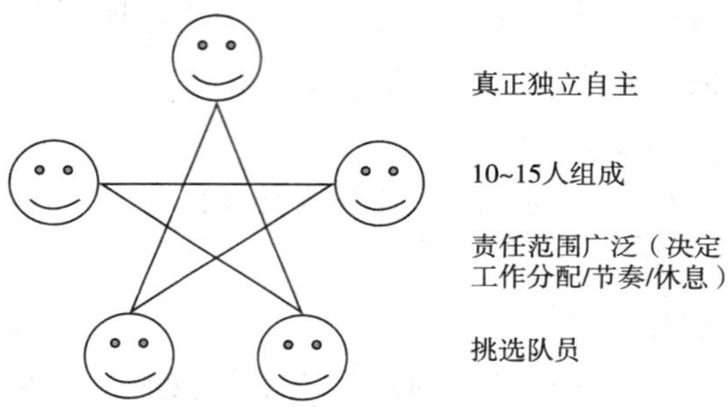

图 8－8　自我管理型团队

3. 多功能型团队

这种团队由来自同一个等级、不同工作领域的员工组成，他们的目的是完成一项任务。多功能型团队是一种有效的形式，它能使组织内（甚至组织间）不同领域员工之间交换信息，激发新的观点，解决面临的问题，协调复杂的项目。多功能型团队如图 8－9 所示。

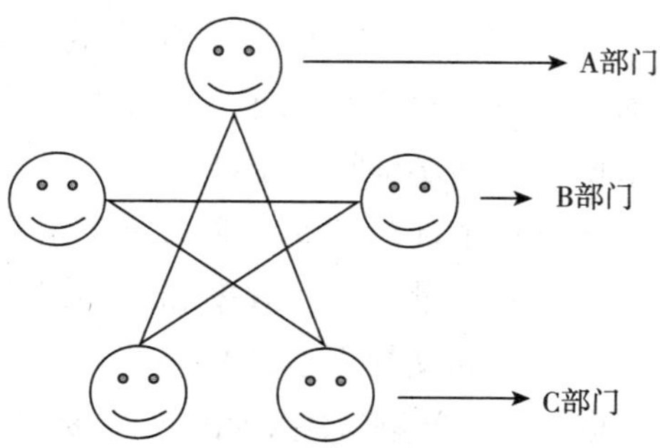

图 8－9　多功能型团队

（三）高效团队的特征

1. 目标清晰

高效的团队对要达到的目标有清楚的理解，他们清楚地知道领导希望他们做什么工作，并且知道如何共同工作才能实现目标。

2. 成员之间互信

每个成员对其他人的品行和能力都确信不疑。

3. 成员都具有相关技能并且能够优势互补

高效的团队是由一群有能力的成员组成的。他们具备实现目标所必需的技术和能力，并且一定程度上成员的能力可以优势互补，能让每个成员在团队中体现他的价值。

4. 高度的忠诚

对成功团队的研究发现，团队成员对他们的群体普遍具有认同感，他们把自己属于该群体的身份看作自我的一个重要方面。

5. 有效沟通

群体成员通过畅通的渠道交流信息，包括各种言语和非言语交流。

6. 拥有一个优秀的领导

优秀的领导者能够让团队跟随自己共同度过最艰难的时期，因为他们能为团队指明前途，他们向成员阐明变革的可能性，鼓舞团队成员的自信心，帮助他们更充分地了解自己的潜力。高效团队的领导者往往担任的是教练和后盾的角色，他们对团队提供指导和支持，但并不试图去控制它。

7. 拥有良好的内外部支持环境

高效团队的最后一个必需条件就是它的支持环境。从内部条件来看，团队应拥有一个合理的基础结构。这包括适当的培训、一套易于理解的并用以评估员工总绩效的测量系统以及一个起支撑作用的人力资源系统。恰当的基础结构应能够支持并强化成员行为，以取得高绩效水平。从外部条件来看，管理层应给团队提供完成工作所必需的各种资源。

（四）团队建设的阶段

团队建设一般包括四个阶段，如图 8－10 所示。

（五）团队建设的要领

要建设高效团队，应注意抓好以下工作：

1. 组建核心层

团队建设的重点是培养团队的核心成员。领导人是团队的建设者，应组建智囊团或执行团来形成团队的核心层，充分发挥核心成员的作用，使团队的目标变成行动计划，使团队的业绩得以快速增长。团队核心层成员应具备领导者的基本素质和能力，

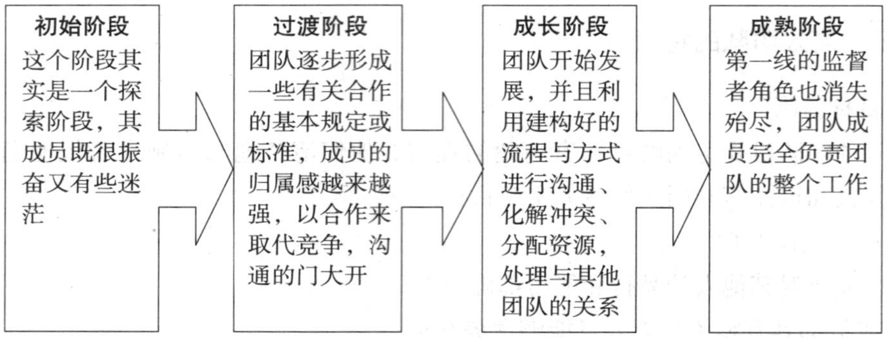

图 8－10　团队建设的四个阶段

不仅要指导团队发展规划，还要参与团队目标的制订与实施，使团队成员既了解团队发展的方向，又能在行动上与团队发展方向保持一致。

2. 制订团队目标

团队目标来自组织的发展方向和团队成员的共同追求。它是全体成员奋斗的方向和动力。核心层成员在制订团队目标时，需要明确本团队目前的实际情况，例如，团队处在哪个发展阶段？团队成员存在哪些不足？需要什么帮助？斗志如何？等等。制订目标时，要遵循目标的 SMART 原则：S——明确性，M——可衡量性，A——可接受性，R——实际性，T——时限性。

3. 训练团队精英

训练团队精英是团队建设中非常重要的一个环节。建立一支训练有素的队伍，能提升员工个人能力，提高团队整体素质。一个没有精英的团队，犹如无本之木，一个未经训练的队伍，犹如散兵游勇，难以维持长久的繁荣。

4. 培育团队文化

共同的价值观与文化是团队建设的灵魂。首先，要确立正确的价值观，并通过各种途径，使其获得全体成员的共同认可。团队精神是指团队的成员为了实现团队的利益和目标而相互协作、尽心尽力的意愿和作风，它包括团队的凝聚力、合作意识及士气。

5. 加强沟通与激励

逐步改变传统的行政命令与监督控制手段，主要依靠沟通、激励等现代管理手段，以平等的、相互信任的态度充分协商，并进行有效激励，营造和谐向上的氛围。

第三节　领导工作技能训练

理论测试

一、选择题

1. “士为知己者死”这一古训反映了有效的领导始于（　　）。

A. 上下级之间的友情　　B. 领导为下属设定崇高的目标

C. 领导为了下属的利益不惜牺牲自己　　D. 领导了解下属的欲望和需要

2. “兵熊熊一个，将熊熊一窝”，这句话最能说明如下哪条管理原理？（　　）

A. 搞好企业，关键在于有没有一个合格的企业家

B. 搞好企业，就不可避免地要解聘无能的人，让“熊兵”下岗

C. 当好领导的关键，是要进行人力资源开发，把“熊兵”培养成“能将”

D. 任何领导者都不免要与些无能之辈共事

3. 沟通作为有效管理的一个环节，非常重要，但是，经常会出现沟通不畅而导致的误解，这可能是以下哪个原因造成的？（　　）

A. 沟通双方所获得的信息不对称

B. 沟通双方所处的背景或立场不同

C. 沟通双方原本就对彼此有成见

D. 以上都是

4. 某生产企业有 5 个生产车间，厂长负责全厂的运营情况，另外有一个专门负责车间生产的副厂长。但是在日常的工作中厂长总是亲临第一线去视察工人的工作情况，并且总是指导工人的操作，这就难免导致厂长的意见与副厂长的要求冲突。对此，你认为以下哪种认识是正确的？（　　）

A. 厂长作为第一把手还事必躬亲，是一个非常有责任心的领导

B. 厂长掌握第一手的资料，对全厂都可以进行管理指导

C. 厂长的做法造成了多头领导，有时反而会造成混乱

D. 厂长不应该只关注车间的生产，而是应该到更重要的部门去指导工作

二、简答题

1. 有人认为领导者就是管理者，他们之间没有区别。你认为呢？

2. 对领导者的研究有多种途径，主要有领导素质、领导行为和领导情景，管理者对这些研究成果的学习有何意义？

技能训练

训练一　案例分析（纸上谈兵）

◆ **案例分析示范**

提拔错了

王美琳是一个化妆品公司负责销售业务的副总经理，公司总体经营不错，但是为了更好地促进业务发展，她决定把公司里最好的销售骨干李敏提拔为销售部经理，并希望李敏能够把自己的销售经验有效推广，从而提升整个团队的业绩。李敏上任后，

没有取得王美琳副总经理想要的结果，实际上发生了如下事情：

（1）李敏的下属说，李敏对他们不友好，他们请示汇报和希望得到指点时，李敏显得很不耐烦。下属认为自己没有得到领导的帮助。

（2）李敏对自己现在的工作也很不满意，因为以前她对自己的业绩非常清楚，做了多少业务自己也非常清楚，能够拿到多少收入也容易计算，感觉一切都在自己的掌握之中，而现在她做了经理，自己的收入取决于下属的工作，难以控制。

（3）李敏现在开着公司的办公用车“奥迪”，经常出入高档会馆，虽然总的收入确实高于以前，但是人却没有以前积极向上了。

1. 思考与讨论

（1）请你选择适当的激励理论来解释为什么李敏没有能够成为一个有效的管理者。

（2）如果你是负责销售的副总经理，你从中得到什么启示？

（3）假设你是王美琳副总经理，你准备如何处理这个局面？请李敏重回业务员岗位还是帮助她成为管理工作有效的经理？为什么？

2. 分析要点（供参考）

（1）个人需要的多样性和个人个性的差异性。李敏应该属于高成就需要的人，对权力的欲望比较弱，所以，让她当管理者，实际上挫伤了其积极性；而且，作为业务尖子，她也不大愿意把自己的业务经验传授给自己的同事；同时，由于其工作绩效取决于其下属，因此这个工作让她没有成就感，导致了她工作效率低下。

（2）首先，王经理应该意识到，不是所有的员工都想成为管理者；其次，管理者需要的技能和业务高手需要的技能是不同的；再次，管理者和业务高手的成就需要和权力需要是不同的。因此，以后在管理者选拔过程中，应该充分考虑多个方面，而不能仅仅考虑业务能力。

（3）可以采取的方法：第一，最好的方法是请李敏重新回到她热爱的业务员岗位。但是，这会打击她的积极性，甚至可能导致她离职；第二，帮助其提升管理能力，必要的话配备一个副手协助其工作。但是，这样的话她的管理效率会下降。所以，这个问题其实很不好处理，需要王经理综合考虑。

◆ **案例分析练习**

【目的】

1. 能用相关领导理论分析案例中的问题、困惑。

2. 体会不同的领导方式所带来的管理结果。

【资料】

新旧财务部长

赵兰是A公司财务部的部长，在公司工作20年，为人和蔼，名望较高，她要求下属对自己的工作有很好的理解，年初刚被提拔走。张颖毕业于一流大学会计系，在其他企业有8年总会计师的工作经验，被A公司调入，接任赵兰的职位。但是，张颖在就职后遇到很多问题，一件事是在她向下属要数据时，下属问她为什么要这些数据，她很不理解，认为她需要什么样的数据不需要告诉下属，这是她的权利。另一件事是一位下属提供的数据有误，使她在经理会上很丢面子，然后她当众批评了这位下属，等等。总之，张颖感觉下属不是很配合自己的工作，而且下属的不配合导致她在与其他部门协调时出现了很多问题。

【要求】

根据案例中的情形，试分析：

（1）是什么原因导致了不同的管理结果？

（2）如果你被任命为一个业绩优秀部门的负责人，你会怎样思考并开展你的管理工作？

训练二　角色模拟训练（动手试试）

【目的】

1. 加深对有效沟通的理解。

2. 恰当运用沟通技巧处理实际问题。

【资料与要求】

◆说明

1. 某一个小组选出一个代表扮演苏明峻的角色，另一个小组选出一个代表扮演廖思思的角色；

2. 角色扮演者只能扮演和阅读自己的角色陈述；

3. 班上其他同学可以阅读所有角色的陈述；

4. 有角色扮演任务的小组应按要求在课下做好书面的角色分析，并精心准备对话时要表达的意思；

5. 没有扮演任何角色的小组事先应该仔细察看观察者的评分单，课上听完两个角色的对话后，要用这一评分单来评定表演者的表现，并提供反馈意见；

6. 课上两个角色的交流时间不超过15分钟。

◆扮演廖思思的小组阅读以下材料

廖思思，部门成员

你是一家大银行股份有限公司里运营组的成员。现在你已经为公司工作了19年，其中有15年做的是相同的工作。你喜欢为这家公司工作，是因为它友好的气氛和它在地区内享有的声望，被人们知道自己是这家公司的员工是件很好的事情。不过，最近你有些不满，因为你注意到一个接一个的人来到公司并在你之前获得晋升。你的部门领导苏明峻，比你年轻差不多20岁。另一位与你同时加入公司的女士，现在已经是高级副总经理了。你不能理解为什么你被忽视了。你的工作是高效率的、准确的，你的出勤记录是近乎完美的，你认为自己是个好员工。很多时候你都不怕麻烦特意去帮助和指导刚进入公司的年轻人。他们中的几个人后来都写信告诉你，你的帮助对他们获得晋升是多么的重要。你真的做了很多好事。

你能想到的唯一一件不利于你的事情就是你不是从大学毕业的。但是，别的人没有文凭也获得了晋升。虽然你的部门领导提出可以单位出资让你进修大学文凭，但没给你保证任何进修大学课程的好处，而且在一天的工作后你也不想再去上 3 小时的课程。此外，你只能在晚上才能看到你的家人，你不想再占用这些时间。无论如何，你的工作都不值得去获得一张大学文凭。

你与部门领导苏明峻一个月一次的管理面谈就快到了，你已经下定决心这次要提出疑问并要得到答复。关于一些事情公司需要有所解释，不仅是你没有得到提升，还有你在 5 年内没有得到过一次加薪。对于你为新员工做的额外贡献，或是你稳定的、可信赖的工作，你没有得到任何荣誉。人们能因为你对此觉得痛苦而责备你吗？

请学生进行角色分析和准备对话要点。

◆扮演苏明峻的小组阅读以下材料

苏明峻，部门领导

你是一家大银行公司运营组——“后台部门”的领导。这是你工作的第二年，而且你在公司里已经晋升得相当快了。你很喜欢为这家银行工作，它享有这个地区“最好的银行”的声誉，原因之一就是银行为职员管理开发和培训提供资助。另外，每个员工每个月都有机会进行个人管理面谈，而且这些面谈通常都是有作用的、发展式的。

你部门的一个成员——廖思思，已经在这个部门工作了 19 年，而且有 15 年她都是做着相同的工作。她在自己的岗位上干得相当好，而且她总是准时而高效率地工作。她倾向于比大部分的员工都早开始工作，这样就可以阅读一些与工作有关的报纸杂志。你几乎都能根据廖思思每天去休息室以及在每天下午给她的女儿打电话的时间来调整自己的手表。

你对廖思思的感觉是，尽管她是个很好的员工，但是她缺乏想象力和主动性。过去 5 年的工作表明，她的工作缺乏绩效上的改进。她满足于公司分配给她的那些工作，而不希望更多。你所在岗位的前任肯定给过廖思思暗示，无论如何她都应该争取晋升，而且廖思思已经向你提过不止一次。因为她已经在她的岗位上工作了如此长的时间，所以她的工资已经达到顶点，如果没有晋升，她就不会得到高于基本生活费用的工资调整。

廖思思所做的超出她的基本工作要求的一件事，就是帮助公司培训刚进入部门的年轻人。她对他们非常有耐心，而且也有方法，她好像以帮助他们学习到诀窍而感到自豪。她常常给你指出她的这个贡献。遗憾的是，这个条件并不符合廖思思晋升的要求，而且她也不可能调到培训和发展部。有一次你建议她去某所当地的大学进修一些课程，费用由公司负担，但是她却平淡地说自己上了年纪，不适合再去上学。你推测她可能会由于没有大学文凭而受到晋升方面的限制。

尽管你很想提拔廖思思，但是似乎没有什么办法可以让你问心无愧地做到这一点。你曾经试着增加她负责的工作，但是，她的效率好像在下降而不是提高。对她的工作还需要做，而扩展她的工作内容这件事却不得不一拖再拖。

即将到来的这次会谈或许就是你对廖思思说实话的时候了。你当然不想失去她这个员工，但除非她显著地改变她的绩效，否则她的工作内容在很长一段时间里都不会有变化。

请学生进行角色分析和准备对话要点。

◆其他小组阅读两个角色的信息，并在角色扮演完成后填写以下评分单

在完成练习时，全班同学为每位角色扮演者评定他们在沟通方面的表现。在以下1～5的评分范围中为每位角色扮演者评分，并对每一个角色作出总结性的评述。

1＝最差　　2＝较差　　3＝一般　　4＝较好　　5＝出色

评分表

评估内容	苏明峻得分	廖思思得分
采用问题取向的沟通		
和谐地沟通		
采用描述性沟通		
采用有效的沟通		
采用具体的和适宜的沟通		
采用有联系的沟通		
认同地陈述和采用第一人称		
注意倾听		
采用多种多样的反应		
合　计		

总结性评述：

训练三　企业调研（社会实践）

【目的】

1. 领导行为研究。
2. 团队管理技巧分析。

【资料】

高绩效团队领导行为量表

以下选项中的1~5表示该题项所描述的行为发生的频度，“1”表示几乎没有，“2”表示偶尔，“3”表示有时，“4”表示经常，“5”表示总是。若您是团队领导者，则请您在符合您的情况处打“√”；若您是团队普通成员，则在符合您的所在团队领导者的情况处打“√”。

维度	典型描述	发生频度				
		几乎没有	偶尔	有时	经常	总是
品德魅力	勇于承担责任	1	2	3	4	5
	以身作则，为团队成员树立榜样	1	2	3	4	5
	言行一致	1	2	3	4	5
鼓励创新	经常鼓励团队成员尝试新的工作方法	1	2	3	4	5
	鼓励团队成员创新	1	2	3	4	5
	营造有利于创新的氛围	1	2	3	4	5
协调沟通	善于建立畅通的沟通渠道	1	2	3	4	5
	善于与人进行沟通和交流	1	2	3	4	5
	善于理解其他人的意图和想法	1	2	3	4	5
鼓励合作	鼓励团队成员之间相互合作	1	2	3	4	5
	能够塑造团队成员之间相互信任的氛围	1	2	3	4	5
	鼓励团队成员为共同的目标而团结合作	1	2	3	4	5
关心指导	能够帮助团队成员解决生活中的问题	1	2	3	4	5
	能够对团队成员的工作进行指导	1	2	3	4	5
	愿意为团队成员未来在团队中的发展提供建议	1	2	3	4	5
提供奖励	能够对团队成员的绩效进行客观公正的评价	1	2	3	4	5
	能够及时肯定并认可团队成员的绩效和贡献	1	2	3	4	5
	善于使用奖励手段激励团队成员努力工作	1	2	3	4	5
精神鼓舞	能够激发团队成员的工作活力和信心	1	2	3	4	5
	能够给团队成员描绘美好的发展前景	1	2	3	4	5
	能够增强团队成员的成就感	1	2	3	4	5

续 表

维度	典型描述	发生频度				
		几乎没有	偶尔	有时	经常	总是
目标监控	能够给团队制订明确的工作目标	1	2	3	4	5
	能够为团队制定严格的目标考核制度	1	2	3	4	5
	能够对团队目标的达成过程进行监控	1	2	3	4	5
获取支持	善于运用和调动社会资源	1	2	3	4	5
	能够为团队的发展创造良好的外部环境	1	2	3	4	5
	善于影响上级领导，以获得资源和支持	1	2	3	4	5
技能提升	注重提高团队成员的工作技能	1	2	3	4	5
	能够为团队成员提供学习和培训的机会	1	2	3	4	5
	经常给团队成员分享知识	1	2	3	4	5

注：本量表仅供调研参考，可进行修改或重新设计。

【要求】

请以小组为单位去寻找一个你们感兴趣的企业或组织，对其领导行为进行分析研究，形成调研分析报告。

训练四　模拟指挥（综合应用）

【目的】

1. 培养现场指挥能力。

2. 培养应变能力。

【要求】

设定一定的管理情景，由学生即时进行模拟决策或指挥。

情景：

晚上12点多，男生宿舍二楼的卫生间上水管突然爆裂，此时楼门和校门已经关闭（水闸阀门锈住）。人们都在沉睡，只有邻近几个宿舍的学生被惊醒。水不断从卫生间涌出，并顺着走廊和楼梯流出，情况非常紧急。假如你身处其中，你将如何领导才能化险为夷？

任务：

（1）先以课堂学习小组为单位进行分组讨论，然后各小组分别制订应急方案。

（2）在课堂上各小组依据其制订的方案做现场表演，表演后可现场对各小组方案提出质疑。

评估要点：

每个小组起草的应急方案完成情况及内容。

各小组在班级交流讨论中的表现。

思政探索

一、思政目标

影响力的培养。

二、知识点

领导的本质。

三、思政元素

中国革命史、中国共产党党史。

四、融入途径

1. 案例导入："富有人情味"的张同，为什么其下属工作效率低下？

2. 小组分享：①中国国民党建党时间比中国共产党早，前期的社会影响力、组织力和政治实力都远远大于中国共产党，为什么其会失败？

②中国共产党在当今世界的影响力。

3. 观点讨论：得民心者得天下。

4. 个人练习：我的个人影响力评估及未来发展。

拓展学习

变革型领导（Transformational Leadership）是继领导特质论、领导行为论、领导权变论之后，在20世纪80年代由美国政治社会学家詹姆斯·麦格雷戈·伯恩斯在他的经典著作《领袖论》中提出的一种领导类型。伯恩斯认为传统的领导可以称为一种契约式领导，即在一定的体制和制度框架内，领导者和被领导者总是进行着不断的交换，在交换的过程中领导者的资源奖励（包括有形资源奖励和无形资源奖励）和被领导者对领导者的服从作为双方交换的条件，双方在一种"默契契约"的约束下完成需求得到满足的过程。整个过程类似于一场交易，所以传统领导也被称为交易型领导。交易型领导鼓励追随者追求他们的自我利益，但是交换的过程以追随者对领导者的顺从为前提，并没有在追随者内心产生一股积极的热情，其工作的内在动力也是有限的，因此，交易型领导不能使组织获得更大程度上的进步。

伯恩斯将领导者描述为能够激发追随者的积极性从而更好地实现领导者和追随者目标的个体，进而将变革型领导定义为领导者通过让员工意识到所承担任务的重要意义和责任，激发下属的高层次需要或扩展下属的需要和愿望，使下属视团队、组织和更大的政治利益高于个人利益。Bass 等人最初将变革型领导划分为六个维度，后来又归纳为三个关键性因素；Avolio 在其基础上将变革型领导行为的方式概括为四个方面，即理想化影响力（idealized influence）、鼓舞性激励（inspirational motivation）、智力激发（intellectual stimulation）、个性化关怀（individualized consideration）。具备这些因素的领导者通常具有强烈的价值观和理想，他们能成功地激励员工为了团队的伟大目标而相互合作、共同奋斗。

1. 理想化影响力

理想化影响力是指能使他人产生信任、崇拜和跟随行为的一种影响力。它包括领导者成为下属行为的典范，得到下属的认同、尊重和信任。这些领导者一般具有公认的较高的伦理道德标准和很强的个人魅力，深受下属的爱戴和信任，大家认同和支持他们所倡导的愿景、规划，并对其成就一番事业寄予厚望。

2. 鼓舞性激励

领导者向下属表达对他们的高期望值，激励他们加入团队，并成为团队中共享梦想的一分子。在实践中，领导者往往运用团队精神和情感诉求来凝聚下属以实现团队目标，从而使团队所获得的工作绩效远高于员工为自我利益奋斗时所产生的绩效。

3. 智力激发

鼓励下属创新，挑战自我，包括向下属灌输新观念，启发下属发表新见解，鼓励下属用新手段、新方法解决工作中遇到的问题。通过智力激发，领导者可以使下属在意识、信念以及价值观的形成上产生激发作用并使之发生变化。

4. 个性化关怀

个性化关怀是指领导者关心每一个下属，重视个人需要、能力和愿望，耐心细致地倾听，并会根据每一个下属的不同情况和需要区别性地培养和指导每一个下属。这时变革型领导者就像教练和顾问，帮助员工在应付挑战的过程中成长。

从变革型领导的定义可以看出，这种领导理论之所以成为目前领导学研究的热点，在于它迎合了时代发展的需求。变革型领导理论非常重视员工自身的价值实现，把他们当作能动的人看待，鼓励他们自我实现，相信他们有无限的潜能。所以说，变革型领导在这种经济比较发达的社会环境下，在人口文化素质比较高的情形下，是很有它诞生的意义和应用价值的。

第九章　激励工作能力

学习目标

知识目标

- 了解激励的作用和激励的基本原则
- 掌握有关激励理论的内容

技能目标

- 能够学习、应用基本的激励方法
- 培养有效激励的能力

学习导航

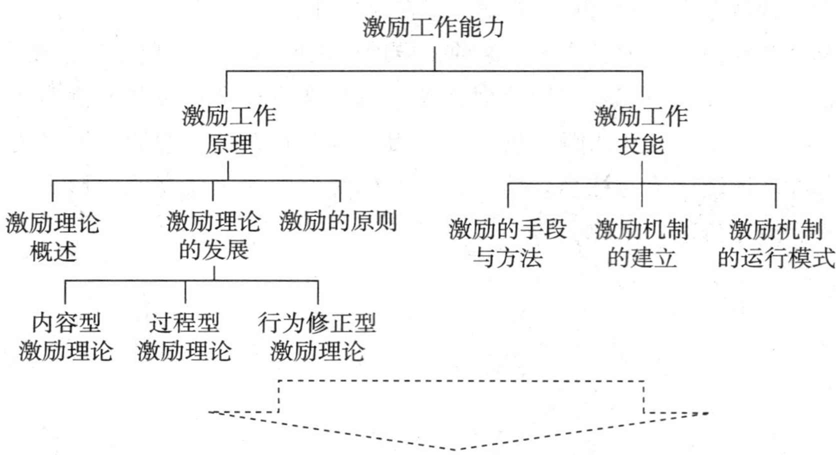

激励工作技能训练

理论测试　理论知识的认知与理解检测

技能训练　技能运用与强化训练

- 训练一　案例分析（纸上谈兵）
- 训练二　学风建设激励计划（动手试试）
- 训练三　企业激励制度调查（社会实践）
- 训练四　制订激励计划（综合应用）

思政探索　需求层次与生命的价值

拓展学习　长期激励模式及适用性

案例导入

黄色运动衫

大家可能都看过一年一度的环法自行车赛，它现在已经被世界上许多国家、地区所效仿，因为那不只是一场自行车赛，也是一次向全世界展示当地美好风景的机会。环法自行车赛赛程几乎长达半个月，分为十几个赛段。主办单位发明了一个方法，就是让在前一赛段获得冠军的选手，在下一赛段穿上一件闪亮耀眼的黄色运动衫——其他所有运动员都不可以穿着黄色的比赛服；在每一赛段上，观众们都会为身着黄色运动衫的运动员欢呼、喝彩，全世界几亿双眼睛也关注着其精彩的表现。

请思考：

1. 冠军选手的黄色运动衫起到了怎样的作用？

2. 经济学教授杰克·弗朗西斯（Jack · Francis）曾这样总结："你可以买到一个人的时间，你可以雇一个人到固定的工作岗位，你可以买到按时或按日计算的技术操作，但你买不到热情，买不到创造性，买不到全身心的投入，你不得不设法去争取这些。"一个组织中存在人员积极性不高、人员流动频繁等情况，仅仅是因为薪资和福利待遇方面的问题吗？

第一节　激励工作原理

一、激励理论概述

（一）激励的含义

激励指的是鼓舞、指引和维持个体努力指向目标行为的驱动力，它对行为起着激发、加强和推动的作用。在受到高度激励的组织中，员工会努力工作，以实现绩效目标。

激励的含义可以从以下几个方面理解：

第一，激励有一定的被激励对象。

第二，激励是研究人的行为是由什么激发并赋予活力的。这指的是人们自身有什么样的内在能源或动力，能驱动他们以一定方式表现出某一特定行为，以及有哪些外在的因素触发了此种活动。

第三，激励是研究是什么因素把人们已被激活的行为引导到一定方向上去的。这指的是人的行为总是指向一定的目的物。

第四，这些行为如何能保持与延续。这个问题的考察不仅要着眼于人的内在因素，而且要分析环境中有哪些外在因素对这些行为产生影响，从而影响行为内驱力的强度及行为活力的发散方向或者行为导向。

（二）激励的实质和作用

激励是通过调整外因来调动内因，使被激励者的行为向提供激励者预期方向发展的过程。领导者对“人性”的不同假设，导致了各种不同的激励方式。作为一个有效的管理者，不仅应该知道组织成员需要什么，应该给有特定需要的员工提供哪些方面的激励，更应该知道如何进行激励。激励理论是研究如何有效调动人的积极性的理论，当激励与员工的能力结合在一起时，就能产生优秀的工作业绩。

激励的实质就是通过目标导向，使人们具有有利于组织目标的优势动机并按组织所需要的方向行动。

激励最主要的作用是通过动机的激发，调动被管理者工作的积极性和创造性，使其自觉自愿地为实现组织目标而努力，即其核心作用是调动人的积极性。

二、激励理论的发展

西方的激励理论主要可归纳为三种类型：内容型激励理论、过程型激励理论和行为修正型激励理论。

内容型激励理论：针对激励的原因与起激励作用的因素的具体内容进行研究的理论。这种理论着眼于满足人们的需要，即人们需要什么就满足什么，从而激起人们的动机。主要包括马斯洛的需要层次理论、赫茨伯格的双因素激励论和麦克莱兰的成就激励理论等。过程型激励理论：重点研究从动机的产生到采取行动的心理过程，即在管理中如何为员工设定合理的外在目标来激励员工，着重对行为目标的选择。主要包括弗鲁姆的期望理论、海德的归因理论和亚当斯的公平理论等。

行为修正型激励理论：重点研究激励的目的，即如何改造和转化人的行为，变消极行为为积极行为。主要包括斯金纳的强化理论和挫折理论等。

（一）内容型激励理论

1. 马斯洛的需要层次理论

美国心理学家亚伯拉罕·哈罗德·马斯洛于 1943 年初次提出了需要层次理论。这一理论几十年来受到管理界的普遍重视，流行甚广。他把人类纷繁复杂的需要分为生理需要、安全需要、社交需要、尊重需要和自我实现需要五个层次，如图 9－1 所示。

（1）主要内容

该理论认为，人的需要可以分为五个层次：

①生理需要——维持人类生存所必需的身体需要，包括衣、食、住、行及延续种族的需要等。这类需要的级别最低，人们在转向较高层次的需要之前，总是先尽力满

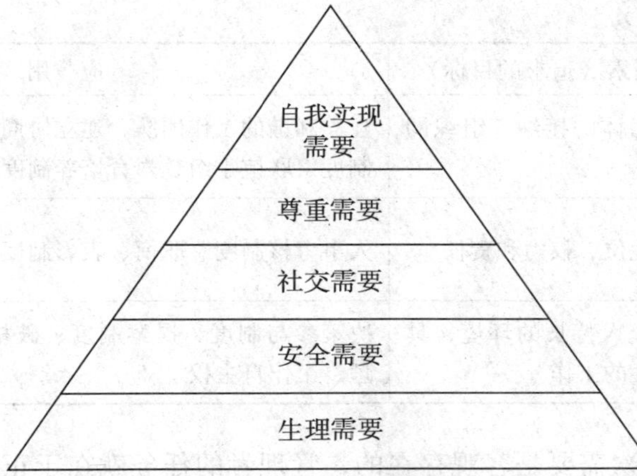

图 9-1 马斯洛需要层次理论

足这类需要。

②安全需要——主要指对人身安全、生活稳定以及免遭痛苦、威胁或疾病等的需要，包括生命安全、财产安全、职业安全、劳动安全、环境安全和心理安全等。

③社交需要——也称归属和爱的需要，包括感情、归属、被接纳、友谊等需要。

④尊重需要——主要指对成就感、他人对自己的认可与尊重的需要，包括自尊心、自主权、成就感、希望有地位、受认同、受重视等的需要。

⑤自我实现需要——是指自我实现，发挥潜能的需要，包括个人成长、发挥个人潜能、实现个人理想等的需要。

马斯洛认为，只有低层次的需要得到部分满足以后，高层次的需要才有可能成为人的行为的重要决定因素。五种需要是按次序逐级上升的，当下一级需要获得基本满足以后，追求上一级的需要就成了驱动行为的动力。但这种需要层次逐渐上升并不是遵照“全”或“无”的规律，即一种需要 100% 满足后另一种需要才会出现的。事实上，社会中的大多数人在正常的情况下，他们的每种基本需要都是部分地得到满足，即同一时期个体可能同时存在多种需要，而且一个时期总有一种需要占支配地位。

（2）在管理中的应用（见表 9-1）

表 9-1 各需要层次在管理中的应用

需要层次	激励因素（追求的目标）	应 用
生理需要	工资和奖金、各种福利和工作环境	较高的薪金、舒适的工作环境、合理的工作时间、住房和福利设施、医疗保险等
安全需要	职业保障、意外事故的防止	雇用保证、退休养老金制度、意外保险制度、安全生产制定、危险工种营养福利制度

续 表

需要层次	激励因素（追求的目标）	应　用
社交需要	友谊、团体的接纳、组织的认同	建立和谐的工作团队，建立协商和对话制度、互助金制度、联谊小组、教育培养制度
尊重需要	名誉和地位、权力和责任	人事考核制度、职衔、表彰制度、责任制度、授权
自我实现需要	能发挥个人特长的环境，具有挑战性的工作	决策参与制度、提案制度、破格晋升制度、目标管理、工作自主权

既然人的五个层次需要是客观存在的，管理者的任务就在于正确认识被管理者不同层次的需要，并找出激励因素，采取相应的组织措施来满足不同层次的需要，以引导和控制人的行为，实现组织目标。

①管理人员应明白，如果员工还在为生理需要而忙碌，那么员工是为报酬而工作。因此，应当通过增加工资、改善劳动条件、提高福利待遇等来激励员工。

②管理人员应着重利用员工的安全需要，强调规章制度、职业保障、福利待遇，并保护员工尽量不失业。

③管理者要意识到，如果员工的社交需要得不到满足，就会影响员工的精神，导致员工的高缺勤率、低生产率、对工作不满及情绪低落。因此，当社交需要成为主要的激励源时，工作就被人们视为寻找和建立温馨、和谐人际关系的机会。管理者感到下属努力追求这类需要时，通常应采取支持与赞许的态度，开展有组织的体育比赛和集体聚会等业务活动，并且遵从集体行为规范。

④有尊重需要的人希望别人按照他们的实际形象来接受他们，认为他们有能力，能胜任工作。管理人员在激励员工时应采取公开奖励和表扬的方式。

⑤重视自我实现需要的管理者会认识到，无论哪种工作都可以进行创新，在设计工作时要考虑运用适应复杂情况的策略，或在设计工作程序和制订执行计划时为员工留有自主创新的余地。

2. 赫茨伯格的双因素激励论

双因素激励理论又称激励因素—保健因素理论，是美国的行为科学家弗雷德里克·赫茨伯格（Fredrick Herzberg）提出来的。20 世纪 50 年代末期，赫茨伯格和他的助手们在美国匹兹堡地区对 200 名工程师、会计师进行了调查访问。访问主要围绕两个问题展开：在工作中，哪些事项是让自己感到满意的，并估计这种积极情绪能够持续多长时间；哪些事项是让自己感到不满意的，并估计这种消极情绪会持续多长时间。赫茨伯格以被访问者对这些问题的回答为材料，着手去研究哪些事情会使人们在工作中感到快乐和满足，哪些事情会造成人们的不愉快和不满足，通过总结对这些问题的回答，他按满意与不满意因素做分析，从而提出了双因素激励理论。

（1）主要内容

赫茨伯格通过调查发现，使员工感到不满的往往是公司政策、管理方式、上级监督、工资、人际关系和工作条件等因素，这些属于工作环境和工作条件方面的因素。这类因素不具备或强度太低，容易导致员工不满意，但即使充分具备、强度很高，也很难使员工感到满意，赫茨伯格将这类因素称为“保健因素”，又称作“维持因素”。这些因素对员工产生的效果类似于卫生保健对身体健康所起的作用。当这些因素恶化到人们认为可以接受的水平以下时，人们就会对工作不满意。保健因素能预防员工的不满情绪，但不能直接起到激励员工的作用。激励因素是指那些能带来积极态度、满意和激励作用的因素，这是那些能满足个人自我实现需要的因素，包括成就、赏识、挑战性的工作、增加的工作责任，以及成长和发展的机会等。如果这些因素不具备，不会引起人们很大的不满，但具备这些因素就能对人们产生更大的激励，激发人们在工作中的积极性、创造性，双因素激励理论如表 9－2 所示。

表 9－2　双因素激励理论

保健因素	激励因素
工资 监督 政策与管理环境 工作条件 人际关系 地位 安全 保障	工作本身 赏识 晋升 成长的可能性 责任 成就

（2）在管理中的应用

①采取了某项激励措施并不一定就能带来员工的满意，要提高员工的积极性首先得注意保健因素，以消除员工的不满、怠工和对抗情绪。但保健因素并不能使员工变得非常满意，也不能激发他们的工作积极性，所以更重要的是要利用激励因素来激发员工的工作热情和工作效率。因此，企业如果只考虑到保健因素而没有充分利用激励因素，就只能使员工感到没有不满意却不能使员工变得非常满意，则企业就很难创造一流的业绩。

②在企业管理实践中，欲使奖金成为激励因素，就必须使奖金与员工的工作绩效相联系。如果采取不讲部门和员工绩效的平均主义“大锅饭”做法，奖金就会变成保健因素，奖金发得再多也难以起到激励作用。对某一个岗位而言，如果该岗位长期为一个人所占有，又没有来自外部的竞争压力，该员工的惰性就会自然而然地释放出来，工作质量便会随之下降。企业为了激发员工的工作潜能，应设置竞争性岗位，并把竞争机制贯穿工作过程的始终。

③双因素激励理论是在美国的社会和文化背景下提出的，与我国的国情不尽相同，因而，在我国的企业管理中，哪些是保健因素哪些应属于激励因素也是与国外不一样的，企业的管理者在对员工进行激励时，必须要考虑到这种文化差异，因地制宜，制定有效的激励措施和采取有效的激励手段。比如，在中国的企业里，工资和奖金通常并不仅仅是保健因素，工资和奖金的多少关系到个人的切身利益和自身价值的实现，如果运用得当，也会表现出明显的激励作用。因此，企业应该建立灵活的工资、奖金制度，防止僵化和一成不变，在工资奖金分配制度改革中既要注重公平又要体现差别。

（二）过程型激励理论

过程型激励理论重点研究人们从动机的产生到采取行动的心理过程，其理论主要包括维克多·弗鲁姆的期望理论和亚当斯的公平理论等。

1. 期望理论

这是美国心理学家弗鲁姆提出的理论。它是一种通过考查人们的努力行为与其所获得的最终工资之间的因果关系，来说明激励过程并选择合适的行为目标以实现激励的理论。

（1）主要内容

人之所以能够从事某项工作并达成目标，是因为这些工作和组织目标会帮助他们达成自己的目标，满足自己某方面的需要。弗鲁姆认为，某一活动对某人的激励力量取决于他所能得到结果的全部预期价值乘以他认为达成该结果的期望概率。

期望理论可以用下面公式表示：

$$激励力量=效价\times期望\quad 即\ M=V\cdot E$$

式中：

激励力量（M）——指调动一个人的积极性，激发出人的潜力的强度；

效价（V）——指达成目标后对于满足个人需要的价值的大小，是目标价值的主观估计，取值范围不限；

期望（E）——目标概率即实现可能性的主观估计，取值范围为0~1.0。

（2）在管理中的应用

期望理论辩证地提出了在进行激励时要处理好三个方面的关系，这些也是调动人们工作积极性的三个条件。

①努力与绩效的关系。人们总是希望通过一定的努力达到预期的目标，如果个人主观认为达到目标的概率很高，就会有信心，并激发出很强的工作力量，反之，如果个人认为目标太高，通过努力也不会有很好成绩时，就会失去内在的动力，导致工作消极。

②绩效与奖励的关系。人总是希望取得成绩后能够得到奖励，当然，这个奖励是综合的，既包括物质上的，也包括精神上的。如果人们认为取得绩效后能得到合理的

奖励，就可能产生工作热情，否则就可能没有积极性。

③奖励与满足个人需要的关系。人总是希望自己所获得的奖励能满足自己某方面的需要，然而，由于人们在年龄、性别、资历、社会地位和经济条件等方面都存在差异，他们的各种需要得到满足的程度也不同。因此，对于不同的人，采用同一种奖励办法能满足需要的程度不同，能激发出的工作动力也就不同。

2. 公平理论

公平理论又称社会比较理论，它是美国行为科学家亚当斯提出来的一种激励理论。该理论侧重于研究工资报酬分配的合理性、公平性及其对职工生产积极性的影响。

（1）主要内容

人的工作积极性不仅与个人实际报酬多少有关，而且与人们对报酬的分配是否感到公平关系更为密切。人们总会自觉或不自觉地将自己付出的劳动代价及其所得到的报酬与他人进行比较，并对公平与否做出判断。这种比较有横向和纵向两种方法：

一种是横向比较，即人们将自己获得的报偿（包括金钱、工作安排以及获得的赏识等）与投入（包括教育程度、所做努力、用于工作的时间、精力和其他无形消耗等）的比值与组织内其他人做社会比较，只有相等时才认为是公平的。

另一种是纵向比较，即人们把自己目前投入的努力与目前所获得报酬的比值同自己过去投入的努力与过去所获报酬的比值进行比较。

公平感直接影响员工的工作动机和行为，当获得公平感时，员工会心情舒畅，工作努力；当有不公平感时，员工就会出现心理上的紧张、不安，从而使员工采取行动以消除或减轻这种不公平感。员工采取的具体行为包括试图改变其所得报酬或付出；有意无意曲解自己或他人的报酬或付出；意图改变他人的报酬等。

（2）在管理中的应用

①管理者要引导职工形成正确的公平观。职工的社会比较或历史比较客观存在，并且这种比较往往凭的是个人的主观感觉，因此，管理者要多作正确的引导，使职工形成正确的公平观。组织管理者要引导职工正确进行比较，多看到他人的长处，认识自己的短处，客观公正地选择比较基准，多在自己所在的地区、行业内比较，尽可能看到自己报酬的提高，避免因盲目攀比而造成不公平感。

②职工的公平感将影响整个组织的积极性。事实表明，职工的公平感不仅对职工个体行为有直接影响，而且将通过个体行为影响整个组织的积极性。在组织管理中，管理者要着力营造一种公平的氛围，如正确引导职工言论，减少因不正常的舆论传播而产生的消极情绪；经常深入群众，了解职工工作、生活中的实际困难，及时帮助解决；关心照顾弱势群体，必要时可根据实际情况秘密地单独发奖或给予补助等。

③领导者的管理行为必须遵循公正原则。领导行为是否公正，将直接影响职工对比较对象的正确选择，如领导处事不公，职工必将选择受领导“照顾者”作为比较基准，以致增大比较结果的反差而产生不公平心理。因此，组织管理者要平等地对待每

一位职工，公正地处理每一件事情，避免因情感因素导致管理行为不公正。

④报酬的分配要有利于建立科学的激励机制。对职工报酬的分配要体现“多劳多得，质优多得，责重多得”的原则，坚持精神激励与物质激励相结合的办法。在物质报酬的分配上，应正确运用竞争机制的激励作用，通过合理拉开分配差距体现公平，在精神上，要采用关心、鼓励、表扬等方式，使职工体会到自己受到了重视，品尝到成功的欣慰与自我实现的快乐，自觉地将个人目标与组织目标整合一致，形成无私奉献的职业责任感。

（三）行为修正型激励理论

与前面介绍的内容型和过程型激励理论不同，行为修正型激励理论是把个人看作“黑箱”，试图避免涉及人的复杂心理过程而只讨论人的行为，研究某一种行为及其结果对以后行为的影响。

（1）主要内容

强化理论就是这类研究中的一个典型代表。这种理论认为，当某种行为的结果对个人有利时，这种行为在以后就会重复发生；对个人不利时，这种行为就会减少发生甚至不再发生。前者称为“强化”，后者称为“弱化”。强化理论具体方式见表9－3。

表9－3　强化理论具体方式

激励目的	强化方式	强化措施
使所希望的行为更多发生	强化	正强化（鼓励）：使人得到合意的结果
		负强化（趋避）：使人力图避免得到不合意的结果
使不希望的行为更少发生	弱化	惩戒（惩罚）：使人得到不合意的结果
		自然消退（冷处理）：不采取任何措施

正强化和惩戒这两种措施比较好理解。前者是提供令员工满意的结果，如奖励、提薪、表扬、晋升等，使人努力表现出所希望的行为；后者是提供令员工不满意的结果，如扣薪、批评、降职甚至开除等，以阻止某种行为继续发生。

除这两种常用措施外，强化理论还指出另外两种较微妙的行为影响措施：负强化和自然消退。

负强化强调的是一种事前的规避。建立一种对员工来说不愉快的环境，使员工产生组织所希望的行为。例如，对违反某一规定的人“杀鸡给猴看”，这种对“鸡”的惩罚实际上意味着对“猴子”起到了行为约束作用：“猴子”必须遵守该规定，否则会受到类似的惩罚。

自然消退，就是对已出现的不符合要求的行为进行“冷处理”，达到“无为而治”的效果。

（2）在管理中的应用

根据强化理论，行为修正型激励理论在管理中的具体应用应遵循以下原则：

①要依照强化对象的不同采用不同的强化措施。人们的年龄、性别、职业、学历、经历不同，需要就不同，强化方式也应不一样。例如，有的人更重视物质奖励，有的人更重视精神奖励，因此应区分情况，采用不同的强化措施。

②小步子前进，分阶段设立目标，并对目标予以明确规定和表述。对于人的激励，首先要设立一个明确的、鼓舞人心而又切实可行的目标，只有目标明确而具体时，才能进行衡量和采取适当的强化措施。同时，还要将目标分解成许多小目标，员工完成每个小目标时都应及时给予强化，这样不仅有利于目标的实现，而且通过不断的激励可以增强员工的信心。

③及时反馈。所谓及时反馈，就是通过某种形式和途径，及时将工作结果告诉行动者。要取得最好的激励效果，就应该在行为发生以后尽快采取适当的强化方法。

④正强化比负强化更有效。负强化及惩罚可能会起到一定的负作用。因此，在强化手段的运用上，应以正强化为主；同时，必要时也要对坏的行为予以惩罚，做到奖惩结合。

三、激励的原则

1. 目标结合原则

在激励机制中，设置目标是一个关键环节。目标设置必须同时体现组织目标和员工需要的要求。

2. 物质激励和精神激励相结合的原则

物质激励是基础，精神激励是根本，在两者结合的基础上，逐步过渡到以精神激励为主。

3. 引导性原则

外激励措施只有转化为被激励者的自觉意愿，才能取得激励效果。因此，引导性原则是激励过程的内在要求。

4. 合理性原则

激励的合理性原则包括两层含义：其一，激励的措施要适度，要根据所实现目标本身价值的大小确定适当的激励量；其二，奖惩要公平。

5. 明确性原则

激励的明确性原则包括三层含义：其一，明确。激励的目的是使员工明白需要做什么和必须怎么做。其二，公开。特别是奖金分配等大量员工关注的问题更为重要。其三，直观。实施物质奖励和精神奖励时都需要直观地表达它们的指标，总结授予奖励和惩罚的方式。激励的直观性与激励形成的心理效应成正比。

6. 时机原则

要把握激励的时机，“雪中送炭”和“雨后送伞”的效果是不一样的。激励越及时，越有利于将人们的激情推向高潮，使其创造力连续、有效地发挥出来。

7. 正激励与负激励相结合的原则

所谓正激励就是对员工符合组织目标的期望行为进行奖励；所谓负激励，就是对员工违背组织目的的非期望行为进行惩罚。正负激励都是必要而有效的，不仅作用于当事人，而且会间接地影响周围其他人。

8. 按需激励原则

激励的起点是满足员工的需要，但员工的需要因人而异、因时而异，并且只有满足最迫切需要（主导需要）的措施，其效价才高，其激励强度才高。因此，领导者必须深入地进行调查研究，不断了解员工需要层次和需要结构的变化趋势，有针对性地采取激励措施，这样才能收到实效。

第二节　激励工作技能

一、激励的手段和方法

在了解了激励的各种理论之后，人们可能会问：这些理论对管理者来说有何重大意义？应如何去激励员工呢？对这些问题的回答并不简单，因为激励理论多种多样，企业的实际情况也比较复杂，无法用一个统一的方式去激励员工。有效的激励，必须通过适当的激励方式与手段来实现。按照激励中诱因的内容和性质，可将激励的方式与手段大致划分为四大类：知识激励、物质激励、精神激励和工作激励。

（一）知识激励

及时提供必要的知识和信息的激励手段属于知识激励。在当今知识更新加速的时代，知识和信息对于从事各种复杂专业技术工作的人才来说，就显得格外重要。如果一个人才不能进行必要的知识更新，得不到可靠的新信息、新动态，那么他的创造能力就会明显衰退。因此，及时向各类人才“灌注”知识动力，是用人实践的一条重要原则。知识激励主要包括以下内容。

（1）向各类人才提供必要的知识更新和获取信息的机遇，如定期将人才输送到大专院校和各类专科学校深造，参加各种科技知识讲座，增加与各类专家、学者的接触，建立高效率的信息网络，到先进地区参观学习，阅读有关文件、资料和书籍等。

（2）重视“时间投资”，帮助各类人才从繁忙的事务中挣脱出来，确保各类专业技术人才每年有时间进修深造，使他们不断更新知识，提高业务水平。

（二）物质激励

物质激励是指以物质利益为诱因，通过调节被管理者的物质利益需要，激发或强化其努力实现组织目标的动机。物质激励主要包括以下形式。

1. 报酬激励

报酬包括工资、奖金、各种形式的津贴及实物奖励等。在进行报酬激励时，应处理好三个问题：一是报酬与贡献挂钩；二是要确定适当的报酬；三是要防止金钱万能化倾向。

2. 福利照顾

福利是指组织为员工提供的除工资外的一切物质待遇。全面而完善的福利制度，能够使员工因受到体贴照顾而体会到组织的温暖，从而产生一种强烈的归属感，增强认同感、责任心与义务感。

3. 经济处罚

在经济上对员工进行处罚，如扣发奖金、奖品，降低工资待遇和其他物质待遇等，是一种管理上的“负刺激”，属于一种特殊形式的激励。运用这种方式时要注意：必须有可靠的事实根据和政策依据，令员工心服口服；处罚额度要适当，既起到必要的教育与震慑作用，又不要激化矛盾；也要注意疏导，化消极为积极，真正起到激励作用。

值得注意的是，物质激励不是万能的，应当与精神激励结合起来。鉴于世界的本质是由物质构成的，任何精神的东西都不可能绝对代替物质的东西。

（三）精神激励

通过满足职工的社交、自尊、自我发展和自我实现的需要，在较高的层次上调动职工的工作积极性，属于精神激励。在特定的情况下，精神激励不仅可以弥补物质激励的不足，而且可以成为长期起作用的决定性力量。因此，我们主张在激励人才的过程中正确运用精神激励和物质激励，将两者巧妙地结合起来。精神激励主要包括以下形式。

1. 目标激励

目标激励，是指给员工确定一定的目标，以目标为诱因驱动员工努力工作，以实现企业的目标。任何企业的发展都需要有自己的经营目标，目标激励必须以企业的经营目标为基础。任何个人在自己需要的驱使下也会有个人目标，目标激励要求把企业的经营目标与员工的个人目标结合起来，使企业目标和员工目标相一致。其原因有三个方面：其一，在员工实现企业目标的过程中，可以满足个人需要。所以，员工从满足个人需要出发，会自觉地努力工作，从而实现企业目标。其二，企业经营目标与员工个人目标的结合，能反映出员工个人在企业中的地位和作用，使员工个人的价值在企业中充分体现出来。其三，大多数员工的个人目标代表着自己从未达到过的状态，目标的实现表现为自身的升华，为此，员工为追求目标的实现会不断努力，发挥自己最大的潜能。

2. 参与激励

参与激励，是指让员工参与企业管理，使员工产生主人翁责任感，从而激励员工发挥自己的积极性的一种激励方式。所以，参与激励就是要让员工经常参与企业重大问题的决策，让员工多提合理化建议，并对企业的各项活动进行监督和管理。这样，员工就会亲身感受到自己是企业的主人，企业的前途和命运就是自己的前途和命运，个人只有依附或归属于企业才能发展自我，从而激励员工全身心投入企业的事业。

3. 关心激励

关心激励，是指企业领导通过对员工的关心而产生的对员工的激励作用。如果企业领导时时关心员工疾苦，了解员工的具体困难，并帮助其解决，就会使员工产生很强的归属感，会对员工产生激励效果。现在很多企业领导会给员工赠送生日礼品，为其举行生日派对，解决住房困难，解决员工小孩入托难等问题，这些都属于关心激励的范畴。

4. 情感激励

这种激励方式是通过建立一种人与人之间和谐良好的感情关系，来调动员工的积极性。情感是影响人们行为最直接的因素之一，任何人都有各种情感诉求。企业领导者要及时了解并主动关心员工的需求，建立正常、良好、健康的人际关系、工作关系，从而营造出一种相互信任、相互关心、相互支持、团结融洽的工作氛围，使被管理者处处感到自己得到了重视和尊重，以增强员工对本企业的归属感。

5. 信任激励

信任激励是指组织领导者充分信任员工的能力和忠诚度，放手、放权，使员工充分发挥自己的聪明才智，以达到激励的目的。这种方法没什么固定的程序，总的思路是领导者对下属应贯彻“用人不疑，疑人不用”的原则，为下属创造一个宽松的工作环境，充分地信任下属，支持下属自我管理、自我控制，鼓励他们大胆地开展工作。

6. 认同激励

认同激励，是指领导者对员工的劳动成果或工作成绩表示认同而对员工产生的激励作用。当企业的某个员工取得了一定的成绩以后，领导者只需要向其表示自己已经知道其取得的成绩，或再加上几句表扬的话，就可以对其产生很大的激励作用。

（四）工作激励

按照赫茨伯格的双因素激励理论，对人最有效的激励因素来自工作本身，即一个人对自己的工作感到满意是最大的激励。管理者必须善于调整和调动各种工作因素，千方百计地使员工满意自己的工作，以实现最有效的激励。在实践中，工作激励一般有以下几种途径。

1. 工作适应性

即工作的性质和特点与从事该工作的员工的条件与特长相吻合，能使员工充分发挥其优势，引起其工作兴趣，从而使员工高度满意自己的工作。

2. 工作的完整性

人们愿意在工作实践中承担完整的工作。一项工作从开始到结束，都是由自己完成的，就可获得一种强烈的成就感。管理者应根据工作的性质和需要，以及人员情况，尽可能地将工作划分为较完整的单元分派给员工，为员工创造获得完整工作成果的条件与机会。

3. 工作的意义与工作的挑战性

员工怎样看待自己所从事的工作，直接关系到其对工作的兴趣与热情，进而决定着其工作积极性的高低。人们愿意从事重要的工作，并愿意接受具有挑战性的工作。激励员工的重要手段就是向员工说明工作的意义，并增加其工作的挑战性，从而使员工更加重视和热衷于自己的工作。

4. 及时获得成果反馈

对人们所取得的成果及时给予反馈，能极大地推动员工继续努力。为此，管理者在工作中应注意及时测量并评定、公布员工的工作成果，尽可能早地使员工得到工作反馈，有效地激发其工作积极性。

以上四种激励手段各有其不同用途，在实际运用时，它们都和时机原则有着密切联系。各级领导者应该根据不同的对象、不同的情况，从中选择最有效的一种或多种激励手段，加以灵活运用，唯有这样，才能取得最理想的激励效果。

二、激励机制的建立

激励机制，是指组织系统中，激励主体通过激励因素或激励手段与激励客体之间相互作用的关系的总和，也就是企业激励内在关系结构、运行方式和发展演变规律的总和。激励机制包含两个要素：第一，发现员工需要什么，然后用这个事物作为其完成工作的报酬。第二，确定的能力是否可能完成这项工作。也就是说，需要和能力是实现激励功能的两个要素。激励并不是无条件地简单满足员工的任何需要，而是要以能在一定程度上使组织绩效提高的方式来满足员工的需要，要对满足员工需要的方式和程度予以控制。

（一）创建适合企业特点的企业文化

21 世纪是一个充满变化的时代，而且变化的幅度不断增大，节奏不断加快，这就要求企业组织必须从僵化的机械模式转变为更具灵活性和适应性的有机模式；企业之间的竞争已从生产效率的竞争演化为创新效率的竞争，其本质是企业文化的竞争，传统的“命令式”的领导方式已不适应对新型“知识员工”的管理。管理在一定程度上就是用一定的文化塑造人，包括理念文化、制度文化、环境文化等的企业文化体系。只有当企业文化能够真正融入每个员工个人价值观时，他们才能把企业的目标当成自己的奋斗目标，因此，用员工认可的文化来管理，可以为企业的长远发展提供动力。

（二）建立多跑道、多层次激励机制

在这个经济快速发展的年代，人们对物质的要求更为强烈，并有很强的自我意识，从这些特点出发，如何制订新的、合理的、有效的激励方案？

（1）多一点空间，多一点办法，根据企业发展的特点激励多条“跑道”；

（2）要激励多条“跑道”，使员工真正安心地在最适合自己的岗位上工作；

（3）想办法了解员工需要的是什么。

可以根据本企业的特点采用不同的激励机制，首先，可以运用工作激励，尽量把员工放在他所适合的位置上，并在可能的条件下轮换工作以增加员工的新奇感，赋予工作更大的挑战性，培养员工对工作的热情和积极性；其次，可以运用参与激励，使员工通过参与形成对企业的归属感、认同感，进一步满足自尊和自我实现的需要。荣誉激励的方式在企业中采用得比较普遍，这是一种比较有效的方法，在西方的企业中也普遍采用，例如，美国IBM公司有一个“百分之百俱乐部”，当公司员工完成他的年度任务，他就会被批准成为“百分之百俱乐部”成员，他和他的家人会被邀请参加隆重的集会。这样，公司的员工都将获得“百分之百俱乐部”会员资格作为第一目标，以获得那份光荣。例如，北京公交集团公司在“公交优先，服务优秀”这一目标的要求下，在标准化服务达标基础上倡导优质服务，开展“星级服务评定”活动，设立星级绩效奖励工资，制作、发放和管理“星级服务标识”和“终身荣誉牌”，建立进一步调动广大员工积极性的长效机制。这一激励措施有效地利用了员工的荣誉需求，取得了良好的激励效果。

事实上，激励的方式多种多样，企业主要是要采用适合本企业背景和特色的方式，并且制定相应的制度，创建合理的企业文化，这样综合运用不同种类的激励方式，就一定可以激发出员工的积极性和创造性，使企业进一步发展。

（三）充分考虑员工的个体差异，实施有差别的激励机制

企业在制定激励机制时，应根据实际情况，把激励的手段和目的结合起来，改变思维模式，真正建立起适应员工需求的开放的激励体系。

1. 制定激励机制应因地制宜、实事求是

激励的目的是提高员工的积极性，影响员工工作积极性的主要因素有工作性质、领导行为、个人发展、人际关系、报酬福利和工作环境等。这些因素对于不同企业所产生的影响也不同，企业要根据不同的类型和特点制定激励机制，在制定激励机制时

一定要考虑到个体差异。例如，女性员工相对而言对报酬更为看重，而男性则更注重企业和自身的发展；在年龄方面也有差异，一般20～30岁的员工自主意识比较强，对工作条件等各方面的要求比较高，“跳槽”现象更为严重，而31～45岁的员工则因为家庭等原因比较安于现状，相对而言比较稳定；在文化方面，有较高学历的人一般更注重自我价值的实现，包括物质利益方面的，但他们更看重的是精神方面的满足，例如，工作环境、工作兴趣、工作条件等，这是因为他们在基本需求能够得到保障的基础上进而追求精神层次需要的满足，而学历相对较低的人则首要注重的是基本需求的满足；在职务方面，管理人员和一般员工之间的需求也有不同，因此，企业在制定激励机制时一定要考虑到企业的特点和员工的个体差异，这样才能收到最大的激励效果。

2. 对不同类型的员工采取不同的激励措施

企业只有把各类员工的积极性都调动起来，依靠全体员工的共同努力才能实现其生产经营目标。在实际工作中，对不同类型的员工，企业在调动他们积极性时必须采取不同的激励措施。按照从事职业的性质不同，可将企业员工划分为管理人员、专业技术人员和生产一线人员三种类型。

管理人员文化层次高、综合素质好、社交能力强、思维敏锐，工作上有一定的创造力和开拓精神，是企业的中坚力量。这类人员十分重视自身发展及自己的管理思想能否实现，其需求层次决定了对他们的激励措施：一是职务的提升，即对个人工作成绩的肯定和社会地位的提高，满足其对自身发展的需求；二是扩大职责范围，对其信任和重用，激发他们干好本职工作的责任感，以满足其对信任的需求；三是进行职位交流，拓宽员工知识面，激活组织活力，以满足他们对开拓创新的需求；四是加强到基层锻炼，增强他们拥有本岗位的荣耀感，使其感受到现有岗位的来之不易，达到激发其积极性的目的。

专业技术人员肯学习、爱钻研，工作踏实，具有较强的成就感，有继续深造的愿望，对企业的培训及施展自己才华的机制十分重视。对他们的激励措施：一要营造良好的用人环境，用优厚待遇留住人才，同时还要建立健全激发专业技术人员科技攻关、技术创新的各项制度；二要了解他们的疾苦，为他们排忧解难，做他们的知心朋友，让专业技术人员参与企业决策，倾听并尊重他们的意见，为他们提供必要的深造机会；三要提升其专业技术职务，将科研成果、发明创造、学术报告等作为对专业技术人员职务提升前的考核内容，进行量化评价，符合条件的可以晋升高一级专业技术职务。

生产一线的人员文化层次较低，工作内容具体且单一，体力劳动所占比例大，工作环境相对较差。他们讲实惠，期望领导的关心。对他们的激励措施：一是制订工作目标，目标的最终实现预示着企业效益的提高和个人收益的增加，要帮助和指导他们制订出分步实施并与企业目标相一致的工作目标；二是选出模范人物为学习的榜样，以引导一线工作人员的行为达到组织目标所期望的方向；三是遇到困难，管理人员要身先士卒，要求别人做到的自己要先做到；四是改善劳动条件，搞好劳动保护，增强员工的安全感，以达到增强员工积极性的目的；五是加强对员工的培训，提高员工自身素质。

三、激励机制的运行模式

激励机制的运行模式就是激励主体与激励客体之间互动的过程，也就是激励工作的过程。图 9－2 是一个基于双向信息交流的全过程的激励机制运行模式。

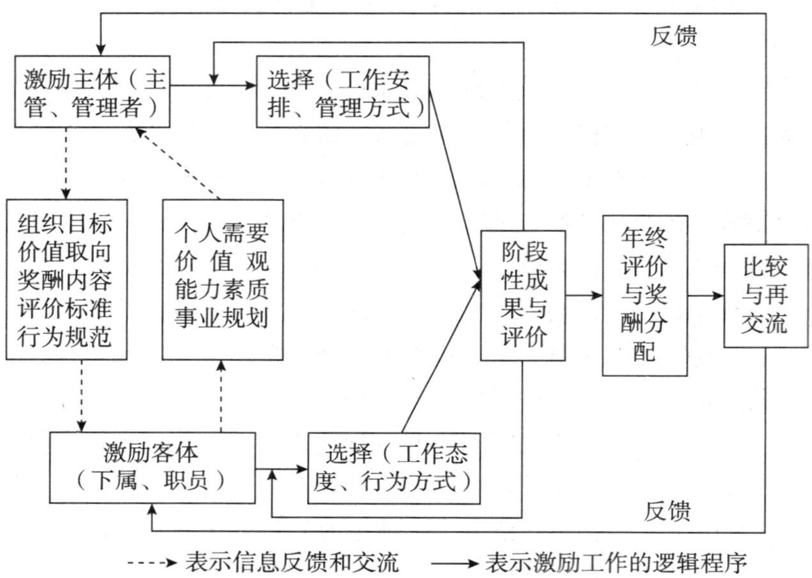

图 9－2　激励机制运行模式

这种激励机制运行模式，是从员工进入工作状态之前开始的，贯穿实现组织目标的全过程，故又称为全过程激励模式。其在管理实践中可分为 5 个步骤，工作内容分别如下。

1. 双向交流

这一步的任务是使管理人员了解员工的个人需要、事业规划、能力和素质等，同时向员工阐明组织的目标、组织所倡导的价值观、组织的奖酬内容、绩效考核标准和行为规范等；而员工个人则要把自己的能力和特长、个人的各方面要求和打算恰如其分地表达出来，同时，员工要把组织对自己的各方面要求了解清楚。

2. 各自选择行为

通过前一步的双向交流，管理人员将根据员工个人的特长、能力、素质和工作意向给他们安排适当的岗位，提出适当的努力目标和考核办法，采取适当的管理方式并付诸行动；员工则采取适当的工作态度、适当的行为方式和努力程度开始工作。

3. 阶段性评价

阶段性评价是对员工已经取得的阶段性成果和工作进展及时进行评判，以便管理者和员工双方再做适应性调整。这种阶段性评价要选择适当的评价周期，可根据员工的具体工作任务确定为一周、一个月、一个季度或半年等。

4. 年终评价与奖酬分配

这一步的工作是在年终进行的，员工要配合管理人员对自己的工作成绩进行评价并据此获得组织的奖酬资源。同时，管理者要善于听取员工自己对工作的评价。

5. 比较与再交流

在这一步，员工将对自己在工作过程和任务完成后所获得的奖酬与其他可比的人进行比较，并与自己的过去相比较，看一看自己从工作中所得到的奖酬是否令自己满意，是否公平。通过比较，若员工觉得满意，将继续留在原组织工作；如不满意，可再与管理人员进行建设性磋商，以达成一致意见。若双方不能达成一致的意见，双方的契约关系很可能将中断。

全过程激励模式突出了信息交流的作用，划分了激励工作的逻辑步骤，可操作性强。

第三节 激励工作技能训练

理论测试

一、选择题

1. 根据马斯洛的需求层次理论，可得如下结论：（　　）。

A. 对于具体的个人来说，其行为主要受主导需求的影响

B. 越是低层次的需求，其对于人们行为所能产生的影响也越大

C. 任何人都具有五种不同层次的需求，而且各层次的需求强度相等

D. 层次越高的需求，其对于人们行为所产生的影响也越大

2. 比较马斯洛的需求层次理论和赫茨伯格的双因素理论，马斯洛提出的五种需求中，属于保健因素的是（　　）。

A. 生理和自尊的需要　　B. 生理、安全和自我实现的需要

C. 生理、安全和社交的需要　　D. 安全和自我表现实现的需要

3. 当一位30～40岁的科研工作者显示出卓越的技术才能时，作为该科研人员的领导，对他最有效的激励应该是（注意，并不排斥其他方面的适当奖励）（　　）。

A. 高额奖金　　B. 配备最好的研究条件

C. 提职　　D. 精神奖励（如评为劳模）

4. 对于一个尊重需求占主导地位的人，下列哪种激励措施最能产生效果？（　　）

A. 提薪　　B. 升职　　C. 解聘威胁　　D. 工作扩大化

5. 在整个企业管理中，倡导尊重、重视每一位员工权利的思想，这种观念和做法属于（　　）。

A. 公司文化　　B. 政治手腕　　C. 经济条件　　D. 激励理论

6. 有这样一个小企业的老板，他视员工如兄弟，强调“有福共享，有难同当”，并把这种思路贯穿于企业的管理工作。当企业的收入高时，他便多发奖金给大家；一旦企业产品销售状况不好，他就少发甚至不发奖金。一段时间后，他发现大家只是愿意“有福共享”，而不愿“有难同当”。在公司状况不好时甚至还有员工离开公司，或将联系到的业务转介给别的企业，自己从中拿提成。这位老板有些不解，你认为这是为什么？（　　）

A. 这位老板在搞平均主义

B. 这位老板把激励因素转化成了保健因素

C. 员工们的横向攀比

D. 这位老板对员工的激励缺乏系统规划

二、简答题

1. 在西方激励理论中，具有代表性的理论有哪些？其基本观点是什么？

2. 激励的方式有哪些？

技能训练

训练一　案例分析（纸上谈兵）

◆ 案例分析示范

高管激励方案设计

某房地产开发有限公司创建于1994年，是具有时代风格的新型房地产开发企业，拥有固定资产7亿多元。公司设有总经办、财务部、造价部、材料设备部、企划部、销售部、技术开发部、工程部等职能部门，近10年来公司在经营管理上不断创新，逐步向科学化、系统化、规范化发展，形成了市场化的可持续发展管理体系。随着公司的不断发展，公司高层希望能持有公司的股份，甚至实现控股。如何制订激励约束的方案，对于高管的长期激励到底应该是虚拟方式还是使其实质性持有股份，激励范围的确定、持股数量的确定以及资金来源等问题，一直困扰着该公司董事会。

项目组经过诊断调研，发现该公司在管理上存在以下主要问题：

（1）认同公司的战略目标，但对如何实现不太清楚；

（2）因历史原因，股权结构非常混乱，要制订合理的持股方案，必须理顺目前的股权结构；

(3) 薪酬结构比较单一，75%参与问卷调查的人员认为有必要实行长期激励；

(4) 67%的参与问卷调查的人员不了解或者不清楚管理层持股等激励工具；

(5) 38%的人员能拿出的购股现金上限是10万元。

1. 思考与讨论

根据诊断结果，请对此房地产开发有限公司提出有效的激励措施。

2. 分析要点（供参考）

在对该公司进行详细调研的基础上，项目组提出如下解决方案并辅助实施：

(1) 注册成立投资控股公司，由投资控股公司控股该房地产公司，形成母子持股公司体系。两公司自然人发起人股东为此次激励范围中的不同群体，除兼职高管外，不存在向上或向下交叉持股的现象。相应形成投资控股公司的主要职能和附加职能。

(2) 岗位价值与以往业绩构成价值贡献总量，依此确定股权分配系数及持股额度的计算办法。建议采取以个人出资（包括现金缴纳和从未来薪酬中扣除一定比例）为主、不足部分由公司融资的方式。对比不同层面激励对象持股额度上限与支付能力的比例差异，建议根据持股额度与年度现金收入的不同比值范围，设置投资控股公司个人现金出资和公司融资（股权或债权方式）的比例。在确定企业提供贷款部分的利率及贷款本金及利息偿还事项后，激励对象可以从每月工资中按适当比例扣除部分和所持股权的分红来分期偿还企业融资。

(3) 对于在该房地产公司和投资控股公司同时任职、在投资控股公司与项目部同时任职的两类人员，在额度分配和出资方式上分别进行设计。同时，就股权转让及退出、股份日常管理进行相应设计，包括转让时间、价格、任职者调动涉及的股权处理方法；对股份管理机构、参与机构及日常管理机构的构成及职责进行界定。此外，就相关法律、会计、税收问题给予说明，并提供某公司高管长期激励的补充方案。

◆ **案例分析练习**

【目的】

1. 能用需求层次理论、双因素理论等分析案例中的问题、困惑。

2. 体会激励方法的具体应用。

【资料】

某服装公司的激励计划

汪明明是宏利服装公司的人事经理，最近他刚刚在业余时间学习完一个管理研修班的所有课程。在学习过程中，他对于管理中的激励理论，特别是马斯洛和赫茨伯格的理论相当注意。在他看来，马斯洛清晰的需求层次和赫茨伯格的激励因素和保健因素理论的划分非常具有可操作性。因此，他认为可以立即在公司管理中运月它们。据汪明明了解的可靠信息，宏利服装公司的工资和薪金水平在服装行业中是最好的。因此，他认为公司在激励下属时应该集中利用赫茨伯格的双因素激励理论上。经过多次会谈，他说服了公司高层管理者，公司总裁授权他去制订工作计划并且放手让他推行。在这种情况下，汪明明开始制订关于强调表彰、提升、更大的个人责任、成就以及使工作更具有挑战性等各种计划，并在组织里开始推行。但是，计划运转了几个月后，他迷惑了，因为他发现结果和他的期望相差甚远。设计师们对于计划的反应很冷漠，他们认为他们的工作本身就很具有挑战性。他们设计的服装在市场上很畅销就是对他们工作成绩的最大肯定，而且公司通过发放奖金的方式对他们的工作也已经给予肯定。总之，他们认为所有这些新计划都是浪费时间。有一个和汪明明比较熟悉的设计师甚至和他开玩笑说："明明，你这些玩意儿太小儿科了，你是不是把我们都当成小学生了，我看你理论学得太多了。"裁剪工、缝纫工、熨衣工和包装工的感受是各种各样的。有些人在新计划的实行过程中受到了表扬，反应良好；但是另一些人则认为这是管理人员的诡计，要让他们更加拼命地工作，同时又不增加任何工资。而且，很遗憾的是，这些人占大多数。甚至偏激一些的工人开始叫嚷着要联合罢工以争取自己的权益。汪明明万万没有想到事情会发展到这个地步。原来对他很信任和支持的高层管理者也开始质疑他的计划，批评他考虑不周全。

【要求】

根据案例中的情况，试分析：

（1）你认为汪明明新计划失败的主要原因是什么？

（2）简述马斯洛的需求层次理论，你认为设计人员的主导需求和一线工人的主导需求有何不同？

（3）简述赫茨伯格的双因素激励理论，并分析案例中汪明明对理论中的保健因素和激励因素的理解及理论的适用性存在什么问题？

（4）汪明明对于这种结果很苦恼，为此他请教了一位资深顾问，如果你是这位顾问，根据你所学的激励理论，你认为该如何给予他一定的建议以有效调动服装公司员工的积极性？

训练二　学风建设激励计划（动手试试）

【目的】

根据激励机制运行模式，制订班级学风建设激励计划，理解激励理论的实际应用。

【要求】

1. 调查并深入研究本班学生学习积极性以及包括奖学金在内的激励状况。

2. 以学习小组为单位，就如何在本班进一步调动学生学习积极性、实现有效激励组织讨论。

3. 每组提交一份激励计划，分析激励计划的有效性，并将其制作成 PPT，在课堂上进行交流。

训练三 企业激励制度调查（社会实践）

【目的】

通过对企业员工的调查，了解企业激励现状，为改进激励机制提供依据。

【资料】

以下调查问卷仅供参考，各个调查小组可以进行修改调整。

企业激励制度的调查问卷

首先感谢您参与本项调查研究！本调查是无记名形式，我们在整个调查中会绝对保密，因此请您根据自己的实际情况客观填写本问卷，我们承诺绝对不会给您带来任何不良影响和麻烦，再次感谢您的支持与配合！

企业名称：__________部门：__________职务：__________日期：__________

1. 您的性别：①男 ②女

2. 您的学历（含在读）：①高中/中专以下 ②大专及以下 ③本科 ④硕士研究生及以上

3. 您所在的组织类型属于：①贸易型 ②生产型 ③服务型 ④其他________（请注明）

4. 工龄：① 1 年以下 ② 1～4 年 ③ 5～10 年 ④ 10 年以上

5. 现在的月收入：①不高于2000 元 ②2001～3000 元 ③3001～5000 元 ④5001～10000 元 ⑤大于10000 元

6. 您在这家公司所从事的工作是：

A. 高级管理人员 B. 中层管理人员 C. 技术人员 D. 其他

7. 您如何看待目前的工作：

A. 很适合，并且有信心、有能力做好

B. 是我喜欢的工作，但自己能力有所欠缺

C. 不是我喜欢的工作，但是我能做好

D. 不适合我，我正考虑换一个岗位

E. 不适合我，我正考虑跳槽

8. 您认为公司目前存在哪些主要问题？

A. 管理随意性大，没有规范的管理制度 B. 市场开发不力，销售不畅

C. 公司激励机制不合理 D. 公司绩效考核体系不健全

E. 公司人员流动率太高 F. 缺乏企业文化

G. 其他________（请注明）

9. 您认为公司目前明显的竞争优势是什么？

A. 人才优势　　B. 管理优势　　C. 文化优势　　D. 成本优势

E. 没有优势　　F. 其他________

10. 您希望所在的企业有什么样的价值取向，选出您认为最重要的 3 个并按重要性排序：

A. 优胜劣汰　　B. 团队精神　　C. 严守商业秘密　　D. 以人为本

E. 客户至上　　F. 股东利益第一　　G. 人尽其才　　H. 服务社会

I. 充分考虑员工利益　　J. 服务制胜　　K. 不断创新

L. 其他________

11. 您认为下列哪 3 种方式能够更好地提高您的积极性和创造性？（选出三项）

A. 收入提高　　B. 福利改善　　C. 职位晋升　　D. 挑战性的工作

E. 培训机会　　F. 领导认可　　G. 其他________

12. 下列哪种情形在公司比较常见？（可以多选）

A. 时间观念差　　B. 没人愿意拍板决策　　C. 职能部门服务意识不强

D. 注重绝对公平，不注重效率　　E. 领导许诺多，兑现得少或迟缓

F. 领导经常交办事项却不问结果　　G. 上级的上级经常直接干扰自己的工作

H. 经常不知道应该向谁汇报

13. 您觉得如果您辞职会有哪些原因：

A. 当初不了解情况，选择了不适合的工作

B. 企业不规范，规模小

C. 晋升机会少，寻求事业发展

D. 就是觉得应该换个工作，看看有没有其他机会

E. 工作氛围不好，对企业的文化不认可　　F. 当初为就业而就业

G. 薪酬待遇比较低　　H. 考核体系不公平，不能体现个人能力

I. 缺乏培训机会　　J. 其他________（请注明）

14. 假设现在重新选择工作，您认为下面哪五个因素最重要？（只选五个，按重要程度由强到弱排序）

A. 领导个人魅力　　B. 工作挑战性　　C. 职业稳定性　　D. 民主气氛

E. 充分发挥自己才能　　F. 收入水平　　G. 晋升机会

H. 公司发展前途

15. 以您自己的资历，您对自己的工资收入：

A. 非常满意　　B. 较满意　　C. 不确定

D. 不满意　　E. 非常不满意

16. 您对目前公司薪酬制度科学性的评价是：

A. 非常科学、合理　　B. 较科学、合理　　C. 不确定

D. 不够科学、合理　　E. 非常不科学、不合理

17. 您对目前公司薪酬水平对人才吸引性的评价是：

A. 非常吸引 B. 较吸引 C. 不确定 D. 不够吸引

E. 几乎没有任何吸引力

18. 您对目前公司薪酬制度对员工激励性的评价是：

A. 非常强的激励 B. 较强的激励 C. 不确定 D. 激励性不够

E. 非常差

19. 您觉得员工的工资增长与公司经济效益增长的关系是：

A. 效益增长时一定会得到工资增长

B. 效益增长时员工有可能会得到工资增长 C. 不确定

D. 效益增长时员工有可能不会得到工资增长

E. 效益增长时员工绝对不会得到工资增长

20. 您对公司分配机制的评价是：

A. 按业绩考核分配 B. 吃“大锅饭”，搞平均主义

C. 高管多，一般员工少 D. 层级差距不大

E. 按资历定

21. 您觉得公司对培训的重视程度如何？

A. 非常重视 B. 比较重视 C. 一般 D. 不重视

22. 您参加过哪些方面的培训？

A. 新员工培训（公司历史/规章制度等） B. 技术知识培训

C. 管理技能培训 D. 销售技能培训

E. 具体工作中所需特殊技能培训 F. 自我管理

G. 其他________（请注明）

23. 您最迫切需要参加哪些方面的培训？

A. 专业技能 B. 管理技能 C. 销售技巧 D. 人际沟通

E. 财务知识 F. 学历教育 G. 其他________（请注明）

24. 您最欢迎的授课教师是：（请按欢迎程度排序）

A. 公司内部讲师 B. 政府官员或专家学者等

C. 院校教授、讲师 D. 咨询公司咨询师

E. 专业化培训服务公司培训师 F. 直接上级 G. 同行精英 H. 境外培训师

25. 您最喜欢的培训方式为：（请按喜欢程度排序）

A. 课堂讲授 B. 案例分析 C. 分组讨论 D. 操作示范

E. 角色扮演 F. 视听教学 G. 拓展训练 H. 参观考察

I. 其他________（请注明）

26. 您觉得培训的作用主要体现在？

A. 职务晋升 B. 薪酬提高

C. 个人能力提升　　　　D. 基本上没有什么作用

27. 在企业里，根据您个人的期望，您认为下列哪些因素最能激励您：

A. 薪酬待遇　　B. 职位升迁机会　　C. 培训学习新技术知识机会

D. 福利　　E. 自己参与管理　　F. 好的工作环境

G. 得到领导及同事的信任　　H. 工作的挑战性

I. 轻松自由、合作团结的企业文化

J. 工作的效益　　K. 分配的公平性

问卷到此结束，再次感谢您的参与！

【要求】

1. 请以小组为单位，选择你们一个企业或某一个行业的多个企业或某一区域的多个企业的员工进行问卷调查，了解某个企业或某个行业或某个区域企业员工激励现状，并对调查数据进行整理分析。

2. 抽样调查样本不得低于 50 份。

3. 每个小组写一份调查报告。

训练四　制订激励计划（综合应用）

【目的】

1. 加深对激励理论的认识。

2. 提高有效激励、调动人的积极性的能力。

【要求】

（1）调查并深入研究本班学生学习积极性以及包括奖学金在内的激励状况。

（2）以学习小组为单位，就如何在本班进一步调动学习积极性、实现有效激励组织讨论。

（3）每组提交一份激励计划，不少于 800 字。

（4）制作成 PPT，在课堂上进行交流，分析成功与不足之处。

思政探索

一、思政目标

提升学生的需求层次。

二、知识点

激励理论。

三、思政元素

社会主义核心价值观。

四、融入途径

1. 案例导入："黄色运动衫"对冠军和其他运动员意味着什么？

2. 小组讨论：社会主义核心价值观，满足了人民群众什么样的需求？

3. 观点思考：人受到的震动有种种不同：有的是在脊椎骨上，有的是在神经上，有的是在道德感受上，而最强烈的最持久的则是在个人尊严上（约翰·高尔斯华绥）。

4. 个人练习：如果你有 100 万元、1000 万元、10000 万元、100000 万元，你最想做的三件事是什么？填写下表。

如果我有……	我会做……		
100 万元	1.	2.	3.
1000 万元	1.	2.	3.
10000 万元	1.	2.	3.
100000 万元	1.	2.	3.

拓展学习

长期激励模式及适用性

工　具	激励模式	定　义	特点及适用企业
股权类	员工持股	员工按照一定比例出资，委托法人机构（如信托公司）购买公司股票，并代表员工进入董事会参与公司治理，按股份比例享有公司的利润分配	行业较成熟，业绩稳定增长的公司
	虚拟股票分红权	公司授予激励对象一种分享企业经营收益的权利，但没有所有权，没有表决权，不能转让和出售，在离开企业时自动失效	利润增长稳定的公司
	股票增值权	激励对象在规定时间内可按规定数量获得股票价格上升带来的收益	现金流较为充裕且股价较为稳定的公司
	虚拟股票增值权	通过模拟股票认股权的方式获得由公司支付的公司虚拟股票在规定时段内的价值增长差额	现金流稳定，公司价值稳定增长的公司
	业绩股票	如果激励对象在考核时达到预定考核目标，则授予一定数量的股票或提取一定的奖励基金购买公司股票。业绩股票兑现需要一定年限	业绩稳定的上市公司及其集团子公司

续 表

工 具	激励模式	定 义	特点及适用企业
股权类	虚拟股票	公司授予激励对象一种“虚拟”的股票，受益人可以据此享受一定数量的分红和股份升值收益	业绩较快增长、现金流较充裕的公司
	限制性股票	上市公司按照预先确定的条件授予激励对象一定数量的本公司股票，激励对象只有在达到规定条件时，才可出售限制性股票并从中获益	股票流通性好的上市公司
期权类	股票期权	公司给予受益人购买本公司股票的权利，获此权利的受益人可以在股票期权计划约定的期内以事先约定的价格购买约定数量的公司股票	适用于上市公司和上市公司控股企业
	股票期股	期股是通过激励对象部分首付、分期还款而拥有企业股份的一种股权激励方式，其实行的前提条件是激励对象必须购买本企业的相应股份	适用于国有控股企业或国有独资企业
利润分享类	利润分享类	将公司当期利润的一部分与高管及核心员工分享，即期或延期支付	盈利性强但不是很稳定的公司
	超额利润分享	将超过公司目标利润的部分与高管及核心员工分享，即期或延期支付	盈利性强且稳定性强的公司
其他类	滚动奖金池	公司将授予激励对象的年度奖金、长期激励收入等不在当年发放，而是存入公司为其单独设立的延期支付账户，并按约定支付回报收益，在一定期限后或者激励对象退休后公司再以现金形式兑现	业绩稳定的公司
	长期奖金	在期初设定一个较长周期的业绩目标（如3~5年），期末根据达到该目标程度的不同支付不同数额的奖金给激励对象	发展需要一定过渡和储备期的公司
	奖金银行	公司把每年提取的奖金不在当年完全发放，而是部分储蓄起来留待后续发放，如此持续滚动下去，如果员工离职，则不再分享奖金银行中的奖金	业绩波动较大的公司

第十章　控制工作能力

学习目标

知识目标

- 了解控制的概念和作用
- 掌握控制的类型、过程
- 理解控制与计划、组织之间的关系

技能目标

- 培养控制意识、事先防范意识
- 能运用控制的各种方法进行管理实践活动

学习导航

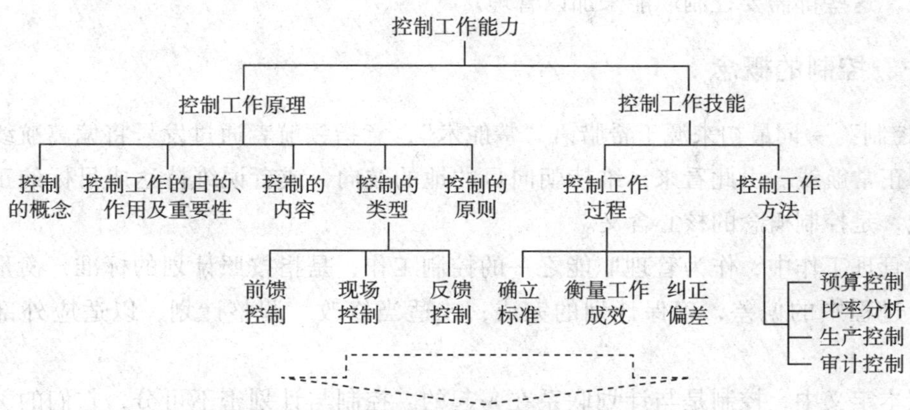

控制工作技能训练

- 理论测试　理论知识的认知与理解检测
- 技能训练　技能运用与强化训练
  - 训练一　案例分析（纸上谈兵）
  - 训练二　有效课堂控制方案设计（动手试试）
  - 训练三　企业控制系统调研（社会实践）
  - 训练四　城市空气污染控制方案（综合应用）
- 思政探索　他律与自律
- 拓展学习　六西格玛（6σ）管理法

案例导入

“新干线”的运行时间控制

从东京到大阪，“新干线”的行程是420千米，而“新干线”的联动误差一年总计只有36秒，并且是连下雪和刮台风的情况都考虑进去了。如果一年的联动误差是36秒，就意味着每一个月的误差仅有3秒。那么，这3秒是怎么控制的呢？有很多种方法，比如，第一，在旅客比较多的时候，火车站经常会雇一些人来把旅客推上火车，以加快旅客上车的速度；第二，列车在行驶的时候，司机要对速度进行调整，即如果车子离站的时候晚了30秒，他们在后面的行程中就要加快30秒。

请思考：

1. “新干线”为什么要对运行时间进行严格控制？
2. 量化的控制方法有何优点？

第一节　控制工作原理

控制是管理过程中不可缺少的一个环节。即使有了计划、组织和领导职能，如果缺乏控制，仍然无法确保各项既定工作圆满完成。任何一项工作都需要通过检查、调整和一定的约束机制，确保计划的实施不偏离目标。同时，计划本身因环境变化也需要修正，这些都需要控制职能来加以管理。

一、控制的概念

“控制”一词最初来源于希腊语“掌舵术”，意指领航者通过发号将偏离航线的船只拉回正常航线。由此看来，维持朝向目的地的航向，或者说维持达成目标的正确行动路线，是控制概念的核心含义。

在管理工作中，作为管理职能之一的控制工作，是指按照计划的标准，衡量和纠正执行过程中的偏差，确保计划的完成，或适当修改、调整计划，以适应外部环境变化。

在本定义中，控制是与计划联系在一起的。控制与计划密不可分，它们的关系具体表现在以下几个方面。

（1）计划为控制提供衡量的标准，没有计划，控制就成了无本之木；同时，控制又是计划得以实现的保证，没有控制，计划就等于一纸空文。

（2）计划和控制的效果分别依赖于对方，计划越明确、全面、完整，控制工作就越好进行，效果就越好；而控制越准确、全面和深入，就越能保证计划的顺利执行，并能更多地反馈信息，以提高计划的质量。

（3）一切有效的控制方法首先是计划方法，如预算、政策、程序和规则等，选择控制方法和设计控制系统必须要考虑到计划本身的特点。

（4）计划工作本身也必须有一定的控制，如对计划的程序、计划的质量等实施控制；控制工作本身也必须要有一定的计划，如对控制的程序、控制的内容等，都必须进行一定的计划。

二、控制工作的目的、作用及重要性

（一）控制工作的目的和作用

在现代管理活动中，无论采用哪种方法来进行控制工作，其基本目的都是“维持现状”，即在变化着的外部环境中，通过控制工作，随时将计划的执行结果与标准进行比较，若发现有超过标准容许范围的偏差，要及时采取必要的纠正措施，以使系统的运动趋于相对稳定，实现组织的既定目标。

控制工作要达到的第二个目的是“打破现状”。在某些情况下，多变的内、外部环境会对组织提出新的要求。主管人员对现状不满，要改革、创新，要开拓新局面，这时，就势必要打破现状，即修改已定的计划，确立新的现实目标和管理控制标准，使之更先进、更合理。

在一个组织中，往往存在两类问题：

（1）经常产生的可迅速、直接影响组织日常经营活动的“急性问题”（Acute problem）；

（2）长期存在的会影响组织素质的“慢性问题”（Chronic problem）。

解决急性问题，多是为了维持现状；而要打破现状，必须解决慢性问题。在各级组织中，大量存在的是慢性问题，但人们往往执意解决急性问题而忽视解决慢性问题，这是因为慢性问题是在长期的活动中逐渐形成的，产生的原因复杂多样。人们对于其存在已经“习以为常”，以至适应了它的存在，不可能发现或者即使发现了也不愿意承认和解决慢性问题所带来的对组织素质的影响。而急性问题是经常产生的，对多数人的工作和利益会产生显而易见的影响，故容易被人们发现、承认和解决。

因此，要使控制工作真正起作用，就要像医生诊治疾病那样，重点解决慢性问题，打破现状，求得螺旋上升。要打破现状，解决慢性问题，是需要一定时间的，这个过程就叫作“管理突破过程”。

（二）控制工作的重要性

为了实现上述目的，控制工作在管理活动中的重要性是显而易见的，具体可以从以下两方面来理解。

1. 控制工作的重要性体现为任何组织、任何活动都需要进行控制

这是因为即便在制订计划时进行了全面的、细致的预测，考虑到了各种实现目标的有利条件和影响目标实现的因素，但由于环境条件是变化的，管理者受到其本身的素质、知识、经验、技巧的限制，预测不可能完全准确，制订的计划在执行过程中可能会出现偏差，还会发生未曾预料到的情况。这时，控制工作就起了执行和完成计划的保障作用，以及在管理控制中产生新的计划、新的目标和新的控制标准的作用。控制工作能够为管理人员提供有用的信息，使之了解计划的执行进度和执行中出现的偏差及偏差的大小，并据此分析偏差产生的原因；对于那些可以控制的偏差，通过组织机构究责的方式予以纠正；而对于那些不可控制的偏差，则应立即修正计划，使其符合实际。

2. 控制工作的重要性还表现在它在管理的五个职能中所处的地位及其相互关系上

控制工作通过纠正偏差的行动与其他管理职能紧密地结合一起，使管理过程形成了一个相对封闭的系统。在这个系统中，计划职能选择和确定了组织的目标、战略、政策和方案以及实现它们的程序。然后，通过组织工作、人员配备、领导工作等职能去实现这些计划。为了确保计划的目标能够实现，就必须在计划实施的不同阶段，根据由计划产生的控制标准，检查计划的执行情况。这就是说，虽然计划工作必须先于控制活动，但其目标是不会自动实现的。一旦计划付诸实施，控制工作就必须穿插进行。它对于衡量计划的执行进度，揭示计划执行中的偏差以及指明纠正措施等，都是非常必要的。同时，要进行有效的控制，还必须制订计划，必须有组织保证，必须要配备合适的人员，必须给予正确的指导和领导。所以说控制工作存在于管理活动的全过程，它不仅可以维持其他职能的正常活动，而且在必要时可以通过采取纠正偏差的行动来改变其他管理职能活动。虽然有时这种改变可能是很简单的，例如，在指导中稍做变动；但在许多情况下，正确的控制工作可能会确立新的目标，提出新的计划，改变组织机构，改变人员配备以及在领导方法上作出重大的改革。

三、控制的内容

控制的内容也就是控制的对象。美国管理学家斯蒂芬·罗宾斯将控制的内容归纳为对人员、财务、作业、信息和组织绩效等方面的控制。

1. 对人员的控制

组织的目标是由人来完成的，员工应该按照管理者制订的计划去做，为了做到这一点，就必须对人员进行控制。对人员进行控制最常用的方法是直接巡视，发现问题马上进行纠正；另一种有效的方法是对员工进行系统的评估，通过评估，对绩效较好的员工进行奖励，使其维持或加强好的表现；对绩效差的则应采取相应的措施，纠正其出现的行为偏差。

2. 对财务的控制

财务控制主要包括审核各期的财务报表，以保证一定的现金存量，保证债务负担不过重，保证各项资产都能得到有效利用等。预算是最常用的财务控制衡量标准，同时也是一种有效的控制工具。

3. 对作业的控制

所谓作业，就是指从劳动力、原材料等资源得到最终产品和服务的转换过程。作业质量很大程度上决定了组织提供的产品或服务的质量，而作业控制就是通过对作业过程进行控制，来评价并提高作业的效率和效果，从而提高产品或服务质量。组织中常见的作业控制有生产控制、质量控制、库存控制等。

4. 对信息的控制

随着人类步入信息社会，信息在组织运行中的地位越来越高，不精确的、不完整的、不及时的信息会大大降低组织效率。因此，在现代组织中对信息的控制显得尤为重要。对信息的控制就是要建立一个管理信息系统，使它能及时地为管理者提供充分、可靠的信息。

5. 对组织绩效的控制

组织绩效是组织上层管理者的控制对象，组织目标的达成与否都从这里反映出来。一个组织的整体效果很难用一个指标来衡量的，生产率、产量、市场占有率、员工福利、组织的成长性等都可能成为衡量指标，关键是看组织的目标取向，即要根据组织完成目标的实际情况并按照目标所设置的标准来衡量组织绩效。

四、控制的类型

根据控制信息获取的情况，可以将控制分为前馈控制、现场控制和反馈控制，如图 10－1 所示。

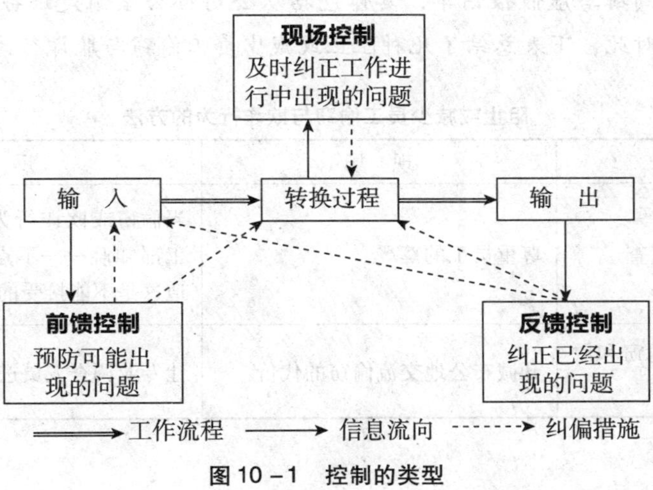

图 10－1　控制的类型

1. 前馈控制

前馈控制也称为预先控制或事前预先控制，是一种在工作开始之前进行的控制。其特点是能在偏差发生之前就告知管理者，使他们一开始就采取各种预先防范措施，预防或尽可能地减少偏差的出现，从而把偏差带来的损失降到最低程度。预先控制的目的是在开始之前就将问题的隐患排除掉，做到“防患于未然”。

2. 现场控制

现场控制也称同步控制，是在活动进行的同时就施以控制，其特点是在工作进行过程中，一旦发生偏差，马上予以纠正。同步控制的目的是及时纠正工作中发生的偏差，改进本次而非下次工作活动的质量。同步控制是一种主要为基层管理人员所采用的控制方法。

现场控制主要有监督和指导两项职能。现场控制是控制系统的核心。

3. 反馈控制

反馈控制，也可称为事后控制或事后反馈控制，控制作用发生在行动之后，其特点是把注意力集中在工作的结果之上，通过对前一阶段工作的总结，对比标准进行测量、比较、分析和评价，发现存在的问题，并以此作为改进下一次工作的依据。

但反馈控制自身存在一些致命的缺陷：①损失已经造成；②存在时间滞后问题。

前馈控制与反馈控制各有利弊，在生产实际中经常将这两种控制结合在一起，构成复合控制系统，以改善控制的效果。

小知识

有关资料表明：在所有组织中，偷窃和欺诈行为中的85%是雇员所为而不是外人所为。所谓员工偷窃，就是指未经允许将公司财产作为员工个人物品使用的行为。其范围大到贪污小到填写虚假报销单，具体包括从公司办公室偷走设备、零部件、软件及办公用品等。对此，下表总结了几种阻止或减少员工偷窃与欺诈行为的方法。

阻止或减少员工偷窃与欺诈行为的方法

前　馈	现　场	反　馈
仔细进行雇佣前审查	尊重员工的尊严	当偷窃或欺诈行为发生后，确保员工都知晓——不点名，但让人们知道这是不能接受的
建立专门的有关偷窃和欺诈的规章和纪律	开诚布公地交流偷窃的代价	让专业调查人员进行调查

续　表

前　馈	现　场	反　馈
让员工参与规章的制定	定期让员工知道公司防止偷窃和欺诈行为的成功	重新设计控制方法
对员工进行规章的教育和培训	如果条件允许，使用摄像监视器	评价组织的文化和管理者与员工的关系
让专家检查内部安全控制措施	在计算机、电话、电子邮件上增加“锁定”功能	
	使用公司热线报告事故	
	树立良好典范	

五、控制的原则

控制的目标是实现计划，控制是实现计划的保证，因此，计划越是明确、全面、完整，控制系统越能反映计划，则控制越有效。所以，在设计控制系统时，每个管理者都必须紧紧围绕计划进行，要根据计划的特点确定控制标准、衡量方法和纠偏措施。

1. 系统控制原则

系统是一个由各种相互作用、相互制约的要素为达到共同目的而组成的有机体。系统控制是指在控制中要树立目的性、全局性、层次性的观点。

2. 以人为中心原则

人是控制的主体，在控制中应充分发挥人的主观能动性作用。

3. 例外与重点原则

凡对达到组织目标没有重要意义的项目与事务，不应该经常核查，而应以防止情况恶化为限。它应该严格地用“例外”来控制，即应该树立一种标准，定期地对其进行衡量，并且只是对其进行抽样衡量，只有在与标准出现比较明显的偏差时才予以控制。控制的重点应放在对组织目标有重要意义的项目与事务上。控制人员越是只注意一些重要的例外偏差，也就是说越是把控制的主要注意力集中在那些超出一般情况的特别好或特别坏的情况上，控制工作的效能和效率就越高。

4. 弹性原则

任何一个控制系统，为了同外界进行正常的物质、能量和信息交换，同外部环境之间保持积极的动态适应关系，都必须充分考虑到各种变化的可能性，使管理系统整体或内部各要素、层次在各个环节和阶段上保持适当的弹性。

5. 控制关键点原则

任何控制都不可能面面俱到，事无巨细同等对待，而是应根据具体情况选择关键点进行重点控制，以取得事半功倍的效果。关键因素主要有以下三种类型：

● 出现偏差的可能性大的因素。要把出现偏差可能性大的因素作为关键因素来加以重点控制，如在生产过程中事故发生概率大的环境。

● 直接决定工作成效的重点因素。当某些因素对于取得工作成功至关重要的时候，就应当高度重视。

● 能使控制最有效又最经济的因素。这一点与前两点是相联系的。一些因素对全局具有举足轻重的作用，又便于控制，花费较少，它们就应当被作为控制的关键因素，这样会大大提高控制的效率。

例如，如何在有着众多作业的大型项目中控制整个工期的时间进度，就可用计划评审技术来确定关键路线和关键作业，这样，控制了关键作业的进度就可以控制整个工期了，像美国的北极星导弹研制工程和杜邦化工厂的建造，就是运用了计划评审技术而使工期大大缩短的。

第二节　控制工作技能

一、控制工作过程

控制过程由若干活动步骤组成。

（一）确立标准

通过计划确立控制标准是控制过程的起点，如果没有控制标准，衡量成效和纠正偏差将失去客观依据。

控制标准是控制过程中对实际工作进行检查的衡量尺度，是实施控制的必要条件，对计划工作和控制工作起着承上启下和链接的作用。一般来说，控制标准是从整个计划方案中选出的对工作成效进行评价的关键指标，这些是计划已经制定了的具体的、可直接引用的标准。但因各种计划的详尽程度不同，有些计划是比较抽象的、概括的，是对组织工作目标及行动方案的总体规划和安排，这时就需要将计划目标转换为一套更具体、可测量和考核的控制标准。控制标准要尽可能简化明了，做到具体化、数字化，容易测定，便于执行。

1. 控制标准的分类

控制标准可以分为定量和定性两大标准。定量标准便于度量和比较，但定性标准也是不可缺少的。

定量标准包括如下内容：①实物标准。实物标准是企业在耗用原材料、能源，雇用劳动力，以及生产产品质量、性能和用途等方面的标准。例如，单位产量工时、单位台时定额、单位产品工艺消耗定额、废品的数量等。②价值标准。价值标准反映了组织的经营状况，包括成本标准、利润标准、资金标准等。例如，单位产品成本、年利润额、销售收入、税金等。③时间标准。时间标准为工作的开展提供了时间限制。例如，工时定额、工程周期、交货期、生产线的节拍、生产周期等。

定性标准主要是有关产品和服务质量、顾客满意度、组织形象等方面的衡量标准，这些标准的控制对企业和组织计划和目标的实现极为重要。

2. 寻找控制的关键点

"关键控制点"亦称战略控制点、控制的焦点。在组织系统的运营过程中，最为关键的控制要点被称作"关键控制点"。一般来说，并不是计划实施过程中的每一步都要制定控制标准，而是要选择一些关键点作为主要的控制对象。只要对这些主要的关键点进行控制，就可以控制企业和组织活动的整体状况。确定控制关键点的过程是一个分析决策的过程，它需要对计划内容做全面深入的分析，同时还要充分考虑组织实施过程中的具体情况以及外部环境带来的干扰。确定关键点需要有丰富的经验和敏锐的观察力。一般关键点都是目标实施过程中的重要组成部分，它可能是计划实施过程中最容易出偏差的点，或是起制约作用的点，或者是起转折作用的点，或是变化度大的点等，应根据具体情况具体选定。为此，孔茨建议管理者应不时地问自己这样一些问题：什么能最佳地反映本部门的目标？当没有达到这些目标时，什么能最佳地表明情况？最能表明偏差情况的是什么？能向主管表明谁应对此负责的是什么？哪些标准最省钱？经济适用的信息标准是什么？

小知识

通用电气公司推荐的关键控制点

- 获利能力

利润率＝利润/销售额

或　利润率＝利润/资金占用量

- 市场地位
- 生产率

劳动生产率＝劳动产出/（时间×人）

- 产品领导地位

产品的技术先进性、功能完善性，反映了该企业在产品研发、生产、营销等方面的领导地位。

- 人员发展
- 员工态度
- 公共责任
- 短期目标与长期目标的平衡

3. 确立标准的方法

在日常管理工作中，常用的确立标准的方法有以下三种。

（1）统计分析法。统计分析法相应的标准称为统计标准。它是通过分析反映企业经营在各个历史时期状况的数据或对比同类型企业的水平，运用统计学方法为未来活动建立的标准，最常用的有统计平均值、极大（或极小）值和指数等。统计分析法常用于确立与企业的经营活动和经济效益有关的标准。这种方法的优点是简便易行，但由于受历史的局限，难以反映发展和变化的要求。

（2）经验判断法。它是由有经验的管理人员凭经验、判断和评估来确立控制标准的方法。在这种方法中，管理人员的主观期望和个人价值系统将起决定性的作用，因此应尽量克服主观性，充分综合各方面管理人员的知识和经验，进而确立标准。这种方法一般是作为另两种方法的补充。

（3）技术分析法。技术分析法又称工程方法，相应的标准称为工程标准。它是以准确的技术参数和实测的数据为基础的，它主要用于测量生产者或某一工程的产出定额标准。例如，机器的产出标准，就是根据机器本身设计的生产能力确定的；劳动时间定额是利用秒表测定受过训练的普通工人以正常的速度，按照标准操作方法，对产品或零部件进行某个工序的加工所需的平均必要时间。

以上三种确立标准的方法各有优劣，因此在日常管理工作中可根据标准的性质、工作的要求综合选用。

（二）衡量工作成效

在管理控制工作中，按控制标准对组织的实际工作进行衡量是实施控制的关键环节，只有找出实际工作与控制标准的差异，才可能进行纠偏，从而达到控制组织活动和实现预期目标的目的。衡量工作成效的要点是用预定的标准对实际工作绩效和进度进行检查和比较，提交需要纠正的偏差结果，形成管理控制中的纠偏依据。因此，它又可分为两个小步骤：一是衡量实际工作成绩；二是比较实际工作与控制标准，界定偏差，由此发现和提出问题。

1. 衡量实际工作成绩

控制既然是为了纠正偏差，就必须首先掌握实际工作情况。为了获得控制信息，管理人员衡量实际工作情况时采用的方法较多，一般来说可分为定性衡量和定量衡量两类。定性衡量用于衡量非量化的管理控制对象的绩效，如组织成员的工作积极性、士气、责任心、能力发挥水平以及组织的运行状态等。定性衡量常用的方法包括观察法、现场调查法、座谈法、会议调查法、跟踪调查分析法、汇报法和调查表方法等。

定量衡量用于测评组织中各类量化控制指标的完成情况、实际工作与指标的偏差等。定量衡量常用的方法有报表统计法、业务监测法、数据归纳法等。

2. 比较实际工作与控制标准，界定偏差

通过比较实际工作成效与控制标准，会出现两种情况：一是没有出现偏差，二是出现了偏差。一般来说，管理工作的实际成效与控制标准不可能完全一致，两者之间总会有一定的偏差，因此，人们往往会规定一个可以浮动的范围，只要实际结果在这个范围之内，就可以认为不存在偏差，则该控制过程暂告完成；而一旦实际结果在允许范围之外，就可以认为存在偏差，则控制过程进入下一步骤。

（三）纠正偏差

1. 找出偏差产生的主要原因

在找出原因之前，要判断偏差的严重程度，是否已经构成对组织活动效率的威胁，进而去分析原因并采取纠正措施。

2. 确定纠偏措施的实施对象

需要纠正的可能是企业的活动，也可能是组织的计划标准。

3. 选择恰当的纠偏措施

使纠偏方案双重优化；充分考虑原先计划实施的影响；注意消除人们对纠偏措施的疑虑。

二、控制工作方法

企业管理实践中有很多种控制方法，管理控制的方法一般可分为预算控制和非预算控制。这里主要介绍四种比较有代表性的控制方法，这些控制方法有的是以某种经营要素为控制对象，有的则是以经营要素整体为控制对象。

随着组织规模的扩大和分权管理的发展，对管理工作的综合控制显得日益重要。此外，还有一个显著的特点，那就是许多控制方法同时也是计划方法。这就再一次说明了一个客观事实，即控制和计划是一个问题的两个方面，控制的任务是使计划得以实现，因此，控制必须反映计划。

（一）预算控制

预算是对一定时期内资金来源和资金使用的计划，是用货币量来表示的数字化计划。

1. 预算的作用

预算是广泛运用的传统的财务控制方法。在任何组织中，资金都是举足轻重的因素之一，组织中的所有活动几乎都要与资金发生联系。预算内的各项活动都会得到相应的资金保证，而预算外的各项活动就难以获得必要的资金来源了。因此，预算作为一种重要的杠杆，调节和控制着组织各项活动的轻重缓急和规模大小。另外，由于预算是以货币量来表示的，因此为各项工作的完成提供了一个清晰的标准，并有利于组织对管理者和各部门的工作进行客观评价。

2. 预算的种类

不同企业，由于生产活动的特点不同，预算表中的项目也会有所不同，但一般来说，预算的主要内容涉及收支预算、实物量预算、投资预算、现金预算四个方面。

（1）收支预算

这是指组织在预算期内以货币单位表示的收入和经营费用支出的计划。收入来源一般包括商品销售收入、资产出售等，费用支出有原材料费、管理费等。

（2）实物量预算

许多预算用实物单位来表示比用货币单位来表示更好。比如，大多数公司产品产量的预算，企业有关部门对零部件成本在最终产品中所占份额的预算，劳动力的预算等，都是采用实物量单位比较方便。

（3）投资预算

投资预算包括对企业固定资产的购置、扩建、改造更新等。由于其数额较大，回收时间长，因此需要慎重考虑，单独列出。这项预算应和组织的长远规划一并考虑。

（4）现金预算

现金是指现实的、可随时使用的资金。有些资金，或处于实物形态，或只是挂在账上，虽然都属于组织的资产，但很难自由使用。而现金则可作为“一般等价物”给管理人员交换所需物资或投入其他用途带来方便。现金预算，就是要估算计划期可能提供的现金和所需要的现金，以便求得平衡。

与一般控制程序类似，预算控制的基本步骤包括以下几点：①编制预算。编制预算从确定预算方针开始，接着编制部门预算和综合预算。②执行预算。就是要根据预算，及时或定期地检查预算的执行情况，观察其实际工作效果是否在预算范围内。③衡量预算差异并采取一些措施纠正偏差。④对预算控制结果进行分析总结，评价和考核预算控制的绩效。

预算作为一种控制手段，其最大的价值在于它对改进协调和控制的贡献。预算部门为组织的各个职能部门编制了预算，就为协调组织的活动提供了基础。同时，因为对预期结果的偏离将更容易被查明和评定，预算也为控制工作中的纠正措施奠定了基础。当然，因为预算控制一方面需要投入相当的人力、物力和财力，另一方面它的实施往往会影响到组织内部一些既得利益者的权利，招致他们的反对和阻碍，所以实行预算控制，往往需要管理者（尤其是高层管理者）一定的决心和魄力。

3. 预算方法

（1）弹性预算

弹性预算，又称可变预算，其基本思想是按固定费用（在一定范围内不随产量变化的费用）和变动费用（随产量大小变化而变化的费用）分别编制固定预算和可变预算，以确保预算的灵活性。在编制可变预算时，应根据具体情况研究各种费用的变动程度，以确定各种换算系数，这样更有利于保证预算的合理性、准确性，以减轻预算变动的频繁程度。

（2）零基预算

传统的编制预算的方法，一般都是以上次预算执行结果为基础，结合相关变动因素，加以适当调整。这种预算编制方法虽然比较简便，但其假设过去是合理的、无须改变的，所以容易造成预算不足或浪费的情况。

零基预算不同于上述传统的增量或减量预算，其基本原理是，对任何一个预算期，任何一个项目的预算支出都以零为基础，不是以上次预算执行结果为基础，而是从根本上研究、分析每项预算是否有支出的必要和预算支出规模的大小。其具体步骤如下。

①组织各部门在明确组织目标的基础上，将长远目标、近期目标相结合，说明各项业务的性质、目的，以零为基础，详细制定各项业务所需要开支的预算。

②组织决策者对各部门的预算方案进行成本—效益分析，比较评价，权衡各预算项目的轻重缓急，根据组织目标排出各项业务的先后次序。

③按次序分配可用资金，落实预算。如果分配到最后已无多少剩余资金可供分配，则应暂时放弃那些不是必须进行的项目，以免最终因资金不足而使计划落空。

零基预算的优点：第一，能压缩费用开支和切实做到将有限的经费用在最需要的地方；第二，它不受现行和传统预算的约束，能够充分发挥各级管理人员的积极性和创造性，合理使用资金，提高经济效益；第三，有利于对组织进行全面的审核，将组织的长远目标、当前以及预期的效益有机地结合起来。

零基预算也存在一定缺陷：第一，对各部门预算逐一进行审查的工作量很大，所投入的资源较多；第二，在对各项业务进行先后排序时，存在一定的主观性；第三，这种方法一般适用于事业单位、政府机关及企业内的辅助性部门，而不完全适用于有明显投入产出关系的组织，如生产领域的组织。

（3）固定预算

固定预算是指组织按照预算期内预定的业务量水平，不考虑预算期内业务量水平可能发生变动的一种预算。这种预算方法，一般只能用来考核非营利经济组织和经营活动水平较为稳定的企业。采用这种方法对企业固定费用进行预算，也比较适宜。

（二）比率分析

组织经营活动中的各种不同度量之间的比率分析，是一项非常有用的和必需的控制技术或方法。“有比较才会有鉴别”，也就是说，信息都是通过事物之间的差异传达的。

一般来说，仅对有关组织经营管理工作成效的绝对数量进行度量是很难得出正确结论的。例如，仅从一个企业年创利 1000 万元这个数字上很难得出什么明确的概念，因为我们不知道这个企业的销售额是多少，不知道它资金总数是多少，不知道它所处行业的平均利润水平是多少，也不知道企业上年和历年实现利润是多少，等等。所以，在我们作出有关一个组织经营活动是否有显著成效的结论之前，必须首先明确比较的标准。

企业经营活动分析中常用的比率可以分为两大类，即财务比率和经营比率。前者主要用于说明企业的财务状况，后者主要用于说明企业经营活动状况。

1. 财务比率

企业的财务状况综合地反映着企业的生产经营情况。通过财务状况的分析，可以迅速地、全面地了解一个企业资金来源和资金运营的情况，了解企业资金利用的效果以及企业的支付能力和清偿债务的能力。常见的财务分析比率有以下几种，如表 10－1 所示。

表 10－1　　常用财务分析比率

目　的	比　率	计算公式	含　义
流动性检验	流动比率	流动资产/流动负债	检验组织偿付短期债务的能力
	速动比率	（流动资产－存货）/流动负债	对流动性的一种更精确的检验，尤其是当存货周转缓慢和难以售出时
财务杠杆检验	资产负债比	全部负债/全部资产	比值越高，组织的杠杆作用越明显
	利息收益倍比	纳税付息前利润/全部利息支出	度量当组织不能偿付它的利息支出时，利润会下降到什么程度
运营检验	存货周转率	销售收入/存货	比值越高，存货资产的利用率越高
	总资产周转率	销售收入/总资产	用于获取一定销售收入水平的资产越少，则利用组织全部资产的效率越高
营利性	销售利润率	税后净利润/销售收入	说明各种产品产生的利润
	投资收益率	税后净利润/总资产	度量资产创造利润的效率

2. 经营比率

前面已指出，财务比率是衡量一个企业生产经营状况和财务状况的综合性指标。除此以外，还有一些更直接的比率，可以用来进一步说明企业的经营情况。这些比率称为经营比率，常用的有以下几种。

（1）市场占有率

又称市场份额，指的是企业的主要产品在该种产品的市场销售总额中所占的比例。对大公司来说，这是一个非常重要的经营比率，因为只有取得了稳定的市场占有率，企业才能在激烈的市场竞争中取胜，才能获得可观的利润，而市场占有率的下降是一个企业开始衰败的最显著特征。值得引起注意的是，市场占有率的下降，可能被销售额的缓慢增长所掩盖。例如，若一家公司在一个增长率为 1% 的市场中年销售额增加 5%，仍然说明它的市场占有率在下降。

(2) 相对市场占有率

当缺乏总的市场规模的统计资料时，可以采用相对市场占有率作为衡量的指标。常用的相对市场占有率指标有两种：一种是公司的销售量与该公司所在市场中占领先地位的前三名竞争对手销量总和的百分比；另一种是与最大的公司销售量的百分比。

(3) 投入—产出比率

用作控制度量的投入—产出比率，是对投入利用效率的直接测量标准。其中，一些比率采用的是实物计量单位。下面是几项常见的投入与产出之间的测量标准。

①投入方面，主要包括工资及奖金、实用工时、生产能力、主要原材料、能源等。

②产出方面，主要包括产品产量、销售量、销售收入、工业总产值等。

几乎每项投入都能够与产出的任何一项对应成一对比率，以衡量某一方面的经营或管理效果和效率。

(三) 生产控制

生产控制主要由进度管理、库存控制、质量控制、成本控制和数量控制等部分组成。

1. 进度管理

生产控制的核心是进度管理。所谓进度管理，就是严格地按照生产进度计划要求，掌握作业标准与工序能力的平衡。进度管理的业务工作主要有以下三个方面。

(1) 作业分配。按照生产进度计划日程要求发布作业指令。

(2) 进度控制。确定每天的生产进度，并查明计划与实际进度出现偏差的原因。

(3) 偏差校正。

2. 库存控制

库存控制是使各种生产库存物资的种类、数量、存储时间维持在必要的水平上。其主要功能在于，既有利于保障企业生产经营活动的正常进行，又有利于通过规定合理的库存水平和采取有效的控制方式使库存数量、成本和占用资金降到最低限度。

3. 质量控制

质量管理是企业为了保持某一产品、过程或服务的质量而采取的作业技术和有关活动。质量管理一般涉及两类总的决策：一类是战略性质的质量决策；另一类是战术性质的质量决策。前者主要涉及规定质量水平以及为改进质量保持竞争地位所采取的政策；后者是对质量管理的日常决策。在确定产品质量水平的战略决策时，首先要考虑用户的需要，同时还要考虑随着产品质量水平的提高企业能否降低产品成本，增加收益。

质量控制的目的是保证生产出符合质量标准要求的产品。由于产品质量的形成涉及生产的全过程，因此，质量控制是对生产政策、产品研制、物料采购、制造过程以及销售使用等产品全过程的控制。

4. 成本控制

成本控制同样涉及生产的全过程，包括生产过程前的控制和生产过程中的控制。生产过程前的成本控制，主要是在产品设计和研制过程中，对产品的设计、工艺、工艺装备、材料选用等进行技术经济分析和价值分析，以及对各类消耗定额进行审核，以求用最低的成本生产出符合质量要求的产品。生产过程中的成本控制，主要是对日常生产费用的控制，其中包括材料费、各类库存品占用费、人工费和各类间接费用等。实际上，成本控制是从价值量上对其他各项控制活动的综合反映。因此，成本控制，尤其是生产过程中的成本控制，必须与其他各项控制活动结合进行。

5. 数量控制

数量控制是对产品及零部件的生产数量进行的控制。数量控制有以下三个原则：①不得少于计划数量；②不得多于计划数量；③要进行配套生产。

（四）审计控制

审计控制是指根据预定的审计目标和既定的环境条件，按照一定的依据审查、监督被审计单位的经济运行状态，并调整偏差，排除干扰，使被审计单位的经济活动运行在预定范围内且朝着期望的方向发展，以达到提高经济效益的目的。

根据审查主体和内容的不同，可将审计划分为三种主要类型：①由外部审计机构的审计人员进行的外部审计；②由内部专职人员对企业财务控制系统进行全面评估的内部审计；③由外部或内部的审计人员对管理政策及其绩效进行评估的管理审计。

1. 外部审计

外部审计是由外部机构（如会计师事务所）选派的审计人员对企业财务报表及其反映的财务状况进行独立的评估。为了检查财务报表及其反映的资产与负债的账面情况与企业真实情况是否相符，外部审计人员需要抽查企业的基本财务记录，以验证其真实性和准确性，并分析这些记录是否符合公认的会计准则和记账程序。

外部审计的优点是审计人员与管理当局不存在行政上的依附关系，不需看企业经理的眼色行事，只需对国家、社会和法律负责，因而可以保证审计的独立性和公正性。但是，由于外来的审计人员不了解内部的组织结构、生产流程的经营特点，在对具体业务的审计过程中可能产生困难。此外，处于被审计地位的内部组织成员可能产生抵触情绪，不愿积极配合，这也会增加审计工作的难度。

2. 内部审计

内部审计为检查现有控制程序和方法能否有效地保证达成既定目标和执行既定政策提供了手段。根据对现有控制系统有效性的检查，内部审计人员可以提供有关改进公司政策、工作程序和方法的对策建议，以促使公司政策符合实际、工作程序更加合理、作业方法被正确掌握，从而更有效地实现组织目标。

内部审计有助于推行分权化管理。从表面上来看，内部审计作为一种从财务角度评价各部门工作是否符合既定规则和程序的方法，加强了对下属的控制，似乎更倾向于集权化管理。但实际上，企业的控制系统越完善、控制手段越合理，越有利于分权化管理。因为主管们知道，许多重要的权力授予下属后，自己便可以很方便地利用有效的控制系统和手段来检查下属对权力的运用状况，从而可能及时发现下属工作中的问题并采取相应措施。内部审计不仅评估了企业财务记录是否健全、正确，而且为检查和改进现有控制系统的效能提供了一种重要的手段，因此有利于促进分权化管理的发展。

虽然内部审计为企业经营控制提供了大量的有用信息，但在使用中也存在不少局限性，主要表现在：

①内部审计可能需要很多的费用，特别是进行深入、详细的审计。

②内部审计不仅要收集事实，而且需要解释事实，并指出事实与计划的偏差。要想很好地完成这些工作而又不引起被审计部门的不满，审计人员需要进行充分的技能训练。

③即使审计人员具有必要的技能，仍然会有许多员工认为审计是一种“密探”或“检查”工作，从而在心理上产生抵触情绪。如果审计过程中审计人员与员工不能进行有效的信息和思想沟通，那么可能会对组织活动带来负激励效应。

3. 管理审计

管理审计是一种对企业所有管理工作及其绩效进行全面、系统的评价和鉴定的方法。管理审计虽然也可由组织内部的有关部门进行，但为了保证某些敏感领域得到客观的评价，企业通常聘请外部的专家来进行。

管理审计的方法是利用公开记录的信息，从反映企业管理绩效及其影响因素的若干方面将企业与同行业其他企业或其他行业的著名企业进行比较，以判断企业经营与管理的健康程度。

反映企业管理绩效及其影响的因素主要有：①经济功能；②企业组织结构；③收入合理性；④研究与开发；⑤财务政策；⑥生产效率；⑦销售能力；⑧对管理层的评估。

第三节　控制工作技能训练

理论测试

一、选择题

1. 在管理控制的三种类型中，能防患于未然的控制类型是（　　）。

A. 预先控制　　B. 同步控制　　C. 反馈控制　　D. 以上三种都不是

2. 在活动进行的同时就实施控制，此控制类型是（　　）。

A. 预先控制　　B. 同步控制　　C. 反馈控制　　D. 以上三种都不是

3. 反馈控制所纠正的是（　　）。

A. 测定出的各种结果

B. 执行计划的下一过程的资源配置与活动过程

C. 是对既成事实的纠正

D. 执行计划的实际状况与计划目标之间的偏差

二、简答题

1. 前馈控制、现场控制与反馈控制各有什么特点？

2. 控制的原则是什么？

3. 什么是预算控制？预算控制包括哪些内容？

三、讨论题

某银行曾推出了“限时服务，超时罚款”的举措，但实施不久就出现因电脑存在故障导致顾客等候时间长，而顾客据此要求赔偿的诉讼，试查阅有关资料，讨论该举措得当与否并提出改进方案。

技能训练

训练一　案例分析（纸上谈兵）

◆ **案例分析示范**

××酒店的“水晶灯”事件

××酒店是一家涉外星级酒店，该酒店装潢豪华、设施一流。

最让该酒店感到骄傲和荣耀的是酒店大堂里天花板上如天宇星际一般的灯光装饰，和一个圆圆的、超级真实的月亮水晶灯，它们使得整个酒店绚丽夺目、熠熠生辉。这些天花板装饰所用的材料以及星球灯饰均由水晶材料雕琢而成，是公司王副总经理亲自组织货源，最终从瑞士某珠宝公司高价购买的，货款总价高达150万美元。这样的超级豪华水晶灯饰不仅在全国罕见，即使是国外，也只在少数几家五星级酒店里能见到。开业当天，来往宾客无不对这个豪华的水晶天花板灯饰赞不绝口，称羡不已。尤其是经过媒体报道，更成为当天的头条新闻，××酒店在这一天也像水晶灯饰一样，一举成名，当天客房入住率就达到了80%以上。

王副总经理也因此受到了公司领导的高度赞扬，一连几天，王总的脸上都洋溢着快乐而满足的笑容。

然而，好景不长。两个月后，这些高规格、高价值的水晶灯饰就出了状况。首先是失去了原来的光泽，变得灰蒙蒙的，即使用清洁布使劲擦拭都不复往日光彩。其次，部分连接的金属灯杆出现了锈斑，还有一些灯珠破裂甚至脱落。人们看到这破了相的水晶灯，议论纷纷，这就是破费百万美元买来的高档水晶灯吗？鉴于情况严重，公司领导责令王副总经理限期内对此事做出合理解释，并停止了他的一切职务。这个时候，王副总经理再也笑不出来了。

事件真相很快就水落石出，原来价值上百万美元的水晶灯饰根本不是从瑞士某珠宝公司购得的，而是从南方某地的某代理公司购入的赝品。王副总经理在交易过程中贪污受贿，中饱私囊。虽然出事之后，王副总经理受到了法律的严惩，然而该酒店不仅因此遭受了巨额损失，更为严重的是酒店名誉蒙受重创，成为同行的笑柄。这对于一个新开业的酒店而言，无疑是个致命的打击。

1. 思考与讨论

××酒店怎么会发生这样的"悲剧"？在以后的企业经营中该如何防范？

2. 分析要点（供参考）

（1）这个案例其实并不复杂，却很有代表性。××酒店在未经公开招标的情况下即与某代理公司签订了价值150万美元的代购合同。合同规定，该代理公司必须提供瑞士某著名珠宝公司出产的水晶灯饰，并向××酒店出具该公司的验证证明书。然而，交易发生后，该代理公司并未向××酒店出具有关水晶灯饰的任何品质鉴定资料，××酒店也始终没有同该代理公司办理必要的查验手续。经查实，这笔交易都是由王副总经理一人操作的，从签订合同到验收入库再到支付货款都是他一个人说了算，而他之所以会这样做，正是因为收受了代理公司的巨额好处费。

一笔采购业务，特别是金额较大的业务，通常涉及采购计划的编制、物资的请购、订货或采购、验收入库、货款结算等。因此，应当针对各个具体环节的活动，建立完整的采购程序、方法和规范，并严格依照执行。只有这样，才能防止错弊，保证企业经营活动的正常进行。

（2）根据这个案例涉及的环节应做如下控制：

首先，要做到职务分离，采取集体措施。诸如采购申请必须由生产、销售部门提出，具体采购业务由采购部门完成，而货物的验收又应该由其他部门进行。在本案例中，采购大权由王副总经理一人独揽，反映出该公司控制环节中权责不明的问题；货物的采购人不能同时担任货物的验收工作，以防止采购人员收受客户贿赂，进而防止购买伪劣材料影响企业生产乃至整体利益；付款审批人和付款执行人不能同时办理寻求代理商和索价业务。付款的审批通常在验货或验单后执行（预付款除外），以保证货物的价格、质量、规格等符合标准。

其次，要做好入库验收控制。应根据购货单及合同规定的质量、规格、数量以及有关质量鉴定书等技术资料核查收到的货物，只有两者相符才予以接收；对于所有已收到的货物，应定期完整填写收货报告，将货物编号并登记在明细账簿上，对验收中所出现的问题，要及时向有关部门反映；货物入库和移交时，经办人之间应有明确的职责分工，要对所有可能接触货物的途径加以控制，以防调换、损坏和失窃。本案例中王副总经理同时主管验货，那么验货查假自然只是走走过场了。

最后，还必须做好货款支付控制。发票价格、运费、税费等必须与合同符合，凭证齐全后才可办理结算、支付货款，如有部分退货，则注意要从原发票中扣除后再办理结算；除向不能转账支付和不足转账金额的单位、个人支付现金外，货款一般应办理转账。货款支付前应由企业授权人签字，支票签章时应仔细审核有关票据；在购货发票以外增加的费用如装卸、搬运以及在途损耗等，支付前必须经会计部门审核，并由有关部门进行耗损原因分析，以确定其合法性和合理性；付款凭证要连续编号，付款业务应及时准确记录；与供货商定期联系，了解未付款情况，追查耽误原因。

◆ 案例分析练习

【目的】

1. 能根据控制的类型、原则及控制过程等基本理论分析案例中的问题。
2. 对在企业中如何实施有效的控制有初步思考。

【资料】

查克停车公司

如果你想在好莱坞或比弗利山庄举办一场晚会，肯定会有这样一些名人来参加：杰克·尼科尔森、麦当娜、汤姆·克鲁斯、切尔、查克·皮克。“查克·皮克?”“当然!”如果没有停车服务员，那么你不可能开一场晚会，而南加州停车行业内响当当的名字就是查克·皮克。

查克停车公司的雇员有100多人，其中大部分是兼职的，每周公司至少为几十场晚会办理停车业务。在最忙的周六晚上，可能要同时为6～7个晚会提供停车服务，每一场晚会可能需要3～15位服务员。

查克停车公司是一家小企业，但每年的营业额差不多有100万美元。其业务包含两项内容：一项是为私人晚会停车；另一项是不断地在一个乡村俱乐部办理停车经营特许权合同。这个乡村俱乐部要求有2～3个服务员，每周七天都是这样。但是，查克的主要业务来自私人晚会。他每天的工作就是拜访那些富人或名人的家，了解他们要举办晚会的场地的道路和停车设施，并告诉他们需要多少个服务员来处理停车的问题。

一场小型的晚会可能只要3～4个服务员，价格大约400美元。然而，一场特别大型晚会的停车费用可能高达2000美元。

尽管私人晚会和乡村俱乐部的合同都涉及停车业务，但查克的收费方式却很不相同。对于私人晚会，查克首先会估计晚会大约需要多少服务员服务，然后按每人每小时多少钱给出一个总价格。如果顾客愿意“买”他的服务，查克就会在晚会结束后寄出一份账单。在乡村俱乐部，查克根据合同规定，每月要付给俱乐部一定数量的租金来换取停车场的经营权，因此他在乡村俱乐部唯一的收入来源是服务员为顾客服务所获得的小费。相反，在为私人晚会服务时，他绝对禁止服务员收取小费。

【要求】

根据案例，试分析：

1. 你是否认为查克的控制方式在两种场合下是不同的？如查克确实如此，为什么？

2. 在前馈、反馈和同步控制三种类型中，查克应采取哪一种手段对乡村俱乐部的业务进行控制？对私人晚会的停车业务，又适宜采取何种控制手段？

训练二　有效课堂控制方案设计（动手试试）

【目的】

1. 理解不同的控制类型。

2. 控制效果评估。

【资料】

下表中列举了几种常见的课堂控制内容供你参考，在练习时请根据实际情况进行修改。

分析你所经历过的课堂控制

控制内容	教师甲的控制方法	教师甲的控制效果	教师乙的控制方法	教师乙的控制效果	你的课堂控制方案
1. 出勤					
2. 课堂纪律					
3. 课程作业					
4. 课堂讨论或发言					
5. 考试					

【要求】

1. 请选择 2 ~ 3 位任课老师，观察并记录其课堂控制方法，并分析评估课堂控制效果。

2. 结合本班的课堂学习情况，为 2 ~ 3 位任课老师设计一份有效的课堂控制方案。

训练三　企业控制系统调研（社会实践）

【目的】

1. 了解企业控制工作的系统性。

2. 理解企业控制工作的内容。

3. 理解控制与其他管理活动的关系。

【要求】

1. 以小组为单位，每组选择1～2家企业，对该企业的内部控制工作进行调研。

2. 根据所提供的资料，即某集体公司内部控制制度目录，选择其中1～2篇内容作为调研主题。

3. 调研结束后，每个小组提交一份关于××企业内控系统的调研报告。

【资料】

下面是某集团公司内部控制制度的目录，虽然这里省略了具体的内容，但其总体框架对于我们形成对企业内控的总体认识仍然是有帮助的。

某集团公司内部控制制度的目录（节选）

第一篇　内部控制的基础

第一章　总则

第二章　机构及岗位职责

第三章　内部控制方法

第四章　内部控制基础工作

第五章　授权体系概述

第六章　附则

第二篇　供应、生产、销售内部控制制度

第一章　供应内部控制制度

第一节　内部控制概述

第二节　组织机构及岗位职责

第三节　授权体系

第四节　管理制度

- 物资供应计划
- 物资请购规范
- 自采业务规范
- 大宗采购管理
- 定点采购管理
- 固定资产及设备采购管理
- 劳务及服务采购
- 采购作业控制
- 供应商管理
- 合同、订单管理
- 进货价格及采购成本控制
- 物料进库规程

- 物料出库规程
- 退料规程
- 仓库财务管理
- 存货盘点管理
- 库存分析及报告

第二章　生产内部控制制度

第一节　内控概述

第二节　内部组织机构及岗位职责

第三节　业务授权

第四节　管理制度

- 生产计划管理制度
- 领料制度
- 物料使用制度
- 物料退库制度
- 物料盘点制度
- 生产环节控制制度
- 产成品入库制度
- 产成品检验制度
- 产成品出库制度
- 委托加工定价制度
- 委托加工过程管理
- 委托加工产品管理制度
- 生产成本管理制度

第三章　销售内部控制制度

第一节　内控概述

第二节　内部组织机构及岗位职责

第三节　业务授权

第四节　管理制度

- 销售定价管理制度
- 销售环节管理制度

第三篇　资金内部控制制度

第一章　内控概述

第二章　内部组织机构及岗位职责

第三章　业务授权

第四章　管理制度

- 资金使用计划制度
- 现金管理制度
- 银行存款制度
- 备用金管理制度
- 借款管理制度
- 费用报销管理制度
- 筹资管理制度
- 结算中心管理制度

第四篇　财务会计内部控制制度

第一章　会计核算内部控制制度

第一节　内控概述

第二节　内部组织机构及岗位职责

第三节　授权体系

第四节　管理制度

- 会计核算基础工作管理制度
- 一般会计业务管理制度
- 财务会计报告的内部控制制度
- 利润分配的内部控制制度
- 会计档案管理制度
- 会计工作交换的内部控制制度

第二章　财务管理内部控制制度

第一节　内控概述

第二节　岗位职责

第三节　授权体系

第四节　管理制度

一、债权管理

- 应收账款管理制度
- 其他应收款管理制度

二、固定资产管理

- 固定资产购置
- 固定资产日常管理
- 固定资产盘点
- 固定资产处置
- 在建工程管理

三、资产减值管理
- 坏账准备管理
- 长、短期投资减值准备管理
- 存货跌价准备管理
- 固定资产及在建工厂减值准备管理

四、债务管理
- 应付账款管理
- 应付工资与福利费管理

五、成本费用管理
- 生产成本管理制度
- 管理费用管理制度
- 财务费用管理制度

六、财务分析管理
- 短期财务分析制度
- 中期财务分析制度
- 长期财务分析制度

第五篇　全面预算制度

第一章　概述

第二章　组织机构及岗位职责

第三章　业务授权

第四章　管理制度
- 预算编制
- 预算执行与考核

第六篇　内部审计制度

第一章　内控概述

第二章　内部组织机构及岗位职责

第三章　授权体系

第四章　管理制度
- 内部审计计划管理
- 内部审计执行管理
- 内部审计结果处理
- 其他管理制度

第七篇　投资内部控制制度

第一章　内控概述

第二章　内部组织机构及岗位职责

第三章　授权体系

第四章　管理制度

- 项目投资管理
- 有价证券投资管理
- 研究开发投资

第八篇　子公司（企业）内部控制制度

第一章　内控概述

第二章　组织机构及岗位职责

第三章　授权体系

第四章　管理制度

- 参股企业管理
- 控股企业管理

训练四　城市空气污染控制方案（综合应用）

【目的】

1. 理解控制工作的价值。

2. 运用控制管理思想解决实际问题的能力。

【要求】

以小组为单位，根据你所在城市或地区的空气状况，利用网络收集资料，并随机采访居民，为所在城市或地区政府制订空气污染控制与治理方案。

思政探索

一、思政目标

培养学生的社会责任感。

二、知识点

控制类型和控制过程。

三、思政元素

社会主义核心价值观：公正、法治、敬业、诚信。

四、融入途径

1. 案例导入：党风廉政建设（自行网络搜索）。

2. 小组讨论：他律与自律的关系。

3. 观点思考：自由不是你想干什么就可以干什么，而是你不想干什么就可以不干什么（伊曼努尔·康德）。

4. 个人练习：结合你所在的微信群聊天情况，分析微信群自治情况。

拓展学习

一、六西格玛（6σ）管理法的含义

六西格玛（6σ）的概念于1986年由摩托罗拉公司的比尔·史密斯提出，此概念属于品质管理范畴，西格玛（Σ，σ）是希腊字母，这在统计学里是一个单位，表示与平均值的标准偏差。六西格玛管理法旨在减少生产过程中产品及流程的缺陷，防止产品变异，提升品质。六西格玛管理法在20世纪90年代中期开始被通用电气公司从一种全面质量管理方法演变为一个高度有效的企业流程设计、改善和优化的“技术”，并提供一系列适用于设计、生产和服务的新产品开发工具。六西格玛管理法与通用电气公司的全球化、服务化、电子商务等战略一起，成为全世界企业追求卓越管理的重要战略举措。

6σ管理法是一种统计评估法，其核心是追求零缺陷生产，防范产品责任风险，降低成本，提高生产率和市场占有率，提高顾客满意度和忠诚度。6σ管理法既着眼于产品、服务质量，又关注过程的改进。

6σ是一个目标，这个质量水平意味着在所有的过程和结果中，99.99966%是无缺陷的，也就是说，做100万件事情，只有3.4件是有缺陷的，这几乎趋近人类能够达到的最为完美的境界。6σ管理法关注过程，特别是企业为市场和顾客提供价值的核心过程，因为过程能力用σ来度量后，σ越大，过程的波动越小，以最低的成本损失、最短的时间周期满足顾客要求的能力就越强。

二、DPMO与六西格玛的关系

DPMO（每百万次采样数的缺陷率）是指在100万个样本里面出现缺陷样本的机会是多少。DPMO＝3.4ppm（百万分之3.4），即达到99.99966%的合格率，这就叫6σ。

DPMO与σ的对应关系如下表所示。

DPMO与σ的对应关系

σ值	正品率（%）1－(失误次数/百万次操作)	DPMO值	以印刷错误为例	以钟表误差为例
1	30.9	690000	一本书平均每页170个错字	每世纪31.75年
2	69.2	308000	一本书平均每页25个错字	每世纪4.5年
3	93.3	66800	一本书平均每页1.5个错字	每世纪3.5个月
4	99.4	6210	一本书平均每30页1个错字	每世纪2.5天
5	99.98	230	一套百科全书只有1个错字	每世纪30分钟
6	99.9997	3.4	一个小型图书馆藏书中只有1个错字	每世纪6秒钟

引入了西格玛这个概念以后，不同的企业、工厂、流程、服务之间都可以进行量

化比较。

三、六西格玛管理法的特征

1. 是以顾客为关注焦点的管理理念

六西格玛管理法以顾客为中心，关注顾客的需求。它的出发点就是研究客户最需要的是什么，最关心的是什么，假如顾客买一辆摩托车要考虑30个因素，那么企业就需要去分析这30个因素中哪一个最重要，通过计算，找到最佳组合。因此，六西格玛管理法是根据顾客的需求来确定管理项目，它将重点放在顾客最关心、对组织影响最大的方面。

2. 通过提高顾客满意度和降低资源成本促使组织业绩提升

六西格玛管理法瞄准的目标有两个，一是提高顾客满意度，通过提高顾客满意度来占领市场、开拓市场，从而提高组织的效益；二是降低资源成本，通过降低资源成本尤其是不良质量成本损失COPQ（Cost of Poor Quality），增加组织的收入。

3. 注重数据和事实，使管理成为一种真正意义上基于数据的科学

六西格玛管理法是一种高度重视数据，依据数据进行决策的管理方法，强调“用数据说话”“依据数据进行决策”“改进一个过程所需要的所有信息，都包含在数据中”。另外，它通过定义“机会”与“缺陷”，通过计算DPO（每个机会中的缺陷数）、DPMO，不但可以测量和评价产品质量，还可以把一些难以测量和评价的工作质量和过程质量，变得像产品质量一样可测量和可用数据进行评价，从而有助于获得改进机会，达到消除或减少工作差错及产品缺陷的目的。因此，六西格玛管理法广泛采用各种统计技术工具，使管理成为一种可测量、数字化的科学。

4. 以项目为驱动力

六西格玛管理法的实施是以项目为基本单元，通过一个个项目的实施来实现的。通常项目是以黑带[①]为负责人，牵头组织项目团队，通过项目的成功完成来实现产品或流程的突破性改进。

5. 实现对产品和流程的突破性改进

六西格玛管理法的一个显著特点是项目的改进都是具有突破性的。这种改进能使产品质量得到显著提高，或者使流程得到改造，从而使组织获得显著的经济利益。实现突破性改进是六西格玛管理法的一大特点，也是组织业绩提升的源泉。

6. 有预见的积极管理

“积极”是指主动地在事情发生之前进行管理，而不是被动地处理那些令人忙乱的危机，有预见的积极管理，意味着我们应当关注那些常被忽略了的业务运作，并养成以下习惯：确定远大的目标并且经常检视；确定清晰的工作优先次序；注重预防问题而不是疲于处理已发生的危机；经常质疑我们做事的目的，而不是不加分析地维持

① 项目团队负责人。

现状。

六西格玛管理法包括一系列工具和实践经验，它用动态的、即时反应的、有预见性的、积极的管理方式取代那些被动的习惯，促使企业在当今追求完美的质量水平而不容出错的竞争环境中快速向前发展。

7. 无边界合作

“无边界”是通用电气公司成功的秘籍之一。通用电气公司致力于消除部门及上下级间的障碍，促进组织内部横向和纵向的合作。这改善了过去仅仅是由于彼此间的隔阂和企业内部部门间的竞争而损失大量金钱的状况，这种做法改进了企业内部的合作情况，使企业获得了许多受益机会，而六西格玛管理法扩展了这样的合作机会。在六西格玛管理中，进行无边界合作需要确切地理解最终用户和流程中工作流向的真正需求，更重要的是，它需要用各种有关顾客和流程的指示使各方受益，由于六西格玛管理法是建立在广泛沟通基础上的，因此六西格玛管理法能够营造出一种真正支持团队合作的管理结构和环境。黑带是项目改进团队的负责人，而黑带项目往往是跨部门的，要想获得成功就必须由黑带率领他的团队打破部门之间的障碍，通过无边界合作完成六西格玛项目。

8. 追求完美，容忍失误

作为一种以追求卓越为目标的管理方法，六西格玛管理法为企业提供了一个近乎完美的努力方向。没有不执行新方法不贯彻新理念就能实施六西格玛管理法的企业。在推行六西格玛管理法的过程中，可能会遇到挫折和失败，企业应以积极应对挑战的心态来面对。

参考文献

［1］斯蒂芬·P. 罗宾斯．管理学［M］．7 版．孙健敏，译．北京：中国人民大学出版社，2004.

［2］菲利普·L. 亨塞克．管理技能与方法［M］．2 版．王汀汀，等译．北京：中国人民大学出版社，2007.

［3］哈罗德·孔茨，海因茨·韦里克．管理学精要［M］．6 版．北京：机械工业出版社，2005.

［4］彼得·圣吉．第五项修炼［M］．上海：上海三联书店，1998.

［5］里奇·格里芬．管理学［M］．北京：中国市场出版社，2007.

［6］理查德·L. 达夫特．管理学［M］．北京：机械工业出版社，2005.

［7］约翰·R. 舍默霍恩．管理学［M］．北京：中国人民大学出版社，2011.

［8］彼得·德鲁克．卓有成效的管理者［M］．许是祥，译．北京：机械工业出版社，2009.

［9］芮明杰．管理学［M］．2 版．北京：高等教育出版社，2005.

［10］周三多，等．管理学：原理与方法［M］．5 版．上海：复旦大学出版社，2009.

［11］邢以群．管理学［M］．北京：高等教育出版社，2007.

［12］孙元欣．管理学——原理·方法·案例［M］．北京：科学出版社，2006.

［13］苗雨君，赖胜才．管理学——原理·方法·实践·案例［M］．北京：清华大学出版社，2009.

［14］陈琳，苏艳芳．管理理论与实务［M］．北京：科学出版社，2009.

［15］吴崑，平建恒．企业管理实务［M］．北京：高等教育出版社，2007.

［16］单凤儒．管理学基础［M］．3 版．北京：高等教育出版社，2009.

［17］叶萍．管理学基础［M］．北京：电子工业出版社，2007.

［18］王凤彬，李东．管理学［M］．4 版．北京：中国人民大学出版社，2011.

［19］张存禄．企业管理经典案例评析［M］．北京：中国人民大学出版社，2004.

［20］赵丽芬．管理理论与实务［M］．北京：清华大学出版社，2009.

［21］李培煊，叶龙，姜文生，等．管理学［M］．北京：中国铁道出版社，2009.

［22］肖小虹．管理学［M］．北京：科学出版社，2011.

［23］唐丽颖，毛文静．管理学［M］．北京：北京理工大学出版社，2011.

［24］朱林．管理原理与实训教程［M］．北京：北京邮电大学出版社，2008.

［25］杨文士，焦叔斌，等．管理学原理［M］．北京：中国人民大学出版社，2004.